OPERAÇÃO LAVA JATO:
crime, devastação econômica e perseguição política

FAUSTO AUGUSTO JR
JOSÉ SERGIO GABRIELLI
ANTONIO ALONSO JR (ORGS.)

OPERAÇÃO LAVA JATO:
*crime, devastação econômica
e perseguição política*

1ª edição
Expressão Popular
São Paulo – 2021

Copyright © 2021, Expressão Popular

Revisão: Aline Piva e Cecília da Silveira Luedemann
Projeto gráfico e diagramação: Zap design
Capa: Suzana Maria
Foto da capa: Lula Marques/Liderança do PT na Câmara

Dados Internacionais de Catalogação-na-Publicação (CIP)

O61   Operação Lava Jato: crime, devastação econômica e
          perseguição política / Fausto Augusto Jr., José Sergio
          Gabrielli, Antonio Alonso Jr. [orgs.].—1.ed.-- São
          Paulo : Expressão Popular, 2021.
          222 p. : il.

          ISBN 978-65-5891-022-0

          1. Operação Lava Jato - Brasil 2. Administração
          pública – Brasil - Corrupção. 3. Corrupção administrativa
          – Brasil. 4. Operação Lava Jato – Questões econômicas -
          Brasil. 5. Operação Lava Jato – Questões políticas -
          Brasil. I. Augusto Jr. Fausto. II. Gabrielli, José Sergio.
          III. Alonso Jr., Antonio. IV. Título.

                                                      CDU 35(81)

Bibliotecária: Eliane M. S. Jovanovich CRB 9/1250

Todos os direitos reservados.
Nenhuma parte deste livro pode ser utilizada
ou reproduzida sem a autorização da editora.

1ª edição: maio de 2021

EDITORA EXPRESSÃO POPULAR LTDA
Rua Abolição, 201 – Bela Vista
CEP 01319-010 – São Paulo – SP
Tel: (11) 3112-0941 / 3105-9500
livraria@expressaopopular.com.br
www.expressaopopular.com.br
 ed.expressaopopular
 editoraexpressaopopular

Sumário

Prólogo 7
Baltasar Garzón

Apresentação 11
José Sergio Gabrielli de Azevedo

Capitalismo e corrupção: a Petrobras e a Operação Lava Jato 29
William Nozaki

O futuro com Lula 53
Paulo Moreira Leite

Operação Lava Jato, *lawfare* e Poder Judiciário 65
Gisele Cittadino

Lava Jato e implicações econômicas intersetoriais 75
Fausto Augusto Junior e Sérgio Nobre

A Operação Lava Jato e as mudanças na gestão da Petrobras:
uma avaliação dos impactos econômicos gerais e locais 115
Luiz Fernando de Paula e Rafael Moura

Operação Lava Jato: o impacto da politização de
escândalos de corrupção no sistema partidário 147
Fábio Kerche e Talita Tanscheit

Operação Lava Jato e relações externas 171
Carol Proner

A economia política da Lava Jato 195
Fernando Sarti Ferreira e Gabriel Rocha Gaspar

Prólogo

Baltasar Garzón[1]

Este livro é um impactante e imprescindível trabalho para entender, em toda sua amplitude, os efeitos da denominada Operação Lava Jato, que se tratou, no início, de uma investigação da Polícia Federal do Brasil com o objetivo de desmontar os planos de corrupção e lavagem de dinheiro que envolviam a Petrobras, a companhia petroleira brasileira. A operação se desenvolveu ao longo de mais de 40 fases de investigação, nas quais apareceram empresas públicas e privadas, diretores, políticos, narcotraficantes e diversos outros personagens espalhados por uma dúzia de países. Falamos de uma estrutura extensa de corrupção, com implicação institucional e lavagem de dinheiro, e com pelo menos mil indivíduos relacionados e interagindo entre si. A origem é conhecida: o proprietário da empresa brasileira Dunel, Hermes Freitas Magnus apresentou a denúncia inicial e a partir daí começaram as investigações que levaram a até quatro grupos criminosos que, entre 2005 e 2014, obtiveram contratos substanciais com a Petrobras e outras empresas públicas, utilizando como ferramenta o suborno massivo de funcionários e políticos.

No decorrer dessas investigações, e como efeito resultante, esteve presente o fantasma muito real do *lawfare*, a utilização da Justiça por parte da política para se desfazer de um rival. Algo que no Brasil aconteceu com o ex-presidente Luiz Inácio Lula da Silva que, após um julgamento que agora se demonstrou fora de toda legalidade, chegou a cumprir 580 dias de prisão acusado de corrupção e lavagem de dinheiro. Enquanto escrevia estas linhas, chegou a notícia de que o juiz do Supremo Tribunal Federal, Edson Fachin, anulara todas as condenações contra o político em relação à Operação Lava Jato. Em uma resolução proferida de surpresa e de forma individual, o juiz declarou

---

[1] Baltasar Garzón foi magistrado do tribunal federal da Espanha, a Audiencia Nacional. Ele foi juiz de instrução responsável pela investigação dos mais importantes crimes de seu país, incluindo lavagem de dinheiro, crime organizado e terrorismo. Ganhou fama internacional em 1998 ao ordenar a prisão do ditador chileno Augusto Pinochet.
Tradução: Celina Lagrutta.

que a Justiça Federal do estado do Paraná não era competente e anulou as três condenações ali cominadas e que se relacionavam com supostos obséquios de grandes construtoras como a Odebrecht ou a OAS. Embora tenha ficado claro que Lula não teve um julgamento justo, coisa que já era sabida, permanecem na penumbra as verdadeiras intenções do ministro Fachin, e isso apesar de evidenciar novamente o trabalho do juiz Sergio Moro, de cuja imparcialidade sempre se duvidou. Pareceu tratar-se de um voto para protegê-lo da acusação de parcialidade e conluio com os procuradores. Não devemos esquecer que o presidente Jair Bolsonaro nomeou Sergio Moro como ministro da Justiça, cargo que este aceitou sem demora.

Tal nomeação se tornou motivo de escândalo para uma parte do país, oposta às ações arbitrárias de seu presidente, ao ter sido o novo ministro o juiz que prendeu o ex-presidente do país, Lula da Silva, no transcurso da Operação Lava Jato. A condenação foi interpretada como um genuíno caso de *lawfare*. O cargo concedido a Moro como paladino contra os corruptos veio confirmar essa visão. Mas, na primavera de 2020, em meio à crise provocada pela pandemia de Covid-19, Moro renunciou, acusando o presidente ultradireitista de interferir em seu trabalho ao tentar impor certas nomeações para garantir a ausência de investigação de pessoas ligadas a seu círculo familiar mais próximo.

Não escapou de ninguém que Bolsonaro se mostrava cada vez mais inquieto com as investigações sobre seus filhos, realizadas pela Justiça e pela polícia. No entanto, a renúncia de Moro tem nuances que, na minha opinião, levam a considerá-la uma espécie de armadilha. Como outros progressistas que acompanham a atualidade do Brasil, pondero o desgaste político de Bolsonaro, que tem muito a ver com suas decisões arbitrárias e próximas demais ao fascismo, e talvez a necessidade de uma substituição no poder, desejável para os representantes dos interesses econômicos que tanto saquearam as riquezas do país e que, sem dúvida, desejam continuar no controle. Sergio Moro poderia ter sido um substituto adequado? As realidades políticas e judiciais, quando se misturam e se retroalimentam, costumam superar amplamente a ficção.

A Justiça brasileira reconheceu a legitimidade dos relatórios que apontam a conivência ilegal entre juiz e procuradores na condenação do ex-presidente Lula. O próprio Moro está à beira do abismo. São fatos bem conhecidos que, durante anos, fizeram parte e influenciaram a história recente da nação e da América Latina.

O que até agora não havia sido considerado em profundidade é o impacto que a Lava Jato tem causado sobre a vida do Brasil e, em especial, sobre a economia. Essa visão fundamental é a que proporciona este livro, rigoroso e preciso. Os números que ele fornece são pouco menos que escandalosos: além de ter destruído a Petrobras, o setor da construção civil sofreu perdas irreparáveis, congelando a etapa iniciada de crescimento, de estabilidade e saída ao exterior. Foram perdidos 3,5 milhões de empregos entre 2014 e 2017. A implantação de novos postos de trabalho – cerca de 3 milhões – foi paralisada. Além disso, e em linha com esses números, o PIB acumulou cifras negativas e o crescimento previsto estagnou. Ao lado disso, o drama da extrema-direita no poder com Jair Bolsonaro em plena pilhagem do Estado. E a sociedade sofrendo os piores flagelos deste neoliberalismo extremo, com uma polícia sem ordem e uma Justiça a serviço do poder.

Em meu livro, *La encrucijada* (Garzón, 2020), expresso de maneira contundente que Bolsonaro é o autêntico perigo para o Brasil. O que dizer sobre um governante que eliminou os subsídios do Bolsa Família, implementado pelo partido de seus rivais políticos, mesmo com mais de meio milhão de pessoas que se mantiveram fora da miséria com esses auxílios, que permitiam também a escolarização infantil; ou quando ele é capaz de afirmar que "o índio mudou, está evoluindo e se convertendo cada vez mais em um ser humano como nós". Assistimos também ao aparecimento das políticas mais extremas em benefício dos grandes latifundiários, madeireiros e corporações, com ênfase à destruição da Amazônia e à restrição de direitos dos povos originários, além do desprezo às vítimas, sejam indígenas ou pessoas em situação de extrema pobreza nas favelas, para concluir com o nepotismo mais desenfreado, em favor de seu círculo mais estreito.

A lista de abusos e de crimes pelos quais deverá responder o atual governo é longa e avassaladora. Da primavera de 2020 ao desastre conhecido, somou-se a pandemia. Tenho diante de mim a *Carta aberta à humanidade*, assinada por dezenas de intelectuais, cientistas e personalidades do mundo da arte e da cultura, promovida pelo teólogo Leonardo Boff (2021). Esta carta é um grito de ajuda perante a crítica situação do país atingido por um vírus letal de expansão irrefreável e com a presença de um negacionista à frente do governo, contrário à proteção, ao distanciamento e às vacinas. Os signatários, diante de tal desamparo, pedem a intervenção dos organismos internacionais e a condenação pela Corte Penal Internacional. Copio aqui algumas linhas que impactam por seu desespero:

> Brasileiras e brasileiros comprometidos com a vida estão reféns do genocida Jair Bolsonaro, que ocupa a presidência do Brasil junto a uma gangue de fanáticos movidos pela irracionalidade fascista. Esse homem sem humanidade nega a ciência, a vida, a proteção ao meio ambiente e a compaixão. O ódio ao outro é sua razão no exercício do poder. [...] Assistimos horrorizados ao extermínio sistemático de nossa população, sobretudo dos pobres, quilombolas e indígenas. O país se tornou uma

'câmara de gás' a céu aberto. O monstruoso governo genocida de Bolsonaro deixou de ser apenas uma ameaça para o Brasil para se tornar uma ameaça global. (Boff, 2021)

Penso que o momento é decisivo: a luta dos Direitos Humanos contra o neoliberalismo desenfreado. O excelente trabalho de todos os profissionais que elaboraram esta obra permite analisar a realidade para traçar o caminho que deve conduzir a uma economia social, a um capitalismo responsável e a uma redistribuição equitativa contra a desigualdade. Há muitas tarefas: proteger o meio ambiente, a mãe terra, os povos originários, combater a discriminação de gênero, propiciar um futuro para a infância e a juventude e dar asas à sociedade civil e aos movimentos sociais. São os objetivos, e não podemos renunciar a eles. Nós, progressistas, devemos empenhar aqui todo nosso esforço.

Não devemos esquecer que o exemplo de Moro e dos procuradores e policiais mancomunados prejudica especificamente aos que, como nós, acreditam que a luta contra a corrupção não pode se dar por meio de atalhos. Desde o início dos tempos defendi e defendo a inocência do presidente Lula e continuarei a defendê-la. Mas, para além disso, exijo/exigimos que as investigações sigam em frente até que a justiça seja reestabelecida – na linha da sentença do Supremo Tribunal Federal, que já reconheceu a parcialidade de Moro para destruir uma pessoa, um líder que mudou o Brasil e que deu exemplo de vida ao se dedicar à defesa dos mais vulneráveis. Algo que as grandes corporações e a extrema-direita e aqueles que colocam seus interesses acima dos interesses gerais da população nunca aceitarão. Por isso, o caminho de combate contra o *lawfare* é árduo, mas é necessário avançar por este caminho para consolidar uma verdadeira democracia sustentável, na qual a igualdade não seja uma quimera, mas uma realidade tangível.

Madri, março de 2021

Referências

BOFF, L. Carta aberta à humanidade. Brasil, 7 mar., 2021. Disponível em: https://leonardoboff.org/2021/03/07/carta-aberta-a-humanidade/. Acesso em: 14 abr. 2021.
GARZÓN, B. *La encrucijada*. Barcelona: Ediciones Carena, 2020.

Apresentação

José Sergio Gabrielli de Azevedo[1]

As relações entre o cachorro e o seu rabo mudam de sentido quando o rabo abana o cachorro. O rabo é menor do que o corpo e logicamente é o cachorro que abana o rabo, muitas vezes demonstrando a satisfação do animal. Somente a visão de um terceiro pode admitir que a menor parte determine o comportamento da maior.

A expressão se refere a situações em que a maioria se submete à minoria, em que um detalhe predomina na explicação do todo, no qual o resíduo é responsabilizado pela sua geração. Sempre é a visão do observador, nunca uma característica própria do fenômeno observado.

Se a sinédoque é uma figura literária válida, na análise das situações concretas da realidade social há que se tomar muito cuidado com seu uso nas distorções das narrativas. A corrupção é, em geral, o "rabo" das empresas, cujas principais decisões buscam alcançar resultados econômicos e atingir objetivos empresariais, configurando esse conjunto de decisões e procedimentos como o "cachorro" da descrição. Não é a corrupção que "abana" a empresa. É a empresa que possibilita a corrupção, que representa sempre uma pequena parte das suas operações.

Destacar apenas o rabo da corrupção obscurece os movimentos do corpo do cachorro. Como dito em outro trabalho, (Gabrielli De Azevedo, 2020) a *performance* da Petrobras, antes do "*tsunami*" – para usar outra figura de linguagem – que fez o rabo abanar o cachorro, era de uma empresa em ascensão.

Os maiores lucros da Petrobras, até aquele momento, ocorreram em seu período de expansão, de 2003 a 2012, com os três maiores em 2010, 2008 e 2006, como se pode ver na figura 1, na qual também se apresentam os lucros da Vale, para fins comparativos.

---

[1] Professor aposentado da UFBA, pesquisador do Instituto de Estudos Estratégicos de Petróleo, Gás Natural e Biocombustíveis Zé Eduardo Dutra (Ineep). Ex-presidente da Petrobras (2005-2012).

Figura 1 – Lucro Líquido Petrobras e Vale. 2001-2012

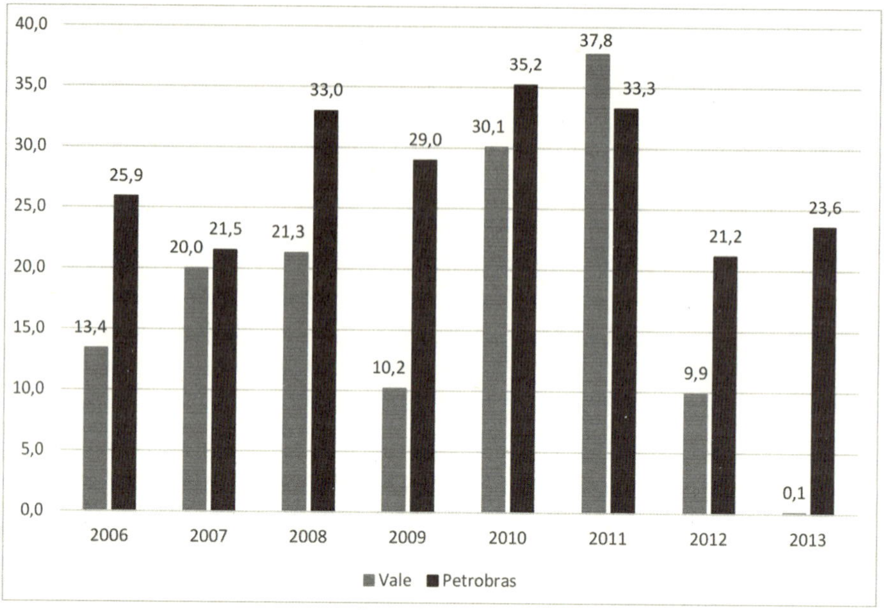

Ano	Vale	Petrobras
2006	13,4	25,9
2007	20,0	21,5
2008	21,3	33,0
2009	10,2	29,0
2010	30,1	35,2
2011	37,8	33,3
2012	9,9	21,2
2013	0,1	23,6

Fonte: Lima, 2015

Esta alta lucratividade permitiu, até 2011, financiar o gigantesco programa de investimentos com base em recursos operacionais próprios, dependendo do endividamento depois daquele ano. A Petrobras tinha uma avaliação de risco de *investment grade* de 2007 a 2013, captando dívida a custos declinantes.

Por seu lado, a *performance* de produção da companhia também era muito boa, com um crescimento médio anual de 3,4% no período de 2002 a 2011, saindo de uma produção de petróleo e gás no Brasil de 1,7 milhões de barris/dia em 2002 para mais de 2,3 bilhões em 2011.

A maior parte deste crescimento da produção ocorre depois de 2004. Para viabilizá-lo, simultaneamente ao desenvolvimento do programa exploratório e à manutenção da produção dos campos ativos, a frota de sondas de perfuração era um equipamento fundamental. A frota da companhia de sondas de perfuração para lâminas de água superiores a 2 mil metros cresceu de duas sondas, em 2006, para 19 sondas contratadas em 2011, iniciando-se um processo para a construção de 33 novas sondas no Brasil. As plataformas de produção passaram também a ser encomendadas no Brasil, além das embarcações de apoio, criando uma grande demanda para a indústria naval brasileira.

O setor de gás natural, cuja oferta nacional é fortemente associada ao crescimento da produção do petróleo, também se expandiu, incluindo a construção de uma malha de gasodutos capaz de viabilizar o escoamento da produção, ao mesmo tempo em que atendia as necessidades da flexível demanda para a geração elétrica.

Porém a melhor perspectiva de crescimento da Petrobras era sua base de recursos petrolíferos que podiam se transformar rapidamente em reservas. Em 2012, ela desfrutava de uma posição excepcional, com um potencial de 29,2 bilhões de barris a serem transformados em reservas com os investimentos previstos nos planos de negócio da empresa.

Figura 2 – Recursos Identificados em 2012 para a Petrobras (bilhões de BOE)

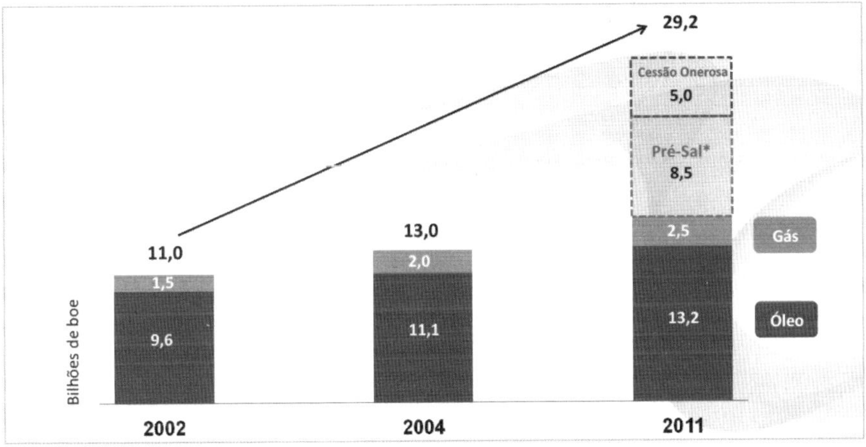

Ano	Óleo	Gás	Pré-Sal*	Cessão Onerosa	Total
2002	9,6	1,5			11,0
2004	11,1	2,0			13,0
2011	13,2	2,5	8,5	5,0	29,2

Fonte: Petrobras, 2012

Para realizar seu programa de investimentos, a Petrobras precisava dar saltos na sua capacidade tecnológica e na consolidação do conhecimento técnico de seu pessoal. Os investimentos em pesquisa e desenvolvimento aumentam 360% de 2003 a 2011, ao mesmo tempo que sua força de trabalho cresce de um pouco mais de 42 mil empregados para a casa dos 82 mil.

O tamanho do Centro de Pesquisa e Desenvolvimento Leopoldo Américo Miguez de Mello (Cenpes) foi duplicado, tanto em área física como na capacitação e qualificação de pessoal, de forma que a Petrobras ficasse habilitada a dar respostas adequadas aos novos desafios.

Por outro lado, sob forte estímulo da empresa, foi mais que duplicada a capacidade das universidades e centros de pesquisas, que se articulam em mais de 70 redes temáticas, congregando os esforços de mais de 120 universidades e centros de pesquisa pelo país afora e potencializando as capacidades desses laboratórios se habilitarem para responder aos desafios da indústria do petróleo, mas também de outros setores da sociedade e da economia.

Isso possibilitou o fortalecimento das dezenas de redes temáticas de pesquisa, integrando centenas de pesquisadores, centros de pesquisa e universidades, voltadas para temas relacionados com o setor e financiados com recursos da renda petroleira.

Os desafios tecnológicos crescentes da produção em águas ultraprofundas exigem mais inovações na cadeia de suprimentos, especialmente nos equipamentos mais críticos do processo produtivo.

No que se refere às inovações tecnológicas e substituição de fornecedores internacionais, o programa teve alguns sucessos, como a substituição de importações de guindastes *offshore* das plataformas, de catalisadores químicos nos processos de hidrotratamento, de linhas flexíveis e umbilicais eletro-hidráulicos, de conversão de motores do ciclo Otto para gás natural e atuadores elétricos para válvulas de grande diâmetro, entre outros. De 2005 até agosto de 2014 foram desenvolvidos mais de 130 fornecedores de primeira linha para a Petrobras, com investimentos superiores a US$ 14 milhões. Com o Sebrae, o programa capacitou mais de 13 mil pequenas e médias empresas (PMEs), realizando 135 rodadas de negociação com uma movimentação de 6 bilhões de reais em negócios com estas PMEs (Rosse, Alonso, Guimarães, 2015, p. 351-352).

Em termos históricos, a Petrobras chegava em 2010 ao pico de toda a sua história, de seu programa de investimentos, mantido estável em torno de US$ 42-43 bilhões por ano para atender as necessidades daquele programa de desenvolvimento integrado, até 2013, quando começa o *tsunami*.

Figura 3 – Investimentos totais da Petrobras (US$ milhões nominais 2003-2020)

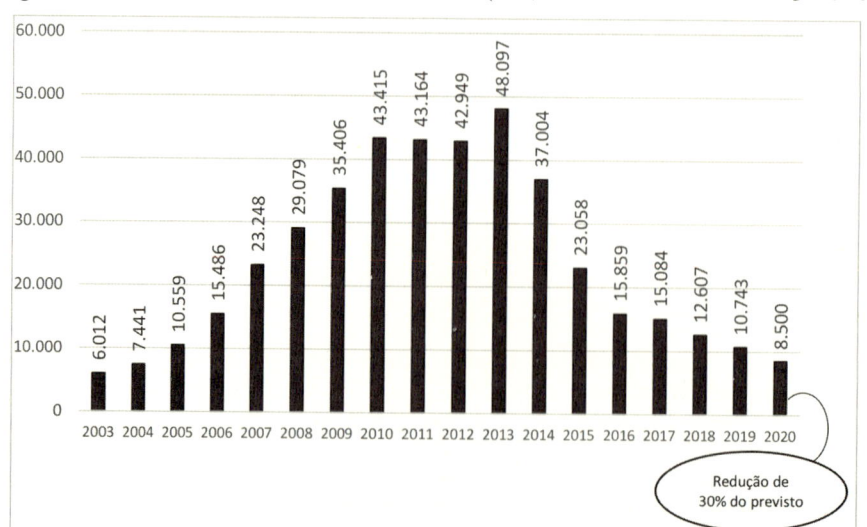

Fonte: Dieese/Fup, 2020

Mas todo esse desempenho do corpo do cachorro foi esquecido pela única discussão dos movimentos do rabo – a corrupção.

Se na descrição da corrupção da Petrobras não se pode tomar a dimensão dos comportamentos ilegais como representativa do conjunto das decisões da empresa, também não se pode considerar que a Lava Jato poderia justificar seus desvios em função da meritória autodefinição de seus objetivos. Os fins não justificam os meios.

Deu no *New York Times*:

> En lugar de ayudar a erradicar la corrupción, lograr mayor transparencia en la política y fortalecer la democracia, la famosa operación contribuyó al caos que hoy vive Brasil. Se vendía como la mayor operación anticorrupción del mundo, pero se volvió el mayor escándalo judicial de la historia brasilera. (Estrada, 2021)

Os diálogos revelados pela operação *Spoofing*[2] da Polícia Federal (PF), e pela decisão da 2ª Turma do Supremo Tribunal Federal (STF) de liberar para a defesa do ex-presidente Luiz Inácio Lula da Silva a cópia desses registros, mesmo que sua legalidade ainda não esteja determinada, revelam escabrosas manipulações e crimes dos procuradores da Lava Jato e do ex-juiz Sergio Moro,[3] que constituíram o que foi definido pelo *New York Times* como "*el mayor escándalo judicial de la historia brasilera*".

O pessoal da Lava Jato parece que teria cometido desde crimes contra a soberania nacional, com relações escusas com órgãos policiais, de espionagem e da Justiça e da Segurança Nacional de outros países, até crimes relacionados com pressões psicológicas, verdadeiras torturas não físicas, com ameaças de prolongamento de prisões e ações judiciais contra presos debilitados, depois de tentativas de suicídio, para forçar delações. (Consultor Jurídico, 2021a)

A promiscuidade das relações juiz-procurador fica patente e reforça a suspeição sobre as decisões de Moro. O ministro Gilmar Mendes, no seu voto da 2ª Turma, destacou que o centro da denúncia contra Lula, expresso no famigerado *power point* de Dallagnoll, com Lula no centro das acusações, foi antecipado pelo procurador ao então juiz sete meses antes da denúncia ser apresentada (Consultor Jurídico, 2021b).

---

[2] Operação que investigou o grupo de *hackers* que invadiu os celulares de autoridades e de procuradores da Lava Jato, entre eles Deltan Dallagnol, e também do ex-juiz Sergio Moro. Parte das mensagens já tinha sido divulgada pelo site *The Intercept* e vários órgãos da grande imprensa. Os sete terabytes dos arquivos que estão em poder da PF são resultados de apreensões na casa dos *hackers* e ainda não foram considerados como provas legais.

[3] Há também diálogos envolvendo a turma de Curitiba e a juíza Gabriela Hardt, que veio a substituir o juiz Moro, ver Miazzo (2021).

A chamada "denúncia sólida", pedida por Moro a Dallagnol, era a construção de uma narrativa, colando pedaços, falseando realidades, induzindo delações convenientes com métodos de tortura psicológica e montando uma versão do "rabo abanando o cachorro". Era o que os procuradores confessavam: não tinham provas. Construíram a narrativa que interessava aos seus "indícios" e "convicções".

No que se refere à soberania nacional, os procuradores da Lava Jato e o ex-juiz Moro cometeram vários crimes de lesa-pátria, ao que tudo indica. Troca de informações "informais" por fora dos canais oficiais, reuniões clandestinas com policiais, espiões e representantes da polícia e Justiça estrangeiros, comemorações sobre "presente da CIA" com a prisão do Lula, negociações sobre repartição dos recursos arrecadados com a operação e outros "indícios" aparecem nos diálogos que agora vêm a público.

O "pessoal de Curitiba" também queria investigar e constranger participantes de órgãos superiores da Justiça, o que levou o presidente do Supremo Tribunal de Justiça a pedir a abertura de investigações contra Dallagnol em relação a essas suspeitas. O procurador-geral da República acatou o pedido e abriu investigações sobre esse comportamento.

O comportamento com indícios de crime do pessoal da Lava Jato chega até a apropriação privada de recursos capturados, com a repartição do botim para uma fundação de direito privado dirigida por alguns deles. Está sendo melancólico o final da farsa da Lava Jato (Avritzer, 2021).

A turma da Lava Jato de Curitiba criou uma ficção de que o governo do presidente Lula montou uma diretoria da Petrobras para ser uma organização criminosa (Orcrim) e cometer atos de corrupção, fazendo desaparecer as enormes responsabilidades de condução de uma das maiores empresas do mundo, eficiente, com projetos de investimentos estruturantes e âncora do desenvolvimento nacional. Lucrativa, com os maiores lucros de sua história, pujante, reconhecida no mercado internacional, exemplo de tecnologia. Nada disso importava para os ficcionistas de Curitiba.

Para eles, os casos de corrupção confessados e descobertos – o "rabo" abanava o cachorro, a parte substituía o todo – as milhares de decisões empresariais tomadas pela diretoria para conduzir a Petrobras a ser reconhecida como uma das grandes empresas do mundo. O que valia era o tosco *Power Point* de Dallagnol que representava a ficção criada por eles.

Chama a atenção a pouca reação da sociedade frente às revelações de que o próprio banco de dados utilizado para as acusações, os algoritmos de extração de informações e os arquivos transferidos da Justiça suíça para a brasileira não possam ter sua correta reprodução atestada. Há indícios de que os dados foram manipulados na cópia brasileira, não se podendo afirmar que ela é idêntica à original e, portanto, todos as informações extraídas desse banco de dados – que serviram para fundamentar muitas das acusações de pretensa troca de dinheiro entre a Odebrecht e Lula – não podem ser consideradas como verdadeiras.

Se a promiscuidade entre procuradores e o juiz espanta, também começam a ser reveladas relações espúrias entre jornalistas, órgãos de comunicação e a Operação Lava Jato. "Farinha do mesmo saco", para usar outra figura de linguagem.

A nota pública anunciando a prisão do ex-presidente Lula foi redigida por um jornalista da Rede Globo e a pré-escolha dos culpados foi feita pela grande mídia, "independe do devido processo legal", como se existisse

> [...] uma régua midiática que permite apontar culpados por corrupção, independentemente dos resultados dos processos judiciais. Assim, temos no Brasil um fenômeno curiosíssimo: uma operação anticorrupção de primeira instância manipula o STF, faz política por conta própria, alia-se a políticos de extrema-direita e vaza informações para auxiliá-los eleitoralmente, viola os princípios de relações internacionais do país colaborando diretamente com autoridades de outros países e condena um ex-presidente com provas frágeis legalizadas pelo juiz, em conluio com a acusação. Quando essa operação chega ao fim, alguns lamentam a volta da velha política. Resta saber o que é, na opinião desses, a nova política. (Avritzer, 2021)

A Operação Lava Jato desempenhou um papel fundamental nas mudanças recentes da sociedade brasileira, mesmo às custas de conspurcação dos direitos elementares da cidadania. Como aponta Avritzer, o principal objetivo da operação era transformar a luta anticorrupção em uma utopia – "a ideia aqui é o fim da corrupção por meio da *eliminação* dos *impuros* [ênfase nossa] do sistema político", mais do que combater a própria corrupção. Essa utopia, que convenceu grande parte da opinião pública brasileira, também serviu para justificar golpes contra os pactos políticos e sociais que caracterizavam a sociedade brasileira pós-ditadura militar e a implantação de programas econômicos profundamente regressivos, aumentando a miséria e a desigualdade no país. Conclui Avritzer (2021):

> [...] a luta contra a corrupção não é uma política institucional do Estado, mas uma forma *ex-post* de purificação da política das pessoas que causaram a situação em que o país se encontra. Não é possível pensar em uma analogia mais clara com o discurso antissemita alemão dos anos 1920 e 1930 ou com o discurso soviético dos anos 1930. Logo, prisão sem direitos para essas pessoas.
> A Lava Jato foi popular porque ofereceu ao país uma utopia não realizável, mas absolutamente confortável. A utopia do 'somos todos ótimos e o país tem um excelente projeto nas mãos dos economistas liberais e dos governos conservadores, mas a corrupção atrapalha.

Além de rasgar os princípios elementares do Direito e de viabilizar política e ideologicamente o desmonte do Estado social desenvolvimentista brasileiro, a Lava Jato deixa como herança impactos diretos na destruição da engenharia pesada brasileira, nos milhares de postos de trabalho que se acabaram e na perda de crescimento econômico.

Esse livro busca lançar luzes ao combate à corrupção, sem esquecer as relações do problema com os interesses nacionais, suas relações com as políticas de conteúdo nacional, os interesses estratégicos de acesso às reservas do pré-sal, os objetivos de desestabilização do governo da época, impedindo a continuidade do PT na sua direção e o desmonte da indústria naval, com gigantescos impactos sobre a economia nacional. Notem o destaque dado ao termo "nacional", que aparece em vários pontos do livro.

O texto de William Nozaki faz uma boa descrição do papel da corrupção nos setores de grandes fluxos de recursos financeiros, que são estratégicos para a acumulação capitalista. Relaciona os conceitos dos *founding fathers* e os *robber barons* que fundamentaram o pensamento político dos EUA nas relações entre o governo e o setor privado, especialmente os grandes grupos econômicos.

Nozaki busca responder à questão se a corrupção é uma especificidade da Petrobras ou um fenômeno que acompanha vários momentos da indústria petroleira mundial. Depois de destacar a importância estratégica do petróleo e suas relações com a segurança nacional, antes de listar vários casos de corrupção envolvendo petroleiras internacionais, ele afirma que é:

> [...] a visão do petróleo como uma *commmodity* geopolítica que explica a utilização de todo e qualquer meio que seja necessário para assegurar o controle dos novos recursos e mercados que apareçam, mesmo que seja necessário mudar regimes e governos, ou corromper governantes, políticos e executivos, ou mesmo juízes, procuradores, religiosos e quem quer que seja necessário para a realização dos seus objetivos estratégicos. (ver, adiante, p. 32)

Nozaki apresenta vários argumentos para mostrar como o *establishment* da segurança nacional estadunidense passou a se interessar pelo Brasil depois das descobertas do pré-sal. Longe de olhar o cachorro do acesso às imensas riquezas do subsolo, o olhar para o rabo destaca a questão da corrupção como uma luta entre o bem e o mal, com alguns "gloriosos" defensores do bem público perseguindo os "maus corruptos". Obscurecem os interesses econômicos envolvidos, tanto da exploração dos recursos do pré-sal, como na ameaça que representaria o fortalecimento de uma indústria de construção pesada e naval no Brasil para os concorrentes internacionais.

No que se refere especificamente à Petrobras, ele tenta desmitificar três "mitos criados":

> i) a ideia de que a corrupção é um problema endêmico apenas da Petrobras; ii) a ideia de que um Estado menor significa menos corrupção; iii) a ideia de que investimentos menores significa menos corrupção. (ver, adiante, p. 43-44)

O trabalho de Nozaki é complementar ao de Carol Proner, que aborda a utilização dos órgãos de segurança, da Justiça e das Forças Armadas estadunidenses para atos de corrupção e desestabilização de governos, além da utilização dos mecanismos de *lawfare*, especialmente a jurisdição extraterritorial da legislação estadunidense.

Proner começa tratando do conluio entre integrantes da força-tarefa da Lava Jato e autoridades estrangeiras, fora dos ritos da cooperação internacional, em atividades que vão além da utilização do Direito como forma de coerção entre as nações. O que acontece com o *lawfare* é, como diz a autora,

> [...] antes de tudo, [a] assunção do antijurídico como recurso válido. Trata-se de admitir uma racionalidade pragmática e cínica para afirmar que até mesmo a distorção do sentido das normas e princípios é artifício válido em uma guerra jurídica. (ver, adiante, p. 71)

Lembrando da prática do SLAPP – *strategic lawsuit against public participation* –, Proner destaca que o objetivo do *lawfare* é desestabilizar o adversário/inimigo, viabilizando o golpe e a mudança de regime político, fora dos mecanismos tradicionais de disputa política. Uma ameaça à democracia como a conhecemos.

Como exemplos desse tipo de atitude, a autora cita os golpes contra Zelaya, em 2009, em Honduras, contra Lugo, em 2012, no Paraguai, além das perseguições à Cristina Kirchner, na Argentina, Rafael Correa, no Equador, e Evo Morales, na Bolívia. A perseguição a Lula, no Brasil, e o golpe contra Dilma Rousseff são outros exemplos desse tipo de prática antidemocrática de destruição de adversários como se fossem inimigos de guerra.

A autora chama a atenção para as particularidades da utilização da luta contra a corrupção, que sempre encontra o apoio no clamor popular, na estratégia de *lawfare*, destacando suas relações com a doutrina de segurança nacional, especialmente dos EUA e vários instrumentos legais que foram desenvolvidos para ação extraterritorial do país, em busca do combate ao "mal do século XXI" – a corrupção. A utilização do combate à corrupção para desestabilizar governos que sejam percebidos como "competidores" ou "inimigos" dos EUA, está explicitamente defendida em documentos oficiais que definem a estratégia de segurança nacional do império estadunidense. Como destaca Proner,

> [...] setores do sistema de Justiça, unidos aos interesses das elites locais – permeados por inteligência e ingerência estrangeira –, têm atuado para bloquear a participação política e a candidatura de líderes e movimentos de tendências mais à esquerda. (ver, adiante, p. 176)

A extraterritorialidade pretendida unilateralmente pela legislação estadunidense é chave para entender a Lava Jato e operações semelhantes que ocorreram recentemente pelo mundo a partir da globalização do capital, dos fluxos financeiros e da possibilidade de as empresas de qualquer país serem atingidas pela legislação estadunidense, mesmo por ações fora dos EUA. A dita "cooperação internacional" que avançou entre os órgãos da Justiça e policiais brasileiros e as autoridades dos EUA.

Fazendo um histórico do *Foreign Corrupt Practices Act* (FCPA) desde 1977, Proner mostra como a legislação estadunidense, particularmente aquela relacionada com as atividades econômicas nas bolsas de valores, passou pela crise do ataque às Torres Gêmeas em 2001 e a crise financeira de 2008-2009 avançando na sua capacidade de atingir outros países. Dois instrumentos merecem destaque: a utilização do sistema contábil de registro de operações interbancárias (Swift) e os acordos de cooperação com órgãos de investigação de outros países.

No final do capítulo, Proner realça o papel dos procuradores públicos e os grandes escritórios privados de advocacia que foram fundamentais na implementação nessas operações internacionais do interesse da Segurança Nacional estadunidense. Ela também menciona a proposta de legislação francesa que pretende a defesa da soberania nacional frente às ameaças dos EUA, assim como a subserviência do juiz Moro e dos procuradores brasileiros aos interesses estadunidenses.

Gisele Cittadino, por sua vez, avança em demonstrar como a escolha da corrupção como centro da luta política serve para desmoralizar a própria política e fortalecer ideais antidemocráticos. A ideologia da meritocracia, desvinculada da realidade social, e o mito do concurso público como processo seletivo imune às pressões políticas permitem o desenvolvimento de estamentos do serviço público que se autorreferem como especiais, não necessitando do voto popular para legitimar suas escolhas e dando lugar a grupos, pretensamente, de "justiceiros anticorrupção", como a força-tarefa da Lava Jato. Diz a autora:

> Não há, na verdade, como compreender a Operação Lava Jato fora deste enquadramento, na medida em que aparece como um poder curativo dos males da atividade político-partidária, além de ser blindada das críticas em função da meritocracia dos seus integrantes. (ver, adiante, p. 67)

"Atos de ofício indeterminados", má aplicação da teoria do domínio do fato, esquecimento das determinações da legislação societária brasileira, criação de convicções sem prova, reversão do princípio de responsabilidade de provar a inocência, abandono do devido processo legal para o julgamento foram desvios amplamente utilizados por esses "meritocratas" autointitulados justiceiros anticorrupção. Tudo vale para destruir o inimigo pretensamente corrupto. Tudo vale para "criminalizar aqueles que não são derrotados pela via do confronto político".

Diferente da ilusão que tentam difundir de neutralidade política dos "justiceiros", eles são representantes da velha política, das elites que mandam no país. Cittadino afirma:

> Sergio Moro, Deltan Dallagnol e Erika Marena, aqui representando o juízo, a acusação e as forças policiais, são apenas a versão contemporânea dos capitães do mato. Identificam-se com a elite e operam em função dos interesses daqueles que, no momento, estão mergulhados na tarefa de quebrar a soberania nacional. (ver, adiante, p. 73)

Paulo Moreira Leite começa seu capitulo lembrando o impedimento da candidatura de Lula à Presidência da República em 2018 como consequência da Lava Jato, destacando as posições dos ministros do STF àquela época e dos chefes militares, que reforçaram o impedimento da candidatura. Em relação à participação dos militares no governo de Bolsonaro, Moreira Leite recorda que somente dois dos 17 "generais que integravam o Alto Comando do Exército, liderado por Villas Bôas em 2016, não haviam assumido postos no primeiro escalão do governo".

Moreira Leite lembra o papel dos militares para explicar o avanço da Lava Jato na desestabilização do governo Dilma, cerceamento dos direitos políticos do presidente Lula e combate às lideranças do PT, além da desmoralização geral da própria política, atingindo até algumas lideranças das elites políticas tradicionais. Bolsonaro não seria possível sem a história da participação política dos militares, do clima criado com a Lava Jato e sem as repercussões exponenciais realizadas pela grande mídia dos fatos que interessavam para a narrativa destruidora da política.

Depois de lembrar a importância da presença do ex-juiz Sergio Moro nos primeiros meses do governo Bolsonaro, Moreira Leite passa a analisar os impactos da recente decisão do ministro Edson Fachin do STF no desmonte da operação Lava Jato, mesmo que motivada por disputas internas na Corte Superior em tentativa de proteger o ex-juiz, o que veio se demonstrar inócuo com a confirmação posterior da parcialidade daquele juiz nos julgamentos da Lava Jato em relação aos processos de Lula. O autor termina seu capítulo destacando os episódios de intervenção militar na política brasileira e seu fortalecimento como consequência do enfraquecimento da política, resultado da ação da Lava Jato.

Fernando Sarti Ferreira e Gabriel Rocha Gaspar abordam as relações entre a Lava Jato e a política do Congresso Nacional, afirmando que,

> Em suma, o que a Lava Jato buscou, e os governos pós-golpe radicalizaram ao ocupar o Estado, foi o desmonte de um conjunto de regras – não apenas na área do Direito, mas também na economia e no corpo da sociedade como um todo – que, basicamente, sustentam a viabilidade das mais elementares conquistas civilizacionais da sociedade brasileira, por mais incompletas que sejam. (ver, adiante, p. 194)

Os autores buscam a gênese histórica desse viés autoritário da Lava Jato, lembrando das históricas disputas entre desenvolvimentistas e neoliberais de mercado desde os anos 1930, que "vilanizavam" a ação do Estado em torno da permanente tríade: ineficiência do Estado, corrupção e ameaça comunista. A posição relativa de cada um desses componentes da lógica de dominação prevalece na ação do Estado em cada momento histórico e não representa os conflitos reais da sociedade. Para os autores, desenvolvimentismo e neoliberalismo

> São duas perspectivas de gestão capitalista da economia, que não questionam a hierarquia social, a propriedade privada, o crescimento econômico ou o lucro como motor da atividade humana. Não está em questão nessa dicotomia qual modelo econômico seguir, mas *como* gerir o modelo econômico atual. (ver, adiante, p. 201)

Fábio Kerche e Talita Tanscheit destacam "o que a Lava Jato não contava" – as notícias dos bastidores das conversas promíscuas – para analisar o impacto da operação no sistema partidário brasileiro. Apesar dos potenciais crimes cometidos por procuradores e juízes, a Operação Lava Jato conseguiu:

> Por um lado, a ruptura com as bases do sistema partidário que estiveram em funcionamento por mais de duas décadas no país. Por outro, a 'troca de guarda' na direita brasileira, em que os moderados foram substituídos pelos radicais. (ver, adiante, p. 146)

E mais, os dois autores descrevem as diferenças entre o sistema judicial italiano e brasileiro, especialmente no que se refere às funções de investigação, acusação e julgamento, com origens em mudanças legislativas e na estruturação do Executivo com decisões favoráveis do STF da luta contra a corrupção implementadas a partir de 2003, sob o governo Lula e Dilma, concluindo que, com a Operação Lava Jato, e

> Aproveitando-se de novas leis, as fronteiras entre os órgãos de investigação, acusação e julgamento foram fragilizadas, independentemente do modelo previsto para a Justiça criminal brasileira e de mudanças legislativas autorizando mudanças nesse sentido. (ver, adiante, p. 148)

Depois de um massacre midiático, com os principais veículos da mídia impressa, televisionada e radiofônica bombardeando o governo, o "mar de lama" da corrupção, o assunto virou, para a opinião pública, o principal problema brasileiro. Os autores lembram que em nenhuma de todas as pesquisas do Datafolha, de junho de 2006 a novembro de 2010, a proporção das respostas que apontavam o problema da corrupção como o principal problema do país ultrapassava um dígito, muito atrás dos problemas da saúde e da violência. As pesquisas de opinião, a partir de 2015, passaram a considerar a corrupção como o principal problema do país e os políticos, os culpados. A partir de 2018, os problemas da saúde, educação e violência voltam a aparecer como os mais relevantes nas pesquisas de opinião.

Os efeitos dessa operação midiática, com bases judiciais, foi um desmoronamento do sistema político brasileiro, ainda que menos intenso do que o que aconteceu na Itália.

Kerche e Tanscheit chamam a atenção para a resiliência do PT em relação ao PSDB, por exemplo, que apesar de não estar no centro das acusações e ter sido protegido pela assimetria de comportamentos da Lava Jato, foi mais impactado do que o partido que estava no centro do furacão das acusações.

Na explicação da resistência do PT aos ataques, os autores destacam o seu enraizamento nas camadas marginalizadas, sendo um *outsider* da política tradicional em sua origem, passando pelo "modo petista de governar" as cidades e chegando ao governo Lula e Dilma, quando se enfraquece. Apesar disso, a trajetória do PT se diferencia dos outros partidos brasileiros podendo-se encontrar nessa originalidade sua força e resistência aos ataques.

Sendo especial, o PT também atrai amor e ódio. A polarização "petistas x antipetistas" cresceu e dominou o quadro eleitoral de 2018, sob o manto das acusações da Lava Jato. A "morte do PT" apregoada muitas vezes por alguns analistas e políticos não se realizou.

O Departamento Intersindical de Estatística e Estudos Socioeconômicos (Dieese), com o trabalho de Fausto Augusto Junior e Sérgio Nobre, modela os impactos que a Lava Jato deve ter tido sobre outros setores da economia, comparando uma trajetória efetiva dos investimentos com uma experimentação contrafactual, buscando identificar os impactos da reversão dos investimentos da Petrobras na economia brasileira, assim como a redução de obras de infraestrutura derivadas de impedimentos legais das empresas citadas na Operação Lava Jato, com efeitos negativos em toda a cadeia da construção civil.

Utilizando matrizes de insumo produto (MIP), atualizadas pelas contas nacionais até 2017, eles mostram gigantescos impactos sobre o PIB, arrecadação tributária e empregos, com destaques setoriais, em particular na construção civil.

Apesar de reconhecer a existência de outros fatores que impactam a mudança da trajetória dos investimentos da Petrobras,[4] o estudo tenta isolar os efeitos da Lava Jato e chama a atenção para as mudanças institucionais e regulatórias posteriores à Operação Lava Jato e ao golpe de Michel Temer contra Dilma Rousseff. Estas modificaram o ambiente sob o qual os investimentos ocorriam na cadeia de petróleo e gás natural e que levaram a Petrobras a diminuir sua busca de novas áreas exploratórias, vender parte de suas reservas, abandonar atividades não relacionadas com o pré-sal e intensificar um processo de desverticalização, que reduzia em muito o tamanho da empresa.

Por vários caminhos, o resultado é o mesmo: a Petrobras diminuiu seu investimento, reduziu o escopo de suas atividades, demitiu muita gente e reduziu sua força de trabalho direta.

O estudo vai adiante, e tenta mensurar os efeitos dessa contração sobre a construção civil fora da Petrobras, afirmando que

> a participação das maiores empresas da área de construção civil no esquema de corrupção da Lava Jato fez resultou em problemas para essas empresas em várias frentes: obras canceladas, dificuldades de financiamento, obras bloqueadas judicialmente (relacionadas direta ou indiretamente à Operação Lava Jato). Isso promoveu a queda das receitas das empresas, que deixaram de receber não só recursos relacionados às obras já previamente contratadas, mas também de futuros empreendimentos, impactando negativamente a economia e a geração de empregos. (ver, adiante, p. 86)

As MIP atualizadas foram utilizadas para calcular os efeitos diretos e indiretos da contração dos investimentos da Petrobras comparando os impactos do investimento efetivamente realizado,[5] com o investimento projetado por um modelo econométrico que relaciona essa variável com os níveis da receita líquida e do lucro líquido da empresa, registrados em seus balanços.[6]

---

[4] Queda do preço do petróleo, variações da taxa de câmbio, ciclo de endividamento e maturidade dos projetos, além da crise econômica que começa nesses anos e segue até hoje, por exemplo.

[5] Segundo o estudo, "as atividades econômicas aqui consideradas para efeito de "choque" são extração de petróleo e gás, atividades de apoio na extração de petróleo e gás e refino de petróleo e coquerias e a atividade construção".

[6] O modelo subestima os investimentos no período 2008-2011 e superestima os gastos com capital no período posterior a 2016, com grande aderência na fase entre 2011-2014, período imediatamente anterior ao início da operação Lava jato.

Em relação à construção civil, os autores lembram que o Tribunal de Contas da União (TCU), em maio de 2019, constatava que, "do total de 38.412 obras no país, 14.403 estavam paralisadas e/ou inacabadas" e que, segundo a Câmara Brasileira da Indústria de Construção (CBIC), em estudo de 2017, [...] a Operação Lava Jato teria sido responsável por deixar mais de R$ 90 bilhões em obras paradas (ver, adiante, p. 94)

Os autores detalharam os efeitos da paralisação das obras e chegaram a números ainda maiores: R$ 61,4 bilhões em obras paralisadas. Adicionando-se a contração dos investimentos da Petrobras e os efeitos das obras paradas da construção civil, o impacto sobre a demanda agregada seria de mais de R$ 101,8 bilhões no período 2014-2017.

Essa gigantesca redução da demanda se espalha pelos setores econômicos por meio das relações de insumo-produto, provocando efeitos multiplicados que se aproximariam de 3% do PIB. Um gigantesco impacto em um período de estagnação da economia.

Em termos agregados,[7] os números do período são dramáticos: 3,6% do PIB, impacto em 4,4 milhões de postos de trabalho, 244 bilhões a menos de valor adicionado, 47,4 bilhões de impostos não arrecadados, 85,7 bilhões de redução da folha de salários e 20,2 bilhões a menos de arrecadação da previdência.

Luiz Fernando de Paula e Rafael Moura dão ênfase nas mudanças de governança da Petrobras, colocada no centro das denúncias da Lava Jato, levando a companhia a abdicar de seu tamanho e influência indutora na economia. Com a mudança de governo em 2016, a Petrobras redefine seus objetivos estratégicos e reorienta suas atividades. Como destacam os autores,

> Esse redesenho, embora guarde elo direto com as predileções ideológicas dos atores políticos pertencentes aos novos governos incumbentes, foi justificado retoricamente como imperativo ante a crise financeira da estatal gerada pela suposta 'má gestão' e 'desmoralização' do mandato anterior (ver, adiante, p. 114)

Eles reconstroem a trajetória das relações da Petrobras, de 2003 a 2013, com o setor de construção pesada no Brasil para avaliar as acusações de "má gestão" das direções anteriores. Depois de lembrar as compras da empresa em relação a vários setores da economia brasileira, de Paula e Moura afirmam que

> [...] os governos petistas podem ser apontados como responsáveis pelo ressurgimento de um 'nacionalismo energético', manifestado por meio de novas mudanças regulatórias e setoriais. Buscou-se, neste sentido, i) ampliar o excedente econômico (via

---

[7] O trabalho também apresenta resultados desagregados por Atividades Econômicas da MIP, ilustrando os impactos multissetoriais da contração.

receitas do setor de petróleo e gás) de modo a financiar gastos sociais do governo; ii) aumentar a produção de bens e serviços industriais por meio das compras e demandas públicas da própria Petrobras, com *spillovers* derivados do encadeamento produtivo junto aos fornecedores locais; e iii) ampliar os investimentos públicos da estatal tanto na parte produtiva/extrativa quanto na de refino de derivados. (ver, adiante, p. 118)

Os autores destacam a importância do Programa Nacional de Mobilização da Indústria de Petróleo e Gás Natural (Prominp), na mobilização, a partir de março de 2003, da cadeia de suprimentos do setor de petróleo e gás, com impactos setoriais importantes, além dos efeitos regionais com a proposição de vários Arranjos Produtivos Locais (APLs).

Eles citam três elementos externos que configuraram a "tempestade perfeita" que se abateu sobre a Petrobras juntamente com a Lava Jato: a enorme depreciação do real, a imensa queda dos preços do petróleo e uma certa defasagem dos preços domésticos de derivados e o mercado interno em crescimento, obrigando importações de produtos refinados. Esse último fator também contribuiu para a queda do valor das ações da companhia, mesmo antes das acusações de corrupção.

Por outro lado, as denúncias da Operação Lava Jato atingiram fortemente as principais empresas de engenharia e fornecedoras do setor. Se na fase do auge dos investimentos, os empregos cresciam e os APLs se constituíam, depois da Lava Jato há um desastre setorial e regional. Todas as empresas encolheram muito e as regiões de concentração de investimentos apresentam terrível destruição de postos de trabalho, que pode ser associada ao efeito da Operação Lava Jato.

Esse livro pretende trazer uma releitura do que aconteceu com a Operação Lava Jato, destacando os movimentos do cachorro, mesmo considerando que ele tenha rabo. A corrupção não era o centro da política de desenvolvimento da cadeia de petróleo e gás, e os efeitos dessa operação, da forma como se deu, são demasiadamente danosos para serem desconsiderados, sob pena de aceitarmos a ilusão de que o rabo abana o cachorro.

Referências

AVRITZER, L. Anticorrupção como utopia regressiva. *A terra é redonda. eppur si muove.* (site), 10 fev. 2021. Disponível em: https://aterraeredonda.com.br/anticorrupcao-como-utopia-regressiva/. Acesso em: 19 abr. 2021.

CONSULTOR JURÍDICO. Procurador tentou pressionar assessor de Pallocci após tentativa de suicídio. Revista *Consultor Jurídico*, 10 fev. 2021a. Disponível em: https://www.conjur.com.br/2021-fev-10/mpf-tentou-pressionar-assessor-palocci-tentativa-suicidio. Acesso em: 19 abr. 2021.

CONSULTOR JURÍDICO. Deltan antecipou denúncia do PowerPoint a Moro com meses de antecedência, 10 fev. 2021b. Disponível em: https://www.conjur.com.br/2021-fev-10/deltan-antecipou-denuncia-moro-meses-antecedencia. Acesso em: 19 abr. 2021.

DIEESE/FUP. Principais Indicadores da Petrobras e sua importância para o Brasil. Rio de Janeiro: Dieese/FUP, 2020.

ESTRADA, G. El desairado fin de Lava Jato: se vendía como la mayor operación anticorrupción del mundo, pero se volvió el mayor escándalo judicial de la historia. *New York Times*, 09/02/2021. New York. (Opinión.) Disponível em: https://www.nytimes.com/es/2021/02/09/espanol/opinion/Lava Jato-brasil.html?smid=em-share. Acesso em: 19 fev. 2021.

GABRIELLI DE AZEVEDO, J. S. Especulações sobre a Petrobras depois de um *tsunami*, além de um dilúvio e terremoto com incêndios. Um desastre. Textos para Discussão. Rio de Janeiro: Ineep-Instituto de Estudos Estratégicos de Petróleo, Gás Natural e Biocombustíveis: 45 p. 2020.

GABRIELLI DE AZEVEDO, J. S. Petrobras na última década. Rio de Janciro: Petrobras. 2012. Disponível em: https://www.agenciapetrobras.com.br/Materia/ExibirMateria?p_materia=973891. Acesso em: 19 abr. 2021.

MIAZZO, L. "'Ela é faca na caveira, pedi uma decisão hoje e já saiu': diálogos mostram proximidade entre Lava Jato e sucessora de Moro". *Carta Capital*, São Paulo, 08 fev. 2021. (Justiça). Disponível em: https://www.cartacapital.com.br/justica/ela-e-faca-na-caveira-pedi-uma-decisao-hoje-e-ja-saiu-dialogos-mostram-proximidade-entre-lava-jato-e-sucessora-de-moro/#.YCThjKEAgGc.twitter. Acesso em: 19 abr. 2021.

LIMA, P. C. R. A situação econômica, financeira e operacional da Petrobras. Consultoria Legislativa. Congresso Nacional, Estudos das consultorias legislativa e de orçamento e fiscalização financeira da Câmara dos Deputados. Brasília: mar. 2015. (Relatório). Disponível em: https://bd.camara.leg.br/bd/handle/bdcamara/21979. Acesso em: 19 abr. 2021

PETROBRAS. Petrobras na Última Década. Rio de Janeiro 2012.

ROSSI, J. L.; ALONSO, P. s. R.; GUIMARÃES, P. p. D. Oportunidades e desafios do desenvolvimento de APLs e territórios no setor de petróleo, gás e naval. Um olhar territorial para o desenvolvimento: Sudeste. COELHO, C. F. *et al. Um olhar territorial para o desenvolvimento. Sudeste.* Rio de Janeiro: BNDES: 346-367 p. 2015.

Capitalismo e corrupção: a Petrobras e a Operação Lava Jato

William Nozaki[1]

Introdução

O poder econômico e a corrupção política são faces de uma mesma moeda, pois, de acordo com o historiador Fernand Braudel (1996), o capitalismo acontece naquela antessala mal iluminada, em horários duvidosos, onde se encontram os donos do dinheiro e os donos do poder. A negociação de decisões do Executivo, do Legislativo ou do Judiciário como barganha para interesses de grandes corporações, de conselhos de administração e de empresários é a regra global, e não a exceção brasileira.

O debate sobre a corrupção e o papel das empresas públicas exige novas reflexões a fim de repensar um conjunto de princípios e conceitos que se formaram sobre esse intrincado tema. O presente texto busca contribuir com esse debate, problematizando-o a partir de um setor particularmente sensível a essas questões, a indústria petrolífera, e analisando um caso bastante recente nessa seara: a "petrocorrupção" investigada pela Operação Lava Jato no âmbito da Petrobras.

Para tanto, além da presente introdução, o artigo se divide em outras seis seções. Na segunda, "Petrocorrupção: a relação entre Estado e grandes empresas petrolíferas", busca-se demonstrar como a presença de casos de corrupção nesse setor é um fenômeno que se relaciona muito mais com a dimensão geopolítica e econômica das *majors* petrolíferas, que acontece em diversos países e períodos, e não estão relacionados com esta ou aquela nacionalidade.

Na terceira seção, "Capitalismo e corrupção: o debate crítico em perspectiva internacional", busca-se apresentar o tema da corrupção como uma questão de geopolítica e defesa no mundo contemporâneo, o que se demonstra pelo modo como os EUA vem incorporando essa problemática em sua agenda estratégica.

---

[1] Professor de Ciência Política da Fundação Escola de Sociologia e Política de São Paulo (FESPSP) e diretor técnico do Instituto de Estudos Estratégicos de Petróleo, Gás e Biocombustíveis (Ineep).

Na quarta seção, "Capitalismo e corrupção: o debate tradicional na perspectiva brasileira", busca-se problematizar o modo como o tema da corrupção é interpretado no Brasil à luz apenas de questões relacionadas ao patrimonialismo, à justiça e à moral, o que evidencia certa defasagem em relação ao debate contemporâneo.

Na quinta seção, "Impactos econômicos da Operação Lava Jato na economia", apresenta-se como a interpretação tradicional sobre o tema da corrupção leva a medidas de combate e prevenção a ilícitos que podem ser economicamente danosas a setores econômicos nacionais e estratégicos, como ocorre com a construção civil e a indústria naval.

Na sexta seção, "Impactos econômicos da Operação Lava Jato na Petrobras", dá-se continuidade ao item anterior, com foco nos efeitos deletérios sobre a indústria petrolífera e a Petrobras em particular. Por fim, na sétima seção, apresenta-se a sistematização de algumas conclusões.

Petrocorrupção: a relação entre Estado e grandes empresas petrolíferas[2]

Os estadunidenses costumam festejar as duas grandes gerações que marcaram sua história de forma definitiva: a geração dos seus *founding fathers*, responsável pela criação do seu sistema político na segunda metade do século XVIII; e a geração dos seus *robber barons*, responsável pela criação de seu capitalismo monopolista na segunda metade do século XIX. Na geração dos barões ladrões, se destaca a figura maior de John D. Rockefeller, que ficou associada de forma definitiva ao petróleo e à criação da Stantard Oil Company, a primeira das "Sete Irmãs" que controlaram o mercado mundial do petróleo até o final da Segunda Guerra Mundial e ainda ocupam lugar de destaque entre as 15 maiores empresas capitalistas do mundo.

A Standard Oil foi criada logo depois da Guerra Civil, em 1870. Ao final do século XIX, a empresa de Rockefeller era a maior petroleira dos EUA, e a maior fornecedora do querosene que iluminava as grandes cidades de todo o mundo. Segundo seus biógrafos (Yergin, 2010), Rockefeller era um homem piedoso, e costumava viajar acompanhado por dois pastores que lhe davam assistência religiosa, enquanto ao mesmo tempo dirigia sua empresa com métodos impiedosos, na busca desenfreada da ganância capitalista, chegando até a destruição dos seus concorrentes sempre que se fizesse necessário. Por isto talvez, seu irmão, William Rockefeller, costumasse se referir à concorrência

---

[2] Essa seção foi escrita originalmente em coautoria com José Luis Fiori (ver Nozaki; Fiori, 2019).

no mercado do petróleo como um exercício de guerra e paz (Yergin, 2010, p. 37-54). Na medida em que a centralização do capital avançou e o petróleo se transformou na *commodity* mais importante e estratégica do mundo, o comportamento de John Rockefeller se transformou em uma espécie de "paradigma ético" universal na indústria mundial do petróleo.

No início do século XX, a indústria do petróleo se associou à indústria da guerra e se transformou na energia que passou a mover navios, tanques e aviões das Forças Armadas das Grandes Potências, sobretudo na Segunda Guerra Mundial, e em todos os conflitos militares que se seguiram até o século XXI. O petróleo teve um papel decisivo na Guerra do Pacífico, desencadeada pelo ataque japonês a Pearl Harbor, em 1941, e foi o motivo central do ataque alemão à União Soviética, em 1941, que se propunha chegar ao Azerbaijão, conquistando o petróleo do Cáucaso e do Mar Cáspio. Depois disto, o petróleo foi decisivo para o golpe de Estado no Irã, em 1953, patrocinado pelos EUA e pela Inglaterra, bem como para a Crise do Canal de Suez, em 1956. E voltou a ter um papel central na Guerra do Yom Kippur, em 1973, na Guerra Irã-Iraque da década de 1980, na Guerra do Golfo, em 1991, na Guerra do Iraque, em 2003, na Guerra da Líbia, em 2011, e na Guerra da Síria, que se prolonga até hoje.

Em 1945, logo depois do fim da Segunda Guerra Mundial, os EUA firmaram sua principal aliança estratégica – em todo o mundo, e até hoje –, a aliança com a Arábia Saudita, que era naquele momento a detentora da maior reserva de petróleo do mundo. Em 1979, depois da Revolução Islâmica do Irã, o então presidente Jimmy Carter estabeleceu a sua famosa doutrina estratégica de que tudo o que envolvesse o controle do petróleo do Golfo Pérsico (e do mundo, pode-se agregar) passaria a ser considerado como uma questão de segurança nacional dos EUA. Uma doutrina estabelecida com a plena consciência de que o petróleo também é uma questão de segurança estratégica para todas as demais potências do mundo que disputam as mesmas reservas mundiais, cujos dois terços estão concentrados no território de apenas 15 países, sendo que, em 13 destes, as reservas são controladas por seus próprios Estados nacionais e empresas petroleiras estatais.

Esta consciência coletiva de que o petróleo é um recurso indispensável à segurança estratégica dos países levou à consolidação de uma parceria indissolúvel entre os Estados nacionais e as empresas petroleiras, na luta pela expansão e monopolização dos recursos e mercados petroleiros. Isto também no caso das grandes corporações privadas estadunidenses, que operam em conjunto com o governo dos EUA, suas Forças Armadas e suas agências de informação. É esta estreita aliança, e a visão do petróleo como uma *commmodity* geopolítica que explica a utilização de todo e qualquer meio que seja necessário para assegurar o controle dos novos recursos e mercados que apareçam, mesmo que seja necessário mudar regimes e governos, ou corromper governantes, políticos e executivos, ou mesmo juízes, procuradores, religiosos e quem quer que seja necessário para a realização dos seus objetivos estratégicos.

Relembremos apenas alguns casos mais recentes divulgados pela imprensa internacional, de compra de favores e de promoção de mudança de governos, ou mesmo de guerras civis, motivadas por questões petroleiras, ou financiadas diretamente pelas grandes corporações do petróleo:

i) nos anos 1990, a Mobil e outras petroleiras estadunidenses teriam pago um suborno de US$ 80 milhões para a conta bancária suíça do presidente do Cazaquistão, Nursultan Nazarbaev, em uma operação casada com a Agência Central de Inteligência (CIA) dos EUA (ver Radio Free Europe, 2010);

ii) entre 2000 e 2002, a Chevron teria pago sobretaxas para corromper o Programa Petróleo por Comida, da ONU, na época em que Condoleezza Rice era conselheira da empresa (ver *Folha de S. Paulo*, 2007);

iii) em 2003, a Exxon teria pago US$ 500 milhões ao presidente da Guiné Equatorial, Teodoro Obiang Nguem Mbasogo, depositados em uma conta bancária privada e pessoal nos Estados Unidos (ver Lashmar, 2014);

iv) ainda em 2003, a petroleira norueguesa Statoil teria pago US$ 2,9 milhões para garantir contratos no Irã (ver BBC, 2004);

v) entre 2004 e 2006, a Gazprom, a maior empresa de gás natural da Rússia, teria pago suborno em conexão com a construção do gasoduto Yamal, que liga a Sibéria à Alemanha (ver Reuters, 2014);

vi) em 2005, um inquérito independente, liderado por Paul Volcker, denunciou um sistema regular de propinas, sobretaxas e pagamentos a indivíduos com acesso ao petróleo iraniano, dentro do programa Petróleo por Comida, incluindo a petroleira francesa Total, que foi acusada de suborno, cumplicidade e tráfico de influência durante o período de 1996 a 2003, apesar de depois ter sido inocentada por um tribunal criminal de Paris, tão francês quanto a própria empresa (ver Bon; Sage, 2013);

vii) em 2006, a empresa francesa Total teria comprado o apoio de políticos e empresários italianos para garantirem concessões a preço abaixo do mercado, em um golpe avaliado em 15 milhões de euros (ver *Financial Times*, 2008);

viii) em 2009, a Exxon teria vencido uma concorrência na Nigéria com uma proposta muito inferior à de seus concorrentes, mediante suborno das autoridades locais (ver *The Guardian*, 2016);

ix) em 2011, a Exxon teria se enredado na corrupção do setor petroleiro da Libéria para a compra de um bloco petrolífero envolvendo outras empresas, incluindo a empresa de Visconde Astor, sogro do ex-primeiro-ministro da Inglaterra, David Cameron (ver *The Guardian*, 2018);

x) também em 2011, a Shell e a ENI teriam pago mais de US$ 1 bilhão como suborno a executivos nigerianos do petróleo (ver Gilblom, Browning, Albanese, 2019);

xi) nesse mesmo ano, 2011, a Statoil foi denunciada por ter feito pagamento sistemático de propinas para consultores da Líbia e de Angola, no valor de US$ 100 milhões, pagos desde o ano de 2000;

xii) em 2017, na própria Arábia Saudita, uma longa investigação de corrupção no mundo do petróleo, prendeu dezenas de príncipes e empresários proeminentes (ver Aljazeera, 2019);

xiii) mais recentemente, em 2019, na Guiana, segue avançando uma investigação sobre o uso de suborno de autoridades governamentais, pela ExxonMobil e a Tullow Oil, para obtenção do direito de exploração da mais nova região petrolífera de águas profundas do mundo (ver Crowley, 2019);

xiv) e voltando um pouco atrás, ainda em 1994, a Halliburton, que foi presidida por Dick Cheney entre 1995 e 2000, teria pago um suborno de US$ 182 milhões a governantes da Nigéria, para participar do projeto de gás natural liquefeito de Bonny Island (ver Fitzgibbon, 2015). Nesse caso, vale acrescentar a importante confissão de Pedro Barusco (ver Nascimento, 2015), ex-gerente de serviços da Petrobras, que participou das negociações com a empresa Halliburton para a entrega das plataformas P43 e P48.[3] Segundo o engenheiro, executivos da petrolífera brasileira já vinham recebendo propinas pelo menos desde 1997, as mesmas propinas que depois foram pagas por

---

[3] Pedro Barusco afirmou: "Comecei a receber propina em 1997, 1998. Foi uma inciativa minha, pessoal. De forma mais ampla, com outras pessoas da Petrobras, a partir de 2003, 2004" (ver Nascimento, 2015).

empresas brasileiras – como Odebrecht, OAS, entre outras – que substituíram empresas estrangeiras como fornecedoras da Petrobras (ver Nozaki; Fiori, 2019).

Paremos por aqui, pois tais casos parecem intermináveis. Basta dizer que um estudo do cientista político da Universidade da Califórnia, Paasha Mahdavi, constatou que, dos 141 processos movidos entre 1977 e 2013 pela *Securities and Exchange Commission* (SEC) e pelo Departamento de Justiça (DoJ) estadunidense, 41 (ou seja, praticamente um terço foram ações anticorrupção relacionadas ao setor de óleo e gás.

Além da enorme importância geopolítica do petróleo, é interessante considerar que, em alguns momentos do ciclo petroeconômico, a renda petroleira pode ser exponencialmente maior do que os custos de produção, criando certa margem para corrupção generalizada, contratos e pagamentos indevidos. No caso da Petrobras, por exemplo, o prejuízo estimado de dez anos de corrupção correspondeu a menos de 0,5% do faturamento da empresa entre 2004-2014.

Os sistemas de controle e governança das petrolíferas dificilmente conseguem captar esses ilícitos, pois apesar desses desvios movimentarem grandes volumes de recursos em termos absolutos, são relativamente pequenos quando comparados aos montantes financeiros mobilizados pela indústria do petróleo.

Não há dúvidas de que o caso recente mais emblemático desta disputa mundial pelo petróleo ainda é a Guerra do Iraque de 2003, concebida pelo então vice-presidente Dick Cheney, e que foi travada em nome do combate às armas de destruição em massa. Ainda que tenha servido de fato como uma forma de mudar o governo e o regime político do Iraque, o objetivo final era mesmo impor a supremacia das empresas estadunidenses na exploração do petróleo iraquiano, incluindo o escandaloso caso do favorecimento da empresa estadunidense Halliburton, que havia sido presidida pelo próprio vice-presidente dos EUA Dick Cheney, entre 1995 e 2000.

Sendo assim, o mercado mundial do petróleo não tem absolutamente nada a ver com a chamada livre concorrência de que falam os economistas ortodoxos e liberais, e sempre foi um campo de luta e de guerra pelo poder nacional e internacional. Neste "campo de guerra" pelo petróleo, aquilo que os pastores, os juristas e o cidadão comum chamam de corrupção parece ser muito mais uma prática de mercado que faz parte do jogo de guerra e paz entre as grandes corporações multinacionais do setor. Por fim, é comum que estas mesmas corporações que corrompem utilizem-se da acusação de "corrupção" para vencer concorrentes e destruir adversários e governos, como já fazia o patriarca dos "barões ladrões" estadunidenses, o grande petroleiro John D. Rockefeller.

Capitalismo e corrupção: o debate
crítico em perspectiva internacional[4]

É comum falar de teoria da conspiração, toda vez que alguém revela ou denuncia práticas ou articulações políticas irregulares, ocultas do grande público, e que só são conhecidas pelos *insiders* ou pelas pessoas mais bem informadas. E quase sempre que se usa esta expressão, é com o objetivo de desqualificar a denúncia que foi feita, ou a própria pessoa que tornou público o que era para ficar escondido na sombra ou no esquecimento da história. Mas, de fato, em termos mais rigorosos, não existe nenhuma teoria da conspiração. O que existem são teorias do poder, e conspiração é apenas uma das práticas mais comuns e necessárias de quem participa da luta política diária pelo próprio poder. Esta distinção conceitual é muito importante para quem se propõe a analisar a conjuntura política nacional ou internacional, sem receio de ser acusado de conspiracionista. E é um ponto de partida fundamental para a pesquisa que estamos nos propondo a fazer sobre qual tenha sido o verdadeiro papel do governo estadunidense no golpe de Estado de 2015/2016, e na eleição do "capitão Bolsonaro", em 2018. Neste caso, não há como não seguir a trilha da chamada "conspiração", que culminou com a ruptura institucional e a mudança do governo brasileiro. E nossa hipótese preliminar é que a história desta conspiração começou na primeira década do século XXI, durante o "mandarinato" do então vice-presidente estadunidense Dick Cheney, apesar de que ela tenha adquirido uma outra direção e velocidade a partir da posse de Donald Trump e da formulação de sua nova "estratégia de segurança nacional", em dezembro de 2017.

No início houve surpresa, mas hoje todos já entenderam que essa nova estratégia abandonou os antigos parâmetros ideológicos e morais da política externa dos Estados Unidos, de defesa da democracia, dos direitos humanos e do desenvolvimento econômico, e assumiu de forma explícita o projeto de construção de um império militar global, com a fragmentação e multiplicação dos conflitos, e a utilização de várias formas de intervenção externa nos países que se transformam em alvos dos estadunidenses. Seja por meio da manipulação inconsciente dos eleitores e da vontade política dessas sociedades; seja por meio de novas formas "constitucionais" de golpes de Estado; seja por meio de sanções econômicas cada vez mais extensas e letais, capazes de paralisar e destruir a economia nacional dos países atingidos; seja, finalmente, por meio

---

[4] Essa seção foi escrita originalmente em co-autoria com José Luis Fiori (ver Nozaki; Fiori, 2019).

das chamadas "guerras híbridas", que visam destruir a vontade política do adversário, utilizando-se da informação mais do que da força, das sanções mais do que dos bombardeios, e da desmoralização intelectual dos opositores mais do que da tortura.

Desse ponto de vista, é interessante acompanhar a evolução dessas propostas nos próprios documentos estadunidenses, nos quais são definidos os objetivos estratégicos do país e as suas principais formas de ação. Assim, por exemplo, no *Manual de treinamento das forças especiais americanas preparadas para guerras não convencionais*, publicado pelo Pentágono em 2010, já está dito explicitamente que "o objetivo dos EUA nesse tipo de guerra é explorar as vulnerabilidades políticas, militares, econômicas e psicológicas de potências hostis, desenvolvendo e apoiando forças internas de resistência para atingir os objetivos estratégicos dos Estados Unidos". Com o reconhecimento de que, "em um futuro não muito distante, as forças dos EUA se engajarão predominantemente em operações de guerra irregulares"(Departament of the Army, 2010). Uma orientação que foi explicitada, de maneira ainda mais clara, no documento no qual se define, pela primeira vez, a nova Estratégia de Segurança Nacional dos EUA do governo de Donald Trump, em dezembro de 2017. Ali se pode ler, com todas as letras, que o "combate à corrupção" deve ter lugar central na desestabilização dos governos dos países que sejam "competidores" ou "inimigos" dos Estados Unidos (Washington, 2017). Uma proposta que foi detalhada no novo documento sobre a estratégia de defesa nacional dos EUA, publicado em 2018, em que se pode ler que "uma nova modalidade de conflito não armado tem tido presença cada vez mais intensa no cenário internacional, com o uso de práticas econômicas predatórias, rebeliões sociais, *cyber*-ataques, *fake news*, métodos anticorrupção"(Departament of Defense, 2018).

É importante destacar que nenhum desses documentos deixa a menor dúvida de que todas estas novas formas de "guerra não convencional" devem ser utilizadas – prioritariamente – contra os Estados e as empresas que desafiem ou ameacem os objetivos estratégicos dos EUA.

Neste ponto da nossa pesquisa, cabe formular a pergunta fundamental: quando foi – na história recente – que o Brasil entrou no radar dessas novas normas de segurança e defesa dos EUA? E aqui não há dúvida de que cabem muitos fatos e decisões que foram tomadas pelo Brasil, sobretudo depois de 2003, como foi o caso da sua política externa soberana, da sua liderança autônoma do processo de integração sul-americano ou mesmo da participação no bloco econômico do Brics, liderado pela China. Mas não há a menor dúvida de que a descoberta das reservas de petróleo do pré-sal, em 2006, foi o momento decisivo em que o Brasil mudou de posição na agenda geopolítica dos Estados Unidos. Basta ler o *Blueprint for a Secure Energy Future,* publicado em 2011 pelo governo de Barack Obama, para ver que naquele momento o Brasil já ocupava posição de destaque em 3 das 7 prioridades estratégicas da política energética estadunidense: i) como uma fonte de experiência para a produção de biocombustíveis; ii) como um parceiro fundamental para a exploração e produção de petróleo em águas profundas; iii) como um território estratégico para a prospecção de petróleo no Atlântico Sul (Washington, 2011).

A partir daí, não é difícil de rastrear e conectar alguns acontecimentos, sobretudo a partir do momento em que o governo brasileiro promulgou, em 2003, sua nova política de proteção aos produtores nacionais de equipamentos com relação aos antigos fornecedores estrangeiros da Petrobras, como era o caso, por exemplo, da empresa estadunidense Halliburton, a maior empresa mundial de serviços em campos de petróleo e uma das principais fornecedoras internacionais de sondas e plataformas marítimas, e que havia sido dirigida, até o ano 2000, pelo mesmo Dick Cheney que viria a ser o vice-presidente mais poderoso da história dos Estados Unidos, entre 2001 e 2009. A Odebrecht, a OAS e outras grandes empresas brasileiras entram nessa história, a partir de 2003, exatamente no lugar dessas grandes fornecedoras internacionais que perderam seu lugar no mercado brasileiro. Cabe lembrar aqui que o início da complexa negociação entre a Halliburton e a Petrobras em torno da compra e entrega das plataformas P43 e P48 (*Diário de Comércio e Indústria,* 2004), envolvendo US$ 2,5 bilhões (*Istoé,* 2004), começou na gestão de Dick Cheney e se estendeu até 2003/2004, com a participação do então gerente de serviços da Petrobras, Pedro José Barusco, que depois se transformaria no primeiro delator conhecido da Operação Lava Jato (*O Estado de S.Paulo,* 2015).

Nesse ponto, aliás, seria sempre muito bom lembrar a famosa tese de Fernand Braudel, o maior historiador econômico do século XX, de que o capitalismo é o antimercado, ou seja, um sistema econômico que acumula riqueza por meio da conquista e preservação de monopólios, utilizando-se de todo e qualquer meio que esteja ao seu alcance. Ou, ainda, traduzindo em miúdos o argumento de Braudel (1996): o capitalismo não é uma organização ética nem religiosa, e não tem nenhum compromisso com qualquer tipo de moral privada ou pública que não seja a da multiplicação dos lucros e a da expansão contínua dos seus mercados. E isto é o que se pode observar, mais do que em qualquer outro lugar, no mundo selvagem da indústria mundial do petróleo, desde o início de sua exploração comercial do petróleo, desde a descoberta de seu primeiro poço pelo coronel E. L. Drake, na Pensilvânia, em 1859.

Agora bem, voltando ao eixo central de nossa pesquisa e de nosso argumento, é bom lembrar que este mesmo Dick Cheney que vinha do mundo do petróleo, e que teve papel decisivo como vice-presidente de George W. Bush, foi quem concebeu e iniciou a chamada guerra ao terrorismo, conseguindo o consentimento do Congresso estadunidense para iniciar novas guerras, mesmo sem aprovação prévia do parlamento. E o que é ainda mais importante, para nossos efeitos: conseguiu aprovar o direito de acesso a todas as operações financeiras do sistema bancário mundial, praticamente sem restrições, incluindo o velho segredo bancário suíço, e o sistema de pagamento europeus, o Swift.

Por isso, aliás, não é absurdo pensar que tenha sido por esse caminho que o Departamento de Justiça estadunidense tenha tido acesso às informações financeiras que depois foram repassadas às autoridades locais dos países que os Estados Unidos se propuseram a desestabilizar com campanhas seletivas contra a corrupção. No caso brasileiro, pelo menos, foi depois desses acontecimentos que ocorreu o assalto e o furto de informações geológicas sigilosas e estratégicas da Petrobras, no ano de 2008, exatamente dois anos depois da descoberta das reservas petrolíferas do pré-sal brasileiro, no mesmo ano em que os EUA reativaram sua IV Frota Naval de monitoramento do Atlântico Sul. E foi no ano seguinte, em 2009, que começou o intercâmbio entre o Departamento de Justiça dos EUA e integrantes do Judiciário, do MP e da PF brasileiros para tratar de temas ligados à lavagem de dinheiro e combate à corrupção, em um encontro que resultou na iniciativa de cooperação denominada *Bridge Project*, da qual participou o então juiz Sergio Moro.

Mais à frente, em 2010, a Chevron negociou sigilosamente, com um dos candidatos à eleição presidencial brasileira, mudanças no marco regulatório do pré-sal, em uma "conspiração" que veio à tona com os vazamentos do Wikileaks, e que acabou se transformando em um projeto apresentado e aprovado pelo Senado brasileiro. E três anos depois, em 2013, soube-se que a presidência da República, ministros de Estado e dirigentes da Petrobras vinham sendo alvo, há muito tempo, de grampo e espionagem, como revelaram as denúncias de Edward Snowden – no mesmo ano em que a embaixadora dos EUA que acompanhou o golpe de Estado do Paraguai contra o presidente Fernando Lugo foi deslocada para a embaixada do Brasil. E foi exatamente depois desta mudança diplomática, no ano de 2014, que começou a Operação Lava Jato, que tomou a instigante decisão de investigar as propinas pagas aos diretores da Petrobras, exatamente a partir de 2003, deixando de fora, portanto, os antigos fornecedores internacionais, no momento exato em que concluíam as negociações da empresa com a Halliburton em torno da entrega das plataformas P43 e P48.

Se todos estes dados estiverem corretamente conectados, e nossa hipótese for verossímil, não é de estranhar que depois de cinco anos do início desta Operação Lava Jato, os vazamentos divulgados pelo site *The Intercept Brasil*, dando notícias da parcialidade dos procuradores e do principal juiz envolvido nessa operação, tenham provocado uma reação repentina e extemporânea dos principais acusados desta história que se homiziaram, praticamente, nos Estados Unidos – provavelmente, em busca das instruções e informações que lhes permitissem sair das cordas, e voltar a fazer com seus novos acusadores o que sempre fizeram no passado, utilizando-se de informações repassadas para destruir seus adversários políticos. Entretanto, o pânico do ex-juiz e seu despreparo para enfrentar a nova situação fizeram-no comportar-se de forma atabalhoada, pedindo licença ministerial e viajando uma segunda vez para os Estados Unidos, e com isto tornou público o seu lugar na cadeia de comando de uma operação que tudo indica que possa ter sido a única operação de intervenção internacional bem-sucedida – até agora – da dupla John Bolton e Mike Pompeu, os dois "homens-bomba" que comandam a política externa do governo de Donald Trump. Uma operação tutelada pelos estadunidenses e avalizada pelos militares brasileiros.

Capitalismo e corrupção: o debate tradicional na perspectiva brasileira

Como vimos anteriormente, não haveria economia de mercado dos EUA à China, passando por Inglaterra, França, Alemanha, Rússia, Japão ou Coreia, sem que houvesse a imbricação entre interesses políticos e interesses empresariais. Isso fica evidente quando se observam os grandes e recentes casos de corrupção na Siemens alemã, na Samsung coreana, na Alstom francesa, na BAE inglesa, na Weatherford suíça, além dos bancos estadunidenses e agências de classificação de risco que, com muitos desvios, propinas e ilícitos, participaram da grande crise econômica de 2008. Um país como os EUA, que elegeu um empresário como presidente, não poderia ser um caso de capitalismo asséptico e de democracia autoimune. Talvez os republicanos liberais brasileiros que tanto admiram os federalistas e os *founding fathers* estadunidenses tenham se deixado seduzir pela imagem típico-ideal de uma economia de mercado concorrencial e de livre-empreendedores, mas essa não é a história do capitalismo.

Em outras palavras, a mistura entre público e privado – ao contrário do que acredita parte do pensamento social e da opinião pública brasileira – não é uma peculiaridade nacional, mas sim um traço geral do próprio capitalismo. Tal enunciação, entretanto, não deve servir para naturalizar ou para normalizar a corrupção no mundo e no Brasil; ela serve, antes, para colocar o debate em outros termos.

Vejamos. Entre nós, o conceito de patrimonialismo virou uma espécie de "pau para toda obra", e a flexibilidade teórica chega a tal ponto que a ideia de patrimonialismo é tratada como mero sinônimo de patriarcalismo, de patronato, de privatismo, de clientelismo, de fisiologismo, de corporativismo, de mistura entre público e privado, e toda sorte de patologias que abatem nossa cultura política, como aparecem no pensamento de Gilberto Freyre a Raymundo Faoro, passando pelo jovem Sérgio Buarque de Holanda. Via de regra, tal conceito é utilizado para acolher a ideia de que o Brasil é mesmo o país dos mal-feitos e do "jeitinho", onde o capitalismo é mal-composto e a democracia é um mal-entendido. A boa intenção em encontrar a tal singularidade brasileira esconde por trás de si a suposição de que em algum lugar do mundo exista um capitalismo puro e uma democracia ideal. Ledo engano.

Em qualquer capitalismo mais organizado, a mistura entre público e privado sofreu algum tipo de regulamentação mais contundente; no Brasil, não, de forma que toda negociação passa a ser potencialmente tratada como relação espúria ou como crime, ao sabor do jogo de interesses do momento. O debate que deveria tratar da regulamentação passa pelo simplismo do proibicionismo e do moralismo exacerbados. Nesse ambiente, toda negociação, toda barganha, todo ajuste de interesses são passíveis de serem colocados em uma sombra de avaliação moral, dando margens para a interpretação de que há perseguições políticas.[5]

Mas, se a corrupção não é exclusividade nacional, como entre nós ela tem criado tanto assombro? A nossa peculiaridade se encontra em outro lugar, não no problema, mas na falta de iniciativas eficientes capazes de enfrentá-la. O

---

[5] Em matéria de Gil Alessi, publicada em 23 de janeiro pelo *site El País Brasil* (Alessi, 2018), um bom exemplo que abre margem para esse tipo de interpretação é a forma como juristas têm lidado com existência cabal de provas ou não para supostos atos ilícitos envolvendo o ex-presidente Lula: "O argumento mais usado pela defesa do ex-presidente é o de que ele está sendo condenado sem provas diretas, uma vez que o tríplex no Guarujá que supostamente seria dado ao petista como pagamento de propina jamais passou para seu nome. Lula foi condenado por receber o que não recebeu e por lavagem de dinheiro que não lhe foi dado", afirmou o jurista Afrânio Silva Jardim após a condenação do petista por Moro. Eliana Calmon, ministra aposentada do Superior Tribunal de Justiça, discorda: "As provas existem, o que não existe é a escritura do apartamento em nome de Lula. Mas o processo não depende apenas disso: existem provas indiciárias e circunstanciais muito fortes". Calmon se filia a uma corrente de juristas que argumenta que casos de suspeitas de corrupção no alto escalão sempre serão complexos e provavelmente não haverá provas diretas" (Alessi, 2018).

que se percebe é que ao menos três aspectos fundamentais, infelizmente, têm sido negligenciados pelo debate público, quais sejam:[6]

1) a ausência de regulamentação do *lobby*; diante da falta de uma normatização clara sobre o que é permitido e o que é proibido no campo das relações público-privadas, as interpretações ficam a cargo das vontades e dos valores de procuradores, juízes e policiais de plantão, tudo agravado pela utilização indiscriminada das delações premiadas, dos acordos de leniência e dos vazamentos seletivos;

2) a possibilidade de que as doações de campanha sejam proporcionais às rendas e riquezas dos doadores. Esse tipo de particularidade só existe no Brasil. Se não houver um teto universal para todos os doadores, é evidente que os mais ricos sempre terão mais poder de decisão na competição democrática, ainda que como pessoas físicas, o que só reforça o surgimento de fenômenos como a ascensão de empresários na política;

3) a existência de uma cultura política democrática frágil, criando um clima muito favorável para a desqualificação e a criminalização da política em geral e para a construção de uma opinião pública muito suscetível ao moralismo e desejosa menos de justiça e mais de justiçamentos.

Entretanto, na concepção dos especialistas sobre o tema que, de certa forma, capitaneiam e/ou pautam a condução da Operação Lava Jato, o problema da corrupção no Brasil é um mal recente, concentrado em pessoas más e antiéticas que precisam ser enfrentadas por pessoas boas e competentes. Tamanho reducionismo constrange e se transforma no princípio que justifica a teoria do domínio do fato, a hipótese da flexibilização das provas, a priorização das convicções do Ministério Público (MP) sobre o direito de defesa de indiciados, e o expediente de se condenar acusados pela mídia antes do que pela própria Justiça. Tudo isso levado a cabo pela generalização da delação premiada, um instrumento propício para quem entende a corrupção como um problema pessoal ou moral e que vem substituindo a construção de outros mecanismos mais eficientes de combate à corrupção no país.

Com esse diagnóstico, a Operação Lava Jato cria um clima político instável, marcado ora pelo êxtase com a revelação da suposta verdade ora pela depressão com o desnudamento da realidade. Enquanto isso, ela coloca sob suspeita todas as instituições do país. O resultado em última instância tem sido o assombro e a desesperança da população com a política como um todo.

---

[6] Essa problematização pode ser encontrada de forma mais aprofundada em Reis, 2017.

O tempo histórico exige mais do que pudemos oferecer até agora, demanda medidas concretas de reconstrução e aperfeiçoamento das nossas instituições em outros patamares. Sem regular e regulamentar a sanha do poder econômico e o assanhamento do poder político, seguiremos aos tropeços, enfrentando golpes, rupturas constitucionais e quebras de pactos sociais. Vejamos como isso tem se dado concretamente a partir das articulações com o capitalismo internacional, dos impactos econômicos e políticos da Operação Lava Jato no Brasil.

Impactos econômicos da Operação Lava Jato na economia

Ao conceber o combate à corrupção nos termos apresentados no item anterior, a força-tarefa da Operação Lava Jato tem promovido o desmonte de importantes setores da economia nacional, tais como a indústria petrolífera, construção civil, metal-mecânica, indústria naval, engenharia pesada, além do programa nuclear brasileiro, como evidencia o estudo do Dieese na presente publicação.

Do ponto de vista do mercado de trabalho, a Lava Jato foi responsável pela perda, direta ou indireta, de cerca de 3,5 milhões de postos de trabalho em 2015 e 2016. A construção civil experimentou queda de 441 mil empregos entre 2015 e 2016; a construção pesada, queda de 293 mil empregos entre janeiro de 2015 e janeiro de 2017; o setor naval, queda de 44 mil empregos entre 2014 e 2016; a indústria extrativa e mineral, queda de 38 mil empregos. Apenas na Petrobras, o número de trabalhadores próprios caiu de 86 mil para 68 mil, e o número de trabalhadores terceirizados diminuiu de 360 mil para 120 mil, entre 2013 e 2016. Talvez não seja exagero supor que cerca de um quarto do desemprego no Brasil tenha relação direta ou indireta com os impactos da Operação Lava Jato, de acordo com as associações empresariais que representam esses setores. No entanto, não restam dúvidas dos efeitos deletérios da Lava Jato para a geração de emprego, renda e produção no Brasil.

Borges (2016) explica, inclusive, os principais canais de transmissão da Operação Lava Jato que afetam de forma negativa a economia brasileira:

> [No curto prazo], tendo a avaliar que os impactos foram liquidamente negativos. Em primeiro lugar, porque essa operação criou uma forte restrição de crédito em um setor sistemicamente muito importante para a economia brasileira e que vinha bastante dinâmico até 2013: a construção civil. O andamento bastante lento dos acordos de leniência somente potencializa esses efeitos. Além disso, a Lava Jato acabou caindo como uma bomba sobre o sistema político brasileiro, ao envolver pessoas de vários partidos (em especial da coalizão que governa o país já há bastante tempo), contribuindo para corroer ainda mais a governabilidade

mínima e instável que o governo federal vinha tendo desde as manifestações de junho de 2013. Fica difícil acertar qualquer tipo de acordo político estável quando não se sabe quem vai estar preso (ou não) no dia, semana ou mês seguinte. (Borges, 2016, s.p.)

Além dos argumentos levantados por Borges (2016), os impactos são robustos em função da gigantesca dimensão econômica adquirida pela Petrobras, principalmente a partir de meados dos anos 2000, quando esteve no centro do projeto industrial e social-desenvolvimentista. A estatal brasileira petroleira teve papel decisivo no crescimento econômico do país e na recuperação da crise iniciada em 2008; seu plano de investimentos foi decisivo para os projetos do Plano de Aceleração do Crescimento (PAC); sua política de conteúdo tecnológico local foi fundamental para a reativação da indústria naval e de engenharia pesada; sua política de pesquisa e desenvolvimento foi essencial para a descoberta do pré-sal, e este, por seu turno, permitiu a criação de um fundo social para a educação e a saúde.

Prova disso é que o investimento da Petrobras saltou de US$ 9 bilhões em 2004 para quase US$ 55 bilhões em 2013; os efeitos multiplicadores significaram a geração de 50 mil empregos na indústria naval e milhares de postos de trabalho na indústria metal-mecânica (Dieese, 2013).

Desde 2014, a Petrobras passou a incorporar em seus balanços notas e observações gerais sobre os impactos financeiros e políticos da Operação Lava Jato na empresa, via de regra, sob o argumento da transparência. Tais itens buscam estabelecer uma relação causal entre a prevenção da corrupção e a política de desinvestimento e privatização.

Por trás dos argumentos de combate à corrupção, escondem-se interesses que atentam contra a soberania nacional e em favor de ganhos exorbitantes para o capital internacional e de ganhos curto-prazistas para alguns setores do capital privado nacional.

Também para atender a esse bloco de poder, o governo se valeu dos desdobramentos da Operação Lava Jato para fazer a opinião pública crer que o combate à corrupção deveria ser feito por meio não do saneamento e do aperfeiçoamento dos instrumentos de governança da empresa estatal, mas sim do desinvestimento e da descapitalização da Petrobras.

Impactos econômicos da Operação Lava Jato na Petrobras

Para desmistificar a relação indevida estabelecida entre a corrupção e a Petrobras, é preciso desmontar pelo menos três ideias que vêm se consolidando na opinião pública: i) a ideia de que a corrupção é um problema endêmico apenas da Petrobras; ii) a ideia de que um Estado menor significa menos corrupção; iii) a ideia de que investimentos menores significam menos corrupção.

Ao contrário do que postula o setor mais liberal-conservador, a corrupção não pode ser tratada como um problema peculiar do Brasil e tampouco como um problema singular da Petrobras.

Em 2014, a Organização para Cooperação e Desenvolvimento Econômico (OCDE) divulgou seu último estudo sobre corrupção, fraude e propina no meio empresarial (OCDE, 2014). O relatório chama a atenção para o fato de que o setor de mineração e extração é aquele com o maior número de casos de corrupção envolvendo grandes empresas, com 19% (conforme o Gráfico 1).

Gráfico 1 – Principais setores com empresas envolvidas em casos de corrupção (2014)

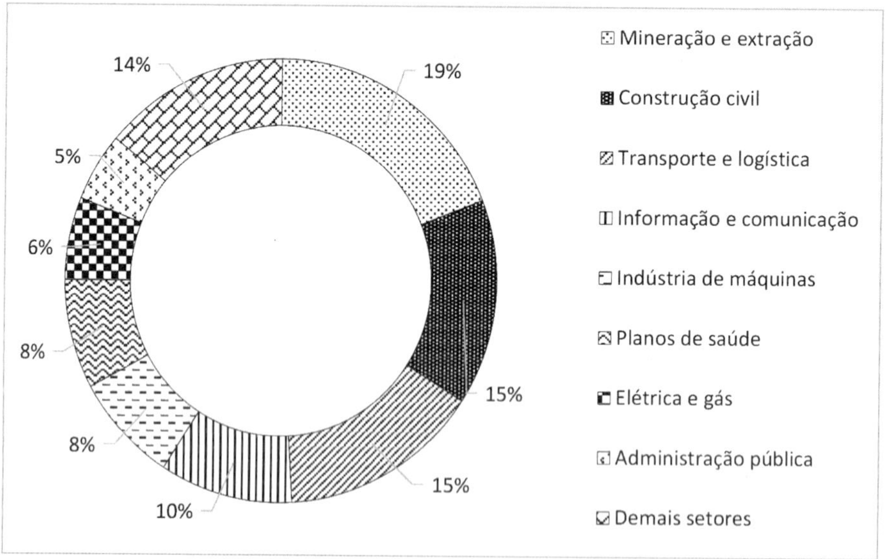

- Mineração e extração: 19%
- Construção civil: 15%
- Transporte e logística: 15%
- Informação e comunicação: 10%
- Indústria de máquinas: 8%
- Planos de saúde: 8%
- Elétrica e gás: 6%
- Administração pública: 5%
- Demais setores: 14%

Fonte: OCDE (2014). Elaboração do autor.

A explicação para tal constatação, segundo a própria OCDE, situa-se no fato de que esse setor é justamente aquele que mobiliza, comparativamente, o maior volume de investimentos e o maior número de contratos envolvendo valores vultosos. Sendo assim, a corrupção deve ser encarada menos como uma peculiaridade nacional ou como um problema endêmico a uma única empresa e mais como um problema sistêmico do setor que, para ser enfrentado, exige a implementação de medidas coordenadas de governança em âmbito nacional e internacional.

No plano de negócios (Petrobras, 2016a), anunciado em 2016 pelo presidente da Petrobras para os cinco anos seguintes, merecem destaque as metas de i) redução de 25% nos investimentos, que devem ser cortados de US$ 98,8 bilhões para US$ 74,1 bilhões; ii) redução dos ativos da empresa, que devem sair integralmente de setores como os de gás liquefeito (GLP), biocombustíveis, petroquímicos e fertilizantes; iii) realização de estudos para a venda da Liquigás e da BR Distribuidora; iv) venda dos 47% de capital votante que a petroleira mantém na Braskem; v) implementação de uma nova política mantendo os preços de derivados do petróleo em paridade com o mercado internacional.

A justificativa oficial para o desinvestimento, a descapitalização e a alienação patrimonial está ancorada na ideia de que a Petrobras precisa se refazer dos prejuízos causados pela corrupção revelada pela Operação Lava Jato. Em 2014, a empresa estimou os prejuízos com corrupção em cerca de R$ 6,2 bilhões; nesse mesmo ano, o lucro bruto da empresa foi de R$ 80,4 bilhões, ou seja, os problemas com corrupção, ainda que envolvendo montantes significativos, atingiram apenas 7,7% do lucro da empresa (Petrobras, 2016b). O problema da corrupção não deve ser minimizado, mas certamente não justifica o encolhimento dos investimentos apontados pela atual direção da Petrobras.

Em 2015, o lucro bruto da empresa subiu para R$ 98,5 bilhões, e as perdas com a Lava Jato efetivamente computadas nos resultados financeiros atingiram R$ 230 milhões, cerca de 0,23% do lucro. Sendo assim, a redução dos investimentos não pode ser amparada pela justificativa da corrupção como um elemento capaz de desorganizar o conjunto das contas da empresa.

Nesse caso, vale tomar como exemplo comparativo duas situações do setor petrolífero em âmbito internacional. Em 2011, a Statoil passou por um escândalo de corrupção envolvendo suas empresas na Líbia e em Angola; tratava-se do pagamento sistemático de propinas para consultores desses dois países em valores anuais estimados em torno de US$ 100 milhões desde 2000. Passados três anos após a descoberta do caso, os investimentos da empresa não diminuíram, mas cresceram de US$ 84 bilhões em 2010 para US$ 133,6 bilhões em 2011 (Statoil, 2016). A propósito, neste mesmo ano a empresa Shell foi flagrada em um escândalo na Nigéria, envolvendo suborno da ordem de US$ 1,3 bilhão em uma licitação junto ao alto escalão do governo daquele país. Assim como a Statoil (agora denominada Equinor), passados três anos da revelação dos ilícitos, a Shell ampliou seu nível de investimento, tendo depois reduzindo-o em 2014, mas não pelo problema da corrupção e sim por uma mudança na estratégia de aquisições da empresa (Royal Dutch Shell, 2016).

Sendo assim, após três anos do início da Operação Lava Jato não há essencialmente a necessidade de a Petrobras reduzir seus investimentos, como deixam claras as duas experiências internacionais acima mencionadas. Mais ainda, a corrupção, compreendida como um problema sistêmico e que afeta de modo mais intenso os Estados mais fracos, não deve ser tomada como justificativa para o encolhimento e o desmonte da Petrobras.

Ao contrário do que tem sugerido a atual gestão da Petrobras, e na contramão do que a opinião pública tem propalado, não é lícito supor que i) a corrupção seja um problema endêmico do Brasil e da Petrobras; muito ao contrário, trata-se de um problema sistêmico que impacta todo o setor de petróleo e mineração; ii) de forma análoga, é equivocado supor que um Estado menor contribui para o combate à corrupção; os Estados considerados mais transparentes são justamente aqueles que dispõem de maiores níveis de investimento e de dívida pública/PIB; iii) por fim, é errônea a ideia de que a redução de investimentos das empresas petrolíferas tem algum tipo de relação com medidas de prevenção à corrupção; experiências internacionais demonstram não haver uma correlação direta entre investimento e corrupção.

Com a perpetuação desses três mitos, sob o pretexto de solucionar um problema de curto prazo – o endividamento da Petrobras –, a atual gestão utiliza a questão da corrupção como uma cortina de fumaça que afronta as possibilidades de construirmos, no médio e no longo prazo, um projeto baseado em um Estado soberano e em um desenvolvimento industrial nacional.

A concretização das propostas da atual direção da Petrobras faz com que a empresa deixe de ser o centro do desenvolvimento industrial do país. Dessa forma, além de o Estado perder autonomia relativa sobre parte de um recurso estratégico, diminui-se o efeito multiplicador da empresa na geração de emprego e renda e no estímulo ao desenvolvimento de tecnologia nacional. A corrupção não deve ser utilizada como mote ou pretexto para ofuscar e camuflar interesses outros que envolvem o ganho curto-prazista e rentista, sobretudo, do capital internacional. Os impactos econômicos, sociais e políticos são evidentes.

Essa distorção se inscreve em um processo mais amplo de mutações no interior do Estado brasileiro, marcado pela hipertrofia dos órgãos de controle e pela atrofia dos órgãos de execução. Em muitas ocasiões, o *poder de embargo* de órgãos como TCU, CGU, Cade, MP, entre outros, é maior do que o *poder de barganha* de órgãos como CNPE, MME, ANP, Petrobras, entre outros.

Entre 2014 e 2016, a Odebrecht demitiu cerca de 160 mil trabalhadores; a Andrade Gutierrez demitiu 85 mil; a Camargo Correa, 25 mil; a Queiroz Galvão, 13 mil; e a UTC, 14 mil, apenas para mencionar algumas empresas mais diretamente envolvidas no caso, de acordo com os balanços das respectivas empresas. Não se trata aqui de contemporizar ou minimizar a responsabilidade de um empresariado caracterizado por práticas de mercado conhecidamente predatórias, mas é curioso observar como, enquanto as empresas desmontam, seus proprietários seguem desfrutando de prisão domiciliar e de patrimônios vultosos.

Apesar de estimar um prejuízo de cerca de R$ 6,2 bilhões apenas na Petrobras, a Lava Jato até agora só conseguiu efetivamente devolver R$ 662 milhões para a empresa, pouco mais de 10% de todo o valor desviado. O baixo desempenho deve-se a dificuldades econômicas e jurídicas intrínsecas a esse tipo de processo e ao fato de que parte dos recursos desviados segue empatada sob forma de imóveis e outros patrimônios, mas há por trás disso também um outro fator pouco problematizado no debate público: cada delação premiada inclui uma chamada cláusula de *performance*, ou cláusula de sucesso, que consiste em uma negociação na qual o delator recebe uma porcentagem do dinheiro que a delação ajudou a encontrar. O caso de Alberto Youssef é emblemático, e ele receberá 2% de todo o dinheiro que ajudará a recuperar. Até agora, o doleiro deve receber algo em torno de R$ 20 milhões até o final da ação.

Considerando o número de delações premiadas e a ausência de clareza na negociação das cláusulas de *performance* – são 77 ex-executivos apenas da Odebrecht –, não seria surpreendente se a maior parte do dinheiro encontrado fosse devolvida aos delatores por meio desse expediente que, apesar de legal, é explicitamente antiético.

Mais ainda: de acordo com o MPF, em média, cada fase da Operação custa cerca de R$ 156 mil aos cofres públicos. Até março de 2017, foram deflagradas 38 fases, totalizando cerca de R$ 5,9 milhões. Ou seja, é absolutamente factível que as quantias de dinheiro devolvidas a cada delator sejam maiores do que o custo de cada fase da Operação. Daí sua flagrante ineficiência econômica, pois, trata-se de utilizar recursos públicos para devolver dinheiro a corruptos e corruptores.

Conclusão

A relação entre Estado e grandes empresas é uma constante na história do capitalismo. A sobreposição entre interesses públicos e privados não pode ser tratada como singularidade desta ou daquela nacionalidade; trata-se, antes e sobretudo, de um traço constitutivo da própria economia de mercado.

No caso da indústria petrolífera, essa imbricação aparece sob a forma da presença de um grande número de casos de corrupção das mais variadas naturezas jurídico-econômicas. Isso ocorre em função da importância geopolítica e da relevância financeira dessas *majors*, situação que as coloca em posição privilegiada no encontro entre poder público e iniciativa privada.

Essa dinâmica histórica tem se intensificado contemporaneamente, sobretudo por que, cada vez mais, as empresas petrolíferas têm feito parte das novas estratégias e táticas de defesa nacional que utilizam as guerras comerciais, empresariais e o combate à corrupção como armas de disputa geopolítica, como fica evidente nos documentos da política de defesa dos EUA.

No Brasil, entretanto, a abordagem sobre o tema da relação entre capitalismo e corrupção permanece sofrendo influências de elementos culturalistas e essencializantes, tanto no ambiente jurídico quanto no ambiente econômico, passando pelo meio acadêmico. Esse tipo de intepretação deficitária esteve presente na Operação Lava Jato e no modo como ela foi avaliada por atores políticos e pela opinião pública.

Desse modo, esse modelo de combate e enfrentamento à corrupção tornou vulnerável setores econômicos fundamentais e empresas estratégicas para a construção de um projeto de desenvolvimento nacional, impactando de forma negativa a indústria da construção civil, a indústria naval, e, principalmente, a indústria petrolífera em geral e a Petrobras em particular.

Referências

ALESSI, G. O julgamento de Lula na Lava Jato: "existem provas circunstanciais muito fortes contra Lula". *El País Brasil*, São Paulo, 23 jan. 2018. [Especial Operação Lava Jato]. Disponível em: https://brasil.elpais.com/brasil/2018/01/22/politica/1516648084_848789.htm. Acesso em: 20 abr. 2021.

BON, G.; SAGE, A. Total and CEO acquitted in Iraq oil-for-food scandal. *Reuters*, 8 jul. 2013. Disponível em: https://www.reuters.com/article/us-france-total/total-and-ceo-acquitted-in-iraq-oil-for-food-scandal-idUSBRE9670QK20130708. Acesso em: 19 abr. 2021.

BORGES, B. A Lava Jato e o PIB. *Valor Econômico* [Opinião], São Paulo, 11 mar. 2016. Disponível em: https://valor.globo.com/opiniao/coluna/a-lava-jato-e-o-pib-1.ghtml. Acesso em: 20 abr. 2021.

BRAUDEL, F. *A dinâmica do capitalismo*. Rio de Janeiro: Rocco, 1996.

COSTAS, R. Escândalo da Petrobras 'engoliu 2,5% da economia em 2015'. *BBC News/Brasil*, São Paulo, 2 dez. 2015. Brasil. Disponível em: https://www.bbc.com/portuguese/noticias/2015/12/151201_lavajato_ru>.

CROWLEY, K. Guyana investing offshore leases controlled by Exxon, Tullow. *World Oil Magazine*, Houston (Bloomberg), 23 maio 2019. Disponível em: https://www.worldoil.com/news/2019/5/23/guyana-investigating-offshore-leases-controlled--by-exxon-tullow. Acesso em: 19 abr. 2021.

DEPARTMENT OF THE ARMY. U.S. Army Special Forces Unconventional Warfare Training *Manual*. Headquarters, Washington D.C., 2010. Disponível em:

<https://publicintelligence.net/u-s-army-special-forces-unconventional-warfare--training-manual-november-2010/>. Acesso em 22 jul. 2019.

DEPARTAMENT OF DEFENSE. U.S. Summary of the National Defense Strategy of The United States of America. Sharpening the American Military's competitive edge. Washington DC: Department of Defense, 2018. Disponível em: https://dod.defense.gov/Portals/1/Documents/pubs/2018-National-Defense-Strategy--Summary.pdf. Acesso em: 19 abr. 2021.

DEPARTAMENTO INTERSINDICAL DE ESTATÍSTICA E ESTUDOS SOCIOECONÔMICOS (Dieese). Os modelos de exploração de petróleo no Brasil e as questões relacionadas ao surgimento do pré-sal: o debate sobre o Campo de Libra. *Nota Técnica*, n. 129. São Paulo: Dieese, out. 2013.

FÓRUM ECONÔMICO MUNDIAL (FEM). *Global Competitiveness Rankings: 2. Ethics and Corruption*. Genebra: FEM, 2016. Disponível em: <http://reports.weforum.org/global-competitiveness-index/competitiveness-rankings/#series=GCI.A.01.01.02>.

FUNDO MONETÁRIO INTERNACIONAL (FMI). *World Economic Outlook Database*. Washington: FMI, 2016. Disponível em: <http://www.imf.org/external/pubs/ft/weo/2016/02/weodata/index.aspx>.

GATTI, C.; MOUAWAD, J. Em acordo judicial que acarreta multa de até US$ 30 milhões, segunda maior petroleira dos EUA confirma ter pago sobretaxas. *The New York Times*. In: *Folha de S. Paulo*, 9 mai. 2007. Disponível em: https://www1.folha.uol.com.br/fsp/mundo/ft0905200710.htm. Acesso em: 19/4/2021.

GILBLOM, K.; BROWNING, J. ALBANESE, C. Shell, ENI OficiaLS NAMEDE IN US$ 1 billion Nigeria Lawsuit. *Bloomberg*, 7 maio 2019. Disponível em: https://www.bloomberg.com/news/articles/2019-05-07/shell-eni-executives-named-in-1--billion-nigeria-bribery-suit. Acesso em: 19 abr. 2021.

GUIMARÃES, J. et. al. *Risco e futuro da democracia brasileira*: direito e política no Brasil contemporâneo. São Paulo: Editora Fundação Perseu Abramo, 2016.

MORO, S. F. Considerações sobre a operação Mani Pulite. *Revista CEJ*, Brasília, n. 26: 56-62, jul./set. 2004.

ISTOÉ. Os laços Petrobras Halliburton. *Isto é* [Dinheiro], São Paulo, 20 fev. 2004. Disponível em: https://www.istoedinheiro.com.br/os-lacos-petrobras-halliburton/. Acesso em: 20 abr. 2021.

LASHMAR, P. Exxon probed over US$ 500 milhões AFRICA SCANDAL. *Independent*, 20 jan. 2014. Disponível em: https://www.independent.co.uk/news/business/news/exxon-probed-over-500m-africa-scandal-104198.html. Acesso em: 19 abr. 2021.

NASCIMENTO, L. Barusco diz na CPI da Petrobras que dinheiro de propina será repatriado. EBC, *Agência Brasil*, Brasília, 10 mar. 2015. Disponível em: https://agenciabrasil.ebc.com.br/politica/noticia/2015-03/barusco-diz-na-cpi-da-petrobras-que-dinheiro-de-propina-sera-repatriado. Acesso em: 20 abr. 2021.

NOZAKI, W.; FIORI, J.L. Petróleo, guerra e corrupção. *Le Monde Diplomatique Brasil*, São Paulo, 9 set. 2019. Disponível em: https://diplomatique.org.br/petroleo--guerra-e-corrupcao-para-entender-curitiba/. Acesso em: 19 abr. 2021.

NOZAKI, W.; FIORI, J.L. Conspiração e corrupção: uma hipótese muito provável. *Jornal do Brasil*, Rio de Janeiro, 25 jul. 2019 Disponível em: https://www.jb.com.br/pais/artigo/2019/07/1011357-conspiracao-e-corrupcao--uma-hipotese-muito-provavel.html. Acesso em: 20 abr. 2021.

NOZAKI, W. V. A Statoil e a corrupção em Angola. *Jornal GGN*, São Paulo, 23 jun. 2018. Energia. Disponível em: https://jornalggn.com.br/blog/william-nozaki/a-statoil-e-a-corrupcao-em-angola-por-william-nozaki. Acesso em: 20 abr. 2021.

O ESTADO DE S. PAULO. Veja na íntegra a delação premiada de Pedro Barusco. *O Estado de S. Paulo* [Política/Blog Fausto Macedo], São Paulo, 5 fev. 2015. Disponível em: https://politica.estadao.com.br/blogs/fausto-macedo/veja-na-integra-a-delacao-premiada-de-pedro-barusco/. Acesso em: 20 abr. 2021.

ORGANIZAÇÃO PARA A COOPERAÇÃO E DESENVOLVIMENTO ECONÔMICO (OCDE). *Scale of international bribery laid bare by new OECD report*. Paris: OCDE, 2014. Disponível em http://www.oecd.org/daf/anti-bribery/scale-of-international-bribery-laid-bare-by-new-oecd-report.htm. Acesso em: 20 abr. 2021.

PETRÓLEO BRASILEIRO S.A. (Petrobras). *Plano estratégico*: Plano de Negócios e Gestão 2017-2021. Rio de Janeiro: Petrobras 2016a. Disponível em: http://www.petrobras.com.br/pt/quem-somos/estrategia/plano-de-negocios-e-gestao. Acesso em: 20 abr. 2021.

PETRÓLEO BRASILEIRO S.A. (Petrobras). *Divulgações trimestrais de resultados*. Rio de Janeiro: Petrobras, 2016b. Disponível em: http://www.investidorpetrobras.com.br/pt/resultados-financeiros/holding. Acesso em: 20 abr. 2021.

RADIO FREE EUROPE. Radio Liberty. *After seven yeares, 'Kazakhgate scandale endes with Menor Indictment*, 10 ag. 2010.

REIS, B. P. W. A Lava Jato é o Plano Cruzado do combate à corrupção. *Blog Novos Estudos/Cebrap*, 2017. Disponível em: http://novosestudos.com.br/a-lava-jato-e--o-plano-cruzado-do-combate-a-corrupcao/. Acesso em: 20 abr. 2021.

REUTERS. *Gazprom managers may face corruption charges in Switzerland*. 2 set. 2014. Disponível em: https://www.reuters.com/article/idUSL5N0R318S20140902. Acesso em: 19 abr. 2021.

ROYAL DUTCH SHELL (Shell). *Annual Report*. Haia: Shell, 2016. Disponível em: http://www.shell.com/investors/financial-reporting/annual-publications.html. Acesso em: 20 abr. 2021.

SOUZA, J. *A tolice da inteligência brasileira*. São Paulo: Leya, 2015

STATOIL ASA (STATOIL). *Annual Report 2016*. Stavanger: Statoil, 2016. Disponível em: https://www.statoil.com/en/investors.html#contact-investor-relations. Acesso em: 20 abr. 2021.

THE GUARDIAN. *ExxonMobil under investigation over lucrative nigerian oil deal*. Exclusive: documentes obtained by *The Guardian* show nigerian Agency looking into 2019 lease agrément for contrry's "Crow Jewels" oil fileds. 23 jun. 2016. Disponível em: https://www.theguardian.com/business/2016/jun/23/exxonmobil--nigeria-oil-fields-deal-investigation. Acesso em: 19 abr. 2021.

THE GUARDIAN. *ExxonMobil liberian oil deal went ahead despite anti-corrupcion concerns.* Complex financial arragement movnt rights to a liberian oil block twice on one day, after worries over original allocation of rights. 29 mar. 2018. Disponível em: https://www.theguardian.com/business/2018/mar/29/exxonmobil--liberian-oil-deal-went-ahead-despite-anti-corruption-concerns. Acesso em: 19 abr. 2021.

TRANSPARÊNCIA INTERNACIONAL. *Corruption Percepctions Index 2016.* Berlim: Transparência Internacional, 2017. Disponível em: <https://www.transparency.org/news/feature/corruption_perceptions_index_2016>.

WASHINGTON, DC. White House. President of the United States. National Security Strategy of the United States of America. Dec. 2017. Disponível em: https://trumpwhitehouse.archives.gov/wp-content/uploads/2017/12/NSS--Final-12-18-2017-0905.pdf. Acesso em: 19 abr. 2021.

WASHINGTON, DC. White House. Presidente of the United States. Departament of Energy. Blueprint for a secure energy future. 30 mar., 2011.

YERGIN, D. O petróleo. *Uma história mundial de conquista, poder e dinheiro.* Rio de Janeiro: Paz e terra, 2010.

O futuro com Lula

Paulo Moreira Leite[1]

Em abril de 2021, o mesmo Supremo Tribunal Federal que retirou Luís Inácio Lula da Silva da campanha presidencial de 2018 abriu as portas para que ele possa disputar a presidência em outubro de 2022, quando brasileiras e brasileiros aguardam a oportunidade de um acerto de contas com uma história interrompida à força.

Voz que há 50 anos ocupa um papel fundamental na vida do Brasil, Lula recuperou os direitos num ambiente de esperança e também de incertezas.

Em 30 de março ocorreu a demissão do ministro da Defesa, Fernando Azevedo e Silva, que se despediu do cargo com a mensagem de preservar "as Forças Armadas como instituição de Estado" (Silva, 2021).

Foi substituído pelo general Walter Braga Netto, para quem a data de 31 de março de 1964, marco inicial do golpe que impôs 21 anos de ditadura, deve ser "celebrada".

Há iniciativas em outra direção. Em 8 de abril o ministro Luiz Roberto Barroso, do STF, determinou a abertura de uma CPI destinada a investigar o papel do Planalto no desastre da pandemia, abrindo a possibilidade do governo ser responsabilizado por uma atuação genocida escancarada, como demonstra uma escandalosa coleção de vídeos gravados por Bolsonaro e aliados, minimizando um vírus que contabiliza centenas de milhares de mortos e enaltecendo tratamentos há muito fracassados.

Colocado no centro de decisões fundamentais de um sistema político que há tempos dá sinais de enfraquecimento acelerado, o papel assumido pelo STF em momentos-chave, tem muito a dizer sobre os tumultos de uma democracia que se julgava madura e consolidada. A verdade é que não.

Em 2016, quando a Lava Jato de Sergio Moro ocupava o centro da situação política, oferecendo uma identidade e um discurso à elite brasileira que

---

[1] Jornalista desde os 16 anos, foi correspondente em Paris e Washington, ocupou postos executivos na *Veja* e na *Época*, ganhou o Prêmio Jabuti 2017 pelo livro *A Outra História da Lava Jato*. É colunista do portal 247.

havia sofrido quatro derrotas sucessivas para o Partido dos Trabalhadores em campanhas presidenciais, o país assistiu a deposição de uma presidente eleita com mais de 54 milhões de votos, sem crime de responsabilidade configurado.

Um golpe branco, na definição do Premio Nobel da Paz Adolfo Perez Esquivel, ainda que salpicado por simbólicas gotas de sangue, na homenagem a Carlos Alberto Brilhante Ustra, coronel condenado por tortura, por parte do então deputado Jair Bolsonaro.

Em 2018, seis dos 11 ministros do STF – quatro deles indicados pelos governos Lula e Dilma – abandonaram o compromisso fundamental de defesa da Constituição e a presunção da inocência para impedir Lula de disputar a eleição presidencial que seria realizada seis meses mais tarde.

Na mesma manhã, num brinde à nostalgia do golpe de 64, um tuite do então comandante do Exército, General Villas Bôas, selou o apoio da caserna a mais uma entre tantas operações contra a democracia de nossa história republicana.

Ao sinalizar o abandono da isenção militar em assuntos civis, garantia básica dos regimes democráticos, Villas Bôas provocou uma reação indignada num dos mais respeitados integrantes do STF, o decano Celso de Mello. Conhecido pela atuação na defesa dos direitos e garantias individuais durante a ditadura civil-militar, Celso de Mello fez um alerta contra as declarações do comandante: "parecem prenunciar a retomada, de todo inadmissível, de práticas estranhas (e lesivas) à ordotoxia constitucional" (Pontes, 2018).

Em depoimento posterior ao pesquisador Celso Castro, Villas Bôas forneceu um relato completo sobre o tuíte de 2018, publicado no livro *O General Villas Bôas: conversa com o comandante*. Contrariando a visão de que a mensagem seria uma manifestação de caráter individual o general detalhou:

> O texto teve um 'rascunho' elaborado pelo meu 'staff' e pelos integrantes do Alto Comando residentes em Brasília. No dia seguinte da expedição, remetemos para os comandantes militares de área. Recebidas as sugestões, elaboramos o texto final, o que nos tomou todo expediente, até por volta das 20 horas, momento que liberei para o ccomsex [Setor de comunicações do Exército], esclareceu o general. (Castro, 2021, p. 189)

Numa decisão por seis votos contra cinco, o veto a Lula e sua condução à prisão de Curitiba constituíram um traço definidor da última eleição presidencial. Ao caráter já vergonhoso da condenação por um apartamento que nunca foi seu, o tríplex do Guarujá, somou-se a decisão de impedir sua candidatura.

Quatro anos após a decisão, a presença de Lula na cena política representa um sinal oposto, de recuperação democrática.

Casamento de interesses incompatíveis

Em janeiro de 2019, quando Jair Bolsonaro tomou posse no Planalto, a cerimônia contou com dois personagens principais.

Sergio Moro foi o campeão dos aplausos do dia – desempenho que levou Paulo Guedes a transferir o horário da própria posse para evitar o constrangimento de assumir o ministério da Economia numa cerimônia esvaziada.

Por motivos que nem todos puderam avaliar no momento, o general Villas Bôas foi outro protagonista do ato.

"O que nós conversamos ficará entre nós. O senhor é um dos responsáveis por eu estar aqui" (Amaral, 2021), disse-lhe Bolsonaro que deu posse a um governo com traços de militarização sem igual na história brasileira, mesmo nos diversos governos militares.

O general esteve no serviço ativo do Exército entre março de 1967 e janeiro de 2019, alcançando todas as promoções correspondentes. Em janeiro de 2015, no grau máximo na instituição, tornou-se Comandante do Exército, condição que quatro anos mais tarde lhe daria uma posição de destaque junto ao núcleo militar chamado por Jair Bolsonaro para assumir postos no primeiro escalão do governo.

Na posse, apenas 2 dos 17 generais que integravam o Alto Comando do Exército, liderado por Villas Bôas em 2016, não haviam assumido postos no primeiro escalão do governo Bolsonaro, informa o coronel Marcelo Pimentel (2021), no artigo "A palavra convence, o exemplo arrasta", publicado no livro *Os militares e a crise brasileira*.

O coronel esclarece:

> Os outros 15 estão distribuídos entre as mais altas esferas do governo e incluem o vice-presidente da República, Hamilton Mourão; quatro ministros de Estado; um ministro no STM; 1 embaixador; 3 presidentes de estatais; 1 presidente de fundo de pensão de empresa estatal; 3 secretários executivos; 1 é Secretário de Segurança Pública, no governo São Paulo, com notável influência sobre os demais estados da federação. (Pimentel, 2021)

Villas Bôas era o comandante do Exército em 2015, quando o general Mourão, então no Comando Militar do Sul, fez uma palestra baseada em críticas inaceitáveis ao sistema político brasileiro, dizendo que "a maioria dos políticos de hoje parecem privados de atributos intelectuais próprios e de ideologias, enquanto dominam a técnica de apresentar grandes ilusões" (Vizeu, 2015).

Naquela conjuntura, a derrota de Aécio Neves para Dilma fizera ressuscitar fantasmas golpistas, que alimentavam tratativas que, em 2016, produziriam o golpe parlamentar que derrubou Dilma.

Numa situação em que conversas subterrâneas se encontravam em pleno curso, como mais tarde admitiu Michel Temer (2020), em *A Escolha*, na mesma palestra Mourão referiu-se à possibilidade de *impeachment* de forma positiva ("a vantagem da mudança seria o descarte da incompetência, má gestão e corrupção"). Fez uma ressalva, contudo: "a mera substituição da PR [presidente da República] não trará mudança significativa no '*status quo*'" (Vizeu, 2015).

Falando com auxílio de slides, Mourão exibiu uma sequência que chamou a atenção. Tratava de quatro cenários políticos hipotéticos, a saber: "sobrevida"; "queda controlada"; "renovação" e "caos" (ver Vizeu, 2015).

Embora a palestra configurasse uma falta disciplinar grave, Mourão teve direito a um tratamento ameno – uma transferência para Brasília, onde assumiu a Secretaria de Economia e Finanças, dali saindo para integrar a chapa de Bolsonaro.

Como não era difícil imaginar, a aliança Bolsonaro-Sergio Moro sobreviveu por um ano e poucos meses. A dificuldade não era ter sido um casamento de interesses, situação frequente nas decisões políticas. O problema é que eram interesses incompatíveis com os projetos e necessidades de cada um.

Moro precisava do governo como uma grande vitrine, na expectativa de apresentar-se em operações midiáticas de repercussão nacional, capazes de alimentar suas ambições como presidenciável.

Já Bolsonaro, em função dos negócios do amigo Queiroz e da proximidade com as milícias, companhia inseparável da família, necessitava de proteção para si e para os filhos.

O resultado é que o presidente e o ministro da Justiça mantiveram uma convivência tumultuada, na qual cada um pretendia assegurar a rédea curta sobre a Polícia Federal – e não surpreende que a queda de Moro estivesse ligada à disputa pela nomeação de um novo diretor-geral da PF.

Forçado a pedir demissão, Moro pegou o boné e retirou-se em silêncio, decepcionando quem aguardava uma carga de denúncias e acusações equivalente às que Lava Jato costuma utilizar contra Lula e o PT.

Embora tenha convivido de perto com um universo sombrio, com denúncias frequentes de desvio de verbas públicas, sem falar de assassinatos e execuções, como a da vereadora Marielle Franco e do motorista Anderson Braga, o juiz de Curitiba deixou o Ministério da Justiça da República sem abrir a boca nem apontar um dedo.

A verdade é que, depois da divulgação das gravações capturadas pelo *hacker* Walter Delgatti, Moro se viu na situação de quem não tinha para onde correr.

Chegou a ensaiar desmentidos diante de diálogos comprometedores, mas logo se percebeu que suas alegações careciam de qualquer credibilidade.

As conversas ofereciam som e imagem para sustentar teses e argumentos da defesa de Lula, que antes só podiam ser debatidos como teses abstratas do mundo das ideias. Agora estavam ali, em letras de forma, entre aspas, referendados por uma perícia técnica que dificultava qualquer tentativa de desmentido. Em breve, contariam com o respaldo do Ministro Ricardo Lewandovski, fato que mais uma vez atestava o valor do material.

Sem musculatura para criar um caso em benefício próprio, Moro permaneceu um ano e quatro meses num Ministério onde teve recepção de herói. A descida aos infernos não havia terminado, porém.

Começo enviesado

Data tradicionalmente reservada à celebração de reivindicações femininas, o 8 de março de 2021 também foi marcado por um evento de outra natureza. Nesse dia, Edson Fachin decidiu anular 4 condenações de Lula pela Lava Jato, entre elas a sentença de nove anos de Sergio Moro pelo tríplex do Guarujá, decisão que em poucos dias iria produzir um pequeno terremoto no cenário político do país.

Depois de 48 horas, num palco montado no sindicato dos Metalúrgicos do ABC, cujas referências dispensam apresentações, Lula deu uma entrevista-comício onde evitou falar como candidato mas demonstrou clareza de estadista, dando prioridade aos assuntos cotidianos do povo, a começar pela pandemia.

Afinado no discurso a favor das medidas de proteção, Lula mostrou um senso de responsabilidade que seria elogiado pelos médicos e demais profissionais envolvidos na luta contra a covid-19, os primeiros a reconhecer a importância do apelo de lideranças para manter a população mobilizada para usar máscaras e seguir demais regras de higienização.

Num país onde as redes sociais foram invadidas por declarações de Bolsonaro e seus escudeiros da área médica, revezando-se em pronunciamentos temerários sobre a pandemia e seus efeitos, a aparição de Lula foi um chamado à razão.

O discurso de São Bernardo foi suficiente para o ex-ministro do milagre econômico Delfim Netto lhe prometer o voto em 2022. Dias mais tarde, o próprio Fernando Henrique Cardoso, que jamais ensaiara a mesma aproximação, declarou que já admitia "a hipótese" de votar em Lula contra Bolsonaro. Em pleno pesadelo da covid-19 os novos sinais da política produziram um momento de esperança.

Três semanas depois, contudo, pela pressão de um presidente que falava em "meu Exército", iria ocorrer a troca do ministro da Defesa e dos comandantes do Exército, Marinha e Aeronáutica.

A decisão de Fachin foi o começo de tudo, mas um começo enviesado. Relator da Lava Jato na Segunda Turma do Supremo, a decisão de anular quatro condenações de Lula foi correta, pois não tinham sustentação do ponto de vista do Direito.

Mas sua sentença tinha o cuidado de preservar os indícios e depoimentos recolhidos pela Lava Jato, sem maiores reparos. O magistrado condenava Moro por uma falha determinada, que dizia respeito a um réu específico – o desrespeito ao princípio do "juiz natural", regra destinada a assegurar isenção nas decisões do Judiciário, a partir do princípio impessoal de que um crime deve ser julgado pela autoridade mais próxima do local onde os fatos ocorreram.

No Brasil de nossos dias, nenhum vestibulando de Direito tinha o direito de ignorar que Sergio Moro levara para Curitiba uma investigação sobre fatos ocorridos em comarcas situadas a uma distância de 424 km, como a Guarujá do apartamento tríplex, ou 474 km a Atibaia do sítio, para ficar nos dois exemplos mais conhecidos.

Esse comportamento reprovável é típico de magistrados que se dão o direito de escolher a causa que irão julgar ou mesmo o acusado a quem darão uma sentença, caminho seguro para decisões arbitrárias, próprias de um período histórico anterior ao Estado Democrático de Direito.

A crítica é que a decisão de Fachin não questionava a Lava Jato como método de trabalho, capaz de ofender o direito de defesa e permitir que os magistrados assumissem a função de promotores e vice-versa, numa inaceitável troca de papéis.

Havia uma crítica antiga a Sergio Moro, formulada pelo veterano Nélio Machado, um dos mais respeitados advogados em matéria de direitos individuais, que já em 2014 apontava um problema de fundo no comportamento do juiz:

> Impõe-se que o magistrado do Paraná se declare suspeito, pelo inescondível apaixonamento que revela ter pela causa, que parece ser, em boa verdade, sua causa, ou quem sabe, 'minha luta', tarefa incompatível com a judicatura, que há de ser impessoal. (MACHADO et al., 2014)

Além do desrespeito ao princípio do "juiz natural", era preciso, portanto, reconhecer que se questionava a substância das acusações, sustentadas por provas frágeis e mesmo insuficientes. Lula nunca admitiu, por exemplo, que tivesse tido interesse na compra do tríplex do Guarujá. Documentação da própria Caixa Econômica, informa que o imóvel encontrava-se penhorado – situação em que não podia servir a uma transação de compra-e-venda.

A leitura de uma coluna do jornalista Guilherme Amado (2021), da revista *Época*, sugere que o despacho de Fachin foi um lance capa-e-espada numa disputa interna ao STF.

Isso porque o ministro assinou a decisão,

> quando recebeu informação estratégica de uma pessoa de sua confiança: seu colega Gilmar Mendes pautaria na semana seguinte o *habeas corpus* que pedia a suspeição do ex-juiz Sergio Moro para julgar o ex-presidente Luiz Inácio Lula da Silva.

O despacho, assim, não teria passado de uma tentativa de interceptar uma decisão desfavorável a Moro e à Lava Jato. Anulava as condenações mas mantinha Lula amarrado ao processo, enquadrado nas denúncias acumuladas.

Não surpreende, portanto, que a proposta de Fachin tenha sido rejeitada pela Segunda Turma, por três votos a dois. Numa mudança que sinaliza a evolução dos debates ao longo do tempo, o voto decisivo coube a Carmen Lúcia. Em 2018, numa primeira rodada, ela se uniu a Fachin num voto contrário à acusação de suspeição de Sergio Moro. Três anos depois, ela reconheceu um problema de fundo, afirmando textualmente: "a imparcialidade não presidiu o julgamento" (ver Leite, 2021).

Os debates anteriores deixaram claro que a diferença poderia ter sido maior, quatro votos a um, caso em que Fachin teria sido o único a votar em sua proposta. Para um placar mais dilatado, teria sido preciso que o ministro Nunes Marques tivesse acompanhado a maioria. Essa possibilidade chegou a ser sugerida por votos e declarações anteriores, como Gilmar Mendes deixou claro numa intervenção duríssima, nos momentos finais, quando retomou a palavra para advertir Nunes Marques – mencionado nominalmente – contra a covardia dos juízes.

Luta corporal à distância

O debate estava apenas no começo, porém. Fachin abriu o despacho de anulação das condenações de Lula com uma advertência: "Afeto o julgamento ao tribunal pleno" (Ministério Público Federal). Com esta declaração, assumia uma postura irredutível, de quem declarava a disposição de lutar até o fim por seu ponto de vista, escolhendo inclusive a arena para o combate decisivo.

Em 2018 Lula foi excluído da eleição presidencial graças à diferença de apenas um voto no plenário, matemática que fala por si.

Em 2021, numa discussão regimental, que trazia no fundo, mais uma vez, o debate sobre os direitos de Lula, a diferença foi sete a dois no plenário. Foi um debate remoto e mesmo assim era possível sentir a tensão à flor da pele, com as partes mobilizadas numa espécie de luta corporal à distância.

Por duas ocasiões diferentes, que diziam respeito ao mesmo debate, Luiz Fux, presidente do Supremo, alinhado com a minoria, anunciou a disposição de adiar a votação, recurso clássico, empregado em todos os tribunais do planeta, que permite à parte em desvantagem ganhar tempo para modificar o debate.

Nas duas vezes, Carmen Lúcia e Ricardo Lewandovski, que não tinham votado, se manifestaram na mesma hora, para garantir a vitória numa decisão que não seria conveniente adiar – a história do Judiciário está repleta de eventos imprevistos que, por motivos variados, legítimos ou não, arrastaram belíssimas decisões para as calendas.

Num debate que envolveu 11 cabeças, essa diferença traduz a presença de uma maioria relativamente consistente em plenário. Seria inútil buscar identidades partidárias nesses movimentos.

O importante é reconhecer que os ministros não tiveram receio de tomar uma decisão que pode beneficiar os direitos de Lula e do PT, ou de qualquer outro partido político – atitude adequada para magistrados, que não devem colocar a própria convicção política acima das regras do Direito.

Muitos votos se definiram a partir de um debate regimental, pelo qual as decisões das turmas do STF devem ser encaradas como definitivas – e não como deliberações provisórias, sujeitas à revisão do plenário, situação que equivale a criar uma hierarquia entre as instâncias. Para o Prerrogativas, grupo de professores e advogados empenhados na defesa do Estado Democrático de Direito, a decisão marcou

> um ponto de inflexão no sentido da recuperação da missão constitucional do Supremo como guardião da Constituição da República, sobretudo no que se refere a defesa da integridade dos direitos fundamentais nela inscritos. (Prerrô, 2021)

Termômetro que expressa as conexões da cúpula do Judiciário com a elite do país, muito mais decisivas na tomada de decisões judiciais do que possíveis simpatias políticas de cada um de seus membros, a conduta do STF costuma traduzir o movimento de vários setores da sociedade brasileira em cada conjuntura política.

Em 2021 o ambiente social possui um aspecto específico. Com todo seu horror, a pandemia tem sido capaz, ao menos até aqui, de manter as camadas populares longe dos protestos de rua, seu principal local de reivindicação política, situação que representa um providencial alívio para Bolsonaro.

Nas camadas superiores, o ambiente é outro. O quadro de personalidades arrependidas pela adesão ao bolsonarismo ganhou tanto volume que muitos casos sequer recebem a devida atenção.

O momento é de debandadas coletivas. Em 22 de março, os jornais publicaram um manifesto que causou merecido alvoroço não apenas pela contundência do texto mas pelo currículo das assinaturas – grandes empresários, economistas e vários ex-ministros, que criticam o governo em função do desastre produzido pela covid-19. Denunciaram a marca "tétrica" de 3 mil óbitos por dia e, num tom a poucos passos de uma ruptura, escreveram que "o país exige respeito".

Militares e democracia

Embora o artigo 142 da Constituição tenha definido as Forças Armadas, como instituição permanente, "sob autoridade suprema do presidente da República" (ver Brasil, 1988), na vida real vigora uma visão flexível da situação.

O poder civil convive com uma postura de tutela sobre a República, que reproduz e pretende justificar a sombra de intervenções militares ao longo da história brasileira, como demonstra uma estatística lamentável produzida ao longo do último século. Entre 25 presidentes empossados desde 1926, apenas cinco dos eleitos terminaram o mandato.

Testemunha ocular de momentos decisivos de nossa história recente, das prisões da ditadura à formação do PT e à perseguição sob a AP 470, conhecida como Mensalão, em artigo publicado na revista *Democracia Socialista* o veterano dirigente do PT José Genoíno (2021) faz uma reflexão sobre a convivência entre hierarquia militar e o governo Jair Bolsonaro. Para ele:

> as FFAA têm se transformado em uma força importante de governo, ocupando cargos, exercendo funções chaves e definindo orientações. Exercem uma tutela velada e aberta garantindo os privilégios corporativos e ocupando de maneira autônoma funções no Estado. Ora aparecem mais ajuizadas nas formas de governar, ora assumem posições conservadoras nos assuntos relacionados ao meio-ambiente, educação, racismo, defesa dos indígenas e aos temas relacionados com a agenda comportamental (mulheres, sexismo, LGBTQ+ etc.). Temas que antes não uniam os militares como a hegemonia americana e o papel do Estado, hoje se unificam política e ideologicamente na defesa do programa neoliberal. Portanto, a relação com o governo é mais do que simples apoio, existe hoje em dia uma identidade ideológica e política nas questões de Estado, mesmo aparecendo divergências de algumas personalidades, na forma de governar. (Genoíno, 2021, n. p)

Impedido de tomar posse na Presidência por motivos médicos, Tancredo Neves deixou um vazio tamanho que o vice José Sarney precisou do apoio do general Leonidas Pires Gonçalves, ministro do Exército já escolhido por

Tancredo, para sentir-se seguro para assumir o cargo. Leonidas mostrou-se especialmente ativo no posto, inclusive na Constituinte, onde teve uma atuação importante na definição do papel das Forças Armadas sob a nova ordem.

Graças à intervenção do ministro do Exército, às claras, sob holofotes das emissoras de TV, o artigo 142 recebeu um acréscimo, pelo qual as Forças Armadas passaram a ter a defesa "da lei e da ordem" entre suas atribuições. Ainda que tenham permanecido subordinadas aos poderes civis, e só possam intervir "por iniciativa destes", como a Constituição define explicitamente, o acréscimo abriu espaço para uma possibilidade de tutela sobre assuntos internos, com o argumento – astucioso – de que a missão de defender a lei e a ordem tornaram-se atribuição das Forças Armadas, e não uma tarefa que pode ou não lhes ser atribuída pelo presidente da República, "a autoridade suprema", informa o artigo 142 (ver Brasil, 1988).

Num país de regras frouxas, o professor Yves Gandra Martins, jurista de ideias de extrema-direita e uma coleção de alunos entre generais, almirantes e brigadeiros da Escola Superior de Guerra, onde lecionou por décadas, construiu uma visão peculiar sobre o assunto. A tese é que, em momentos de crise entre poderes, a Constituição assegura aos chefes militares o exercício de um Poder Moderador, acima inclusive da Presidência da República, até o reestabelecimento da ordem.

Alvo de crítica permanente por parte de juristas de formação democrática, como Lenio Streck (2021), para quem a ideia é uma espécie de "harakiri institucional", o modelo do Poder Moderador não nasceu em laboratório.

Em 1961, os três ministros militares que tentaram impedir a posse de Goulart após a renúncia de Jânio agiram como Poder Moderador – e tiveram de recuar em função da resistência popular, nas ruas do Sul, sob liderança de Leonel Brizola.

Mas em 1969, quando Costa e Silva sofreu um derrame e ficou impedido de governar, um movimento dos comandantes que Ulysses Guimarães batizou de Três Patetas assumiu o governo, impedindo a posse de Pedro Aleixo, vice-presidente legítimo, companheiro de chapa de Costa e Silva. Os três comandantes encaminharam a sucessão presidencial, que escolheu Emílio Garrastazu Médici como novo presidente, responsável pela fase mais feroz da ditadura.

No Brasil de 2021, véspera da 9ª eleição presidencial após uma ditadura que se prolongou por 21 anos, a ambição visível de Jair Bolsonaro pela permanência no poder a qualquer preço – inclusive pelo sacrifício de instituições democráticas – projeta possibilidades inquietantes para o futuro próximo.

Como o país aprendeu em tantos momentos de sua história, pela capacidade de ação e resistência de seus trabalhadores, da juventude e das camadas democráticas da sociedade, os brasileiros e brasileiras podem ser chamados a definir, com sua própria mobilização, a possibilidade de construir seu futuro num país onde a *Constituição* diz – no artigo número 1 – que os poderes do povo são o fundamento da República.

Referências

AMADO, G. Madrugadas, desconfianças, reviravoltas: os bastidores da decisão de fachin e do terromoto no stf. *Época*, 12/3/2021. Disponível em: https://epoca.globo.com/guilherme-amado/madrugadas-desconfiancas-reviravoltas-os-bastidores-da-decisao-de-fachin-do-terromoto-no-stf-24920899. acesso: 28 abr. 2021.

AMARAL, R. A ameaça golpista de Villas Bôas foi projeto de todo o Exército. *Carta Capital*. 24/2/2021. Disponível em: https://www.cartacapital.com.br/opiniao/a-ameaca-golpista-de-villas-boas-foi-projeto-de-todo-o-exercito/. Acesso: 29 abr. 2021.

BRASIL. Constituição da República Federativa do Brasil de 1988, de 05/10/1988. Disponível em: http://www.planalto.gov.br/ccivil_03/constituicao/constituicao.htm. Acesso em: 20 abr. 2021.

CASTRO, C. *General Villas Bôas: conversa com o comandante*. São Paulo: FGV, 2021.

PIMENTEL, M. A palavra convence, o exemplo arrasta *In*: Martins Filho, J. R. *Os militares e a crise brasileira*. São Paulo: Alameda, 2021.

GENOINO, J. As FFAA e a democracia. disponível em: https://democraciasocialista.org.br/as-ffaa-e-a-democracia-jose-genoino/. Acesso em: 28 abr. 2021

LEITE, P. M. Vitória de Lula foi espetacular mas a luta continua. *Brasil 247*, 24/3/2021. Disponível em: https://www.brasil247.com/blog/vitoria-de-lula-foi-espetacular-mas-a-luta-continua. Acesso: 29 abr. 2021

MACHADO, N. AZEVEDO, D.; NETO, J. F.; AZEVEDO, A ; MACHADO, G. Ordem de *Habeas corpus* com pedido de liminar. 2014. Disponível em: https://www.conjur.com.br/dl/hc-fernando-soares.pdf. Acesso: 29 abr. 2021.

MINISTÉRIO PÚBLICO FEDERAL. SUPERIOR TRIBUNAL DE JUSTIÇA. HABEAS CORPUS 193.726. Relator MINISTRO GILMAR MENDES. Agravo regimental. Voto.

PONTES, F. Celso de Mello rebate declarações do comandante do exército. *Agência Brasil*. 5/4/2018. disponível em: https://agenciabrasil.ebc.com.br/politica/noticia/2018-04/celso-de-mello-rebate-declaracoes-de-comandante-do-exercito

PRERRÔ. Decisão do STF contra moro fortaleceu combate à corrupção. 23/4/201. Disponível em: https://www.prerro.com.br/decisao-do-stf-contra-moro-fortaleceu-combate-a-corrupcao/. Acesso: 28 abr. 2021.

SILVA, F. Nota oficial. Disponível em: https://www.gov.br/defesa/pt-br/centrais-de-conteudo/noticias/nota-oficial-do-ministro-de-estado-da-defesa

STRECK, L. Ives Gandra está errado: o artigo 142 não permite intervenção militar! *Revista Conjur*, 21/05/2020. Disponível em: https://www.conjur.com.br/2020-

-mai-21/senso-incomum-ives-gandra-errado-artigo-142-nao-permite-intervencao-militar. Acesso: 29 abr. 2021

VIZEU, R. General critica políticos em palestra e pede 'despertar para a luta patriótica'. *Folha de S.Paulo*, São Paulo, 19/10/2015. Disponível em: https://www1.folha.uol.com.br/poder/2015/10/1695840-general-critica-politicos-em-palestra-e-pede-despertar-para-a-luta-patriotica.shtml. Acesso: 29 abr. 2021.

Operação Lava Jato, *lawfare* e Poder Judiciário

Gisele Cittadino[1]

Em um país como o Brasil, cuja história político-constitucional é marcada por uma forte tradição autoritária, não há surpresa no fato de que a crítica da política faça parte do nosso cotidiano. Do político alérgico à reflexão presente no conto Teoria do Medalhão, de Machado de Assis (1994), ainda no século XIX à crítica aos políticos "populistas" ou à sua voracidade por recursos públicos, a verdade é que a atividade política, seja no âmbito do Legislativo, seja no Executivo, jamais foi aqui valorizada como o resultado de uma deliberação pública, como manifestação legítima da soberania popular ou mesmo como um ofício capaz de administrar conflitos ou organizar alianças entre interesses diferenciados. De qualquer forma, aos trancos e barrancos, mesmo durante os períodos de democracia oligárquica ou em tempos ditatoriais, convivíamos com a ideia da representação política, por mais distorcida que fosse.

No final do século passado, fomos apresentados ao tema da representação funcional associada ao mérito pessoal (ver Vianna, 1999); eis que a função pública é obtida via concurso, desvinculada da noção de política, mas difundida como comprometida com os valores da República. A substituição do voto popular pelo concurso público permite a autolegitimação de uma burocracia que deixa de ser atividade-meio para se transformar em atividade-fim. Estes servidores públicos não buscam eleitores, não fazem propaganda, não ocupam as ruas. No entanto, são apresentados como uma espécie de estamento eficiente e independente capaz de oferecer alternativas aos problemas que afligem a população, sem que seja necessário fazê-la optar por esquemas ideológicos distintos e concepções divergentes de mundo. Como assinala Renato Lessa, em primoroso texto que trata de "candidatos" (ver Lessa, 2018), o consentimento eleitoral que legitima a representação política parece situar-se em um patamar distinto – e inferior – do que a crença corporativa compartilhada por

---

[1] Professora Associada do Programa de Pós-Graduação em Teoria do Estado e Direito Constitucional da PUC-Rio. Membro fundador da Associação Brasileira de Juristas pela Democracia (ABJD)

servidores do Estado que se veem como a melhor representação do espírito público exatamente porque estão distantes da atividade política. A representação funcional, aqui, vincula-se a uma atividade pura, não politizada, derivada do mérito e do esforço pessoal de cada um dos integrantes do estamento, e radicalmente distinta e desvinculada dos jogos típicos da competição eleitoral. Em entrevista concedida em 2016 ao jornalista Roberto D'Avila, o ministro Luís Roberto Barroso, do STF, referindo-se aos integrantes da força-tarefa da Operação Lava Jato, disse que

> [...] a melhor coisa que os rapazes de Curitiba fizeram foi oferecer um bom exemplo. Uniram-se membros do Ministério Público, Polícia Federal e magistratura em um pacto de seriedade, de qualidade técnica, de trabalho de patriotismo, para ajudar a enfrentar um problema brasileiro, que é a corrupção.[2]

Nas palavras do ministro, a seriedade, a tecnicalidade e os valores republicanos da representação funcional iriam combater a corrupção endêmica brasileira.

O Supremo Tribunal Federal, órgão máximo do Poder Judiciário no Brasil, vem reforçando de várias maneiras a qualidade dessa representação funcional que aparece em sua plenitude naquilo que o próprio ministro Barroso designou como a função "iluminista" do tribunal. Ao analisar as funções do STF, em trabalhos cujos títulos falam por si mesmos – *Razão sem voto*: o Supremo Tribunal Federal e o governo da maioria (Barroso, 2015) e *Contramajoritário, representativo e iluminista*: os papéis das cortes constitucionais nas democracias contemporâneas (Barroso, 2018), Barroso diferencia o papel iluminista dos papéis contramajoritário e representativo do Tribunal.[3] Vinculando-se claramente ao pensamento elitista, Barroso identifica um senso comum majoritário – aquele proveniente da clássica representação política que, por sua vez, é inseparável da soberania popular – que precisa ser superado por uma racionalidade superior, designada como razão humanista, cuja função é a de "empurrar a história". Foi essa representação funcional, atuando como "vanguarda iluminista", que autorizou os ministros do STF, por exemplo, a reconhecer as uniões homoafetivas no Brasil. O presidente do STF, Luiz Fux, em seu recente discurso de posse também destaca essa representação funcional quando exalta a Opera-

---

[2] Entrevista disponível no *GloboNews Play*.
[3] O único papel previsto na Constituição é o contramajoritário, pois afinal cabe ao STF declarar a eventual inconstitucionalidade de uma lei aprovada pelo Parlamento ou de um ato proveniente do Poder Executivo. Quanto ao papel representativo, o ministro lembra das omissões ou paralisias do Congresso, que obrigariam o STF a atender demandas da sociedade, como no caso da proibição do nepotismo ou do financiamento eleitoral das empresas a candidatos.

ção Lava Jato como um modelo de compromisso do sistema de Justiça com os princípios republicanos e a luta contra a corrupção. Nas falas de ambos, a postura elitista que vê o sistema de Justiça mais comprometido e capaz de lidar corretamente com a coisa pública do que os representantes do povo escolhidos pelo voto popular.

Não há, na verdade, como compreender a Operação Lava Jato fora deste enquadramento, na medida em que aparece como um poder curativo dos males da atividade político-partidária, além de ser blindada das críticas em função da meritocracia dos seus integrantes. A ampliação da esfera de atuação de todo o sistema de Justiça, especialmente o Poder Judiciário e o Ministério Público, será legitimada pela correção do direito, pelo mérito dos seus membros, pela independência política das instituições das quais fazem parte. Sabemos, no entanto, que "os rapazes de Curitiba", na já famosa designação de Luís Roberto Barroso, que se apresentam como uma força-tarefa heroica a enfrentar a corrupção – imagem também fortemente construída pela grande imprensa brasileira – estão, inteiramente e desde o início, capturados pela "velha política" e a independência não é senão uma ilusão comprada pelos incautos.

Baseada em uma legitimidade que decorre da representação funcional imune à crítica, a Operação Lava Jato obtém apoio político e legitimidade para lançar mão do uso autoritário da legalidade, também conhecido como *lawfare* ou guerra jurídica.[4] Naquele momento inicial, são poucas as vozes que acusam a Operação Lava Jato de primeiro lançar a flecha e apenas depois pintar o alvo. Isso é possível porque há uma espécie de irresponsabilidade funcional

---

[4] O *lawfare* é uma prática ilegal, traduzida pelo uso autoritário da normatividade vigente e utilizada por aqueles que ocupam o poder público para perseguir pessoas. No entanto, não se deve confundir o *lawfare* com uma prática muito comum encontrada na atuação das nossas polícias, especialmente a militar. Neste caso, quando, por exemplo, o agente público forja um auto de resistência para justificar o assassinato de jovens negros em comunidades periféricas, o objeto do aniquilamento é um ator "desempoderado". Temos aqui a figura do agente público, a presença da normatividade a justificar a violência praticada (o auto de resistência), uma crença social orquestrada que identifica no jovem negro o traficante assassino, mas, ao contrário do *lawfare*, não há um inimigo poderoso que precisa ser destruído. Não há *lawfare* diante de um jovem negro, de uma mulher pobre, de um transexual que trabalha nas ruas, ou de uma líder indígena. Essa gente costuma ser eliminada sem grandes tratativas burocráticas ou legais, causando inconformidade apenas em pequenos grupos comprometidos com a defesa daqueles que não têm poder algum. No Brasil, no entanto, ambas as práticas, a do *lawfare* e a do extermínio de inimigos "desempoderados", estão vinculadas ao descompromisso das nossas elites políticas com a institucionalidade vigente. A violência agora transforma adversários políticos que não conseguem ser derrotados nas urnas em inimigos sociais que precisam ser banidos do cenário público. E o direito joga um papel decisivo neste processo.

dos integrantes do sistema de Justiça. A Operação Lava Jato lança mão do *lawfare* quando utiliza a arena judicial para perseguir inimigos, simulando um processo legal que, desde seu início, já conhece o resultado, independentemente das investigações da polícia, ou dos argumentos, das provas e dos documentos apresentados pela defesa e pelos integrantes do Ministério Público. Em outras palavras, a condenação está assegurada antes mesmo do início do processo judicial.[5]

No passado, a perseguição política de adversários ocorria, especialmente nos períodos ditatoriais, em um contexto de estado de exceção. Seja com base em Constituições outorgadas, seja fundamentado em atos institucionais, o aniquilamento dos inimigos, literal ou apenas político, escancarava a violência e o arbítrio. O *lawfare*, agora, inaugura uma nova modalidade de perseguição, aquela que ocorre no interior do sistema de Justiça de uma sociedade que não foi sacudida por um tradicional rompimento com a legalidade democrática. O inimigo da pátria não precisa ser literalmente eliminado ou banido do país, em um processo político que naturaliza a violência, mas apenas é transformado em um inimigo da sociedade, não por conta de sua concepção de mundo – como no passado – mas sim porque violou a normatividade vigente. O inimigo a ser derrotado pelo *lawfare* é um fora da lei. Daí a mobilização do sistema de Justiça como o ator principal a enfrentar aquele que precisa ser eliminado. Poder Judiciário, Ministério Público e Polícia Federal, como agentes públicos desvinculados do jogo político-eleitoral, habituados a exercer suas funções nos limites da imparcialidade, vão, por meio de inquéritos, documentos, processos e sentenças, retirar da cena pública o adversário indesejado.

É exatamente isso o que faz a Operação Lava Jato contra o ex-presidente Luiz Inácio Lula da Silva. Logo após a sentença condenatória proferida pelo então juiz Sergio Moro e do Acordão do TRF-4 que manteve a decisão da primeira instância, algumas poucas vozes denunciaram a perseguição política, as inconsistências jurídicas das decisões, a clara estratégia de tirar do cenário

---

[5] Ainda que a expressão *lawfare* tenha se consagrado no âmbito do sistema de Justiça, o uso da normatividade vigente por agentes públicos com o objetivo de perseguição e aniquilamento de adversários políticos também pode ocorrer em esferas legislativas. Não há dúvidas, por exemplo, de que houve guerra jurídica (*lawfare*) no *impeachment* da presidenta Dilma Rousseff, praticada pelo Congresso Nacional e secundada pelo STF, quando o tribunal opta por participar do processo. As chamadas "pedaladas fiscais", prática contábil comum nos governos federais, estaduais e municipais, do passado e do presente, que jamais foram tipificadas como crime de responsabilidade, transformaram-se na razão legal a justificar o afastamento da presidenta eleita e a violação da vontade popular.

público aquele que não seria possível derrotar nas urnas.[6] Na construção desse processo, para assegurar a condenação por um crime que nunca ocorreu, dois tipos jurídicos inexistentes foram decisivos para dar alguma sustentação aos argumentos apresentados pelo juiz e pelos desembargadores,[7] o de "propriedade de fato" e o de "ato de ofício indeterminado". Afinal, para que estivesse caracterizada a corrupção passiva, o ex-presidente Lula precisaria ter recebido algo em troca de uma decisão que beneficiasse os empresários corruptos. Sergio Moro tratou de providenciar um imóvel, designando o famoso tríplex como "propriedade de fato" do ex-presidente, já que jamais existiu qualquer documento que revelasse que Lula era o proprietário da cobertura.[8] Como contrapartida pelo recebimento desse imóvel, Lula teria intercedido junto a Petrobras para favorecer aquele que lhe transferiu o apartamento. Como o juiz não conseguiu comprovar o ato indevido por ele praticado, Sergio Moro recorreu ao "ato de ofício indeterminado". Outra alternativa não existia, pois, segundo as leis do país, o ex-presidente só poderia ser acusado pelo crime de corrupção passiva se ocupasse um cargo na própria Petrobras. Em resumo, para que alguém seja

---

[6] Ver, a respeito, *Comentários a uma sentença anunciada. O processo Lula* (Curitiba, Editorial Práxis, 2017) e *Comentários a um acórdão anunciado. O processo Lula no TRF-4* (Curitiba, Editorial Práxis, 2018), ambos organizados por Carol Proner, Gisele Cittadino, Gisele Ricobon e João Ricardo Wanderley Dornelles. O primeiro livro contou com 103 capítulos assinados por 122 autores, enquanto que o segundo livro contou com 40 capítulos assinados por 52 autores. Para todos os autores a certeza das condenações era um fato. Se há algo difícil de encontrar no Brasil, inclusive nos jornais da grande mídia corporativa, são textos de juristas que tenham defendido a consistência e a correção da sentença e do acórdão.

[7] Três desembargadores chancelaram a sentença de Sergio Moro no âmbito do Tribunal Regional da 4ª Região, em Porto Alegre, e é preciso que seus nomes não sejam esquecidos: João Pedro Gebran Neto (relator), Leandro Paulsen e Victor Luiz dos Santos Laus.

[8] A acusação afirmava que Lula havia recebido da empreiteira OAS um apartamento de cobertura, tríplex, no Edifício Solaris, na praia do Guarujá, como retribuição por favores (corrupção) que havia prestado à empreiteira quando era presidente da República. O ex-presidente Lula e Dona Marisa compraram, muitos anos atrás, quotas de um imóvel que estava sendo construído por uma cooperativa e que lhes daria o direito de, no futuro, adquirir um apartamento comum (apartamento tipo) nesse mesmo prédio. A empreiteira OAS, responsável pela obra, no ano de 2014, já durante o governo da presidenta Dilma, perguntou se Dona Marisa não gostaria de trocar o apartamento a que teria direito por uma cobertura tríplex. Duas visitas foram feitas por Dona Marisa, sendo que em uma delas o ex-presidente Lula a acompanhou, mas não gostou do apartamento, nem do local. O negócio jamais foi realizado e o apartamento tríplex, como foi provado por meio de documentos pelos advogados do ex-presidente, ainda pertence à empreiteira OAS e foi dado à Caixa Econômica Federal como garantia de dívidas da empreiteira. Os documentos que provam que a OAS ainda é a proprietária do imóvel e que deu esse imóvel como garantia à Caixa Econômica Federal estão incluídos no processo. O então juiz Sergio Moro ignorou a existência de tais documentos.

acusado de corrupção passiva, é preciso que fique provado que ele recebeu benefícios indevidos em razão da função que ocupava. O ex-presidente Lula nunca teve função na Petrobras, e a indicação ou substituição de diretores era atribuição exclusiva do Conselho de Administração da empresa.

Tanto o ex-juiz Sergio Moro como os desembargadores do TRF-4 ignoraram as leis do país e defenderam a tese de que o ex-presidente Lula, porque era presidente, tinha poderes para influenciar as importantes decisões da Petrobras. Isso, na verdade, é um absurdo, pois, segundo esse raciocínio, todos os presidentes da República teriam poder para influenciar qualquer decisão tomada em qualquer empresa pública e poderiam, por isso, ser condenados por todos os atos de corrupção cometidos em seus governos. Como um presidente da República pode ser condenado por qualquer ato de corrupção no seu governo apenas porque é o presidente da República?

Foram muitos os atos ilegais praticados em conluio pelo juiz, pelos procuradores e pelos delegados no caso do processo contra o ex-presidente Luiz Inácio Lula da Silva. Forças do sistema de Justiça se uniram contra um cidadão que não mais ocupava função pública porque pretendiam tirar-lhe a liberdade. Seus advogados, ao longo do processo, apresentaram petições que jamais foram lidas, documentos que nunca foram analisados, testemunhas a quem ninguém deu importância. O réu falou em audiência para um juiz que há muito já o havia condenado. Tudo isso foi transmitido e noticiado pela imprensa, que aplaudiu e adulou o juiz e os procuradores, vendidos à população como produtos eficazes contra a corrupção.

Mais tarde, com as revelações do *The Intercept Brasil* (TIB), se descortinou toda a rede de relações indecentes e espúrias entre policiais, integrantes da força-tarefa e juiz, e aquilo que era uma discussão técnica que envolvia basicamente advogados e professores de Direito torna-se transparente para qualquer pessoa que tenha interesse em conhecer a verdade. Descobrimos que o ex-juiz Sergio Moro não apenas praticou *lawfare*, manipulando o ordenamento normativo existente para perseguir o ex-presidente Luiz Inácio Lula da Silva. Na verdade, ficamos estarrecidos diante de um sistema de Justiça em que as funções dos promotores são coordenadas pelo juiz, inclusive a deflagração de operações; em que peças processuais são mantidas sob sigilo para evitar uma mudança de jurisdição; em que alguns ministros da Suprema Corte prestam apoio a procuradores em conversas privadas; em que uma delegada deixa de protocolar planilhas apreendidas a pedido do juiz; em que prazos processuais são abertos para que a acusação se manifeste; em que o juiz sinaliza ao Ministério Público a sua discordância em relação ao prosseguimento de uma delação; em que colaborações clandestinas com autoridades estrangeiras geram documentos que passam a integrar processos; em que um procurador federal se reúne com um dos proprietários de um dos maiores grupos de imprensa do país; que, enfim, tais relações obscenas envolvem recursos financeiros de alta monta que serviriam,[9] inclusive, para criar um fundo gerenciado pelo próprio MPF.

Para além da violência processual cometida contra o ex-presidente Lula na sentença de Sergio Moro e da velocidade extraordinária e excepcional da igualmente violenta decisão dos desembargadores do TRF da 4ª Região, assistimos o sistema de Justiça brasileiro aceitar delações premiadas que foram acompanhadas por advogados contratados por indicação de procuradores e admitir troca de informações sigilosas entre o Ministério Público e a grande imprensa, tudo isso sob um clima de aparente legalidade, quando, na verdade, são atos de um Estado de exceção. Como assinalamos, se o tipo de exceção é diferente do passado, não há grande surpresa na submissão e no descompromisso democrático daqueles que integram o sistema de Justiça brasileiro. Elitistas, corporativos, antidemocráticos e demofóbicos são adjetivos que bem podem ser utilizados para descrever o Poder Judiciário e o Ministério Público no Brasil.[10] Não precisamos voltar tanto no passado, pois o STF curvou-se mansamente aos militares após 1964, tanto quanto o Ministério Público aproveitou-se da ditadura para consolidar-se institucionalmente. Jamais poderemos esquecer que o STF acatou de maneira conivente a ordem que o proibia de apreciar e conceder *habeas corpus* em defesa das pessoas atingidas pela violência da ditadura.[11] Se há um setor no Brasil cuja história não se confunde com a luta por

---

[9] O livro *Relações obscenas*. As revelações do *The Intercept Brasil*, organizado por Wilson Ramos Filho, Maria Inês Nassif, Hugo Cavalcanti Melo Filho e Mírian Gonçalves, é um trabalho que conta com 82 textos de jornalistas, juristas e políticos e faz uma análise minuciosa sobre o material entregue ao jornalista Glenn Greenwald. (ver Ramos Filho *et al.*, 2019).

[10] É necessário esclarecer que, no âmbito do sistema de Justiça, há, evidentemente, pessoas comprometidas com a legalidade e com a democracia. Não é por outra razão que muitos juízes, promotores e defensores públicos passam a integrar, especialmente desde o golpe de 2016, que afastou ilegalmente a presidenta Dilma Rousseff do cargo, diversas associações, como a Associação Brasileira de Juristas pela Democracia (ABJD – criada em 2018), a Associação Juízes pela Democracia (AJD – criada em 1991) e o Coletivo Transforma Ministério Público (Coletivo Transforma MP – criado em 2017).

[11] Durante a ditadura civil-militar, três ministros do STF foram cassados: Hermes Lima, Victor Nunes Leal e Evandro Lins e Silva. O presidente e o vice-presidente (Antônio Gonçalves de Oliveira e Antônio Carlos Lafayette de Andrada), em solidariedade aos cassados, optaram pela aposentadoria. Daí em diante, o STF foi mais parceiro do que opositor da ditadura. Tampouco é demais lembrar que o AI-2, de 1965, recriou a Justiça Federal e assegurou ao presidente da república a escolha das pessoas que ocupariam os cargos de juízes federais. Finalmente, foi durante a ditadura que o Ministério Público, em 1969, torna-se parte do poder executivo e passa a atuar no atendimento dos interesses políticos da cúpula militar.

uma sociedade justa, inclusiva e democrática, é o nosso sistema de Justiça. Foi um ator coadjuvante parceiro na ditadura, e agora torna-se um dos atores principais em tempos de *lawfare*. O Ministério Público, tanto quanto o Judiciário, foi capacho da ditadura, chegando a perseguir a minoria integrada por juízes corajosos, a respaldar inquéritos policiais abertos pelos militares ou apenas colaborar juridicamente na fundamentação dos atos de arbítrio (Ramos, 2005).

Como no passado, portanto, voltamos a produzir inimigos, usando o direito para criminalizar aqueles que não são derrotados pela via do confronto político. Importante, ainda, assinalar que o nosso atual regime de exceção legitima a parcialidade do sistema de Justiça, especialmente porque a grande mídia lhe reserva o papel de protetor da moralidade pública. A exceção também se legitima quando o Supremo Tribunal Federal acredita que tem uma função iluminista a desempenhar, comportando-se como uma espécie de regente republicano da cidadania brasileira. Afinal, não se pode esquecer que uma sobreinterpretação do ordenamento normativo tanto pode ampliar direitos como também ser utilizada paro violar o princípio da separação de poderes e legitimar a exceção vigente.[12]

Parece não restar dúvidas de que o nosso sistema de Justiça, especialmente os tribunais superiores, estão colonizados por estratégias de poder que visam assegurar a manutenção de uma agenda conservadora para o Brasil. Sabemos que, após anos de autoritarismo militar, e com a promulgação da nova Constituição Federal, com seu amplo leque de direitos e garantias, a sociedade brasileira, de alguma forma, assistia o renascimento da ideia de justiça ou aquilo que foi designado como "a força do Direito". Não demorou muito, no entanto, para que esse pacto constitucional começasse a ser dinamitado à medida em que servia de base para a transformação da sociedade brasileira, cujo Estado, historicamente, sempre esteve destinado apenas a uma parcela da população. Se a Constituição Federal legitima o processo de inclusão de todos, para aqueles que estão habituados às regras de um mundo oligárquico, o pacto constitucional precisa ser alterado e a ampliação da esfera de atuação do sistema de Justiça pode vir em auxílio da exceção e do fim da democracia.

Nem a Operação Lava Jato nem todo o sistema de Justiça que a sustentou jamais estiveram comprometidos com o enfrentamento das elites que historicamente se apropriam de partes do Estado brasileiro, quebrando a necessária separação entre recursos públicos e interesses privados. Sergio Moro, Deltan Dallagnol e Erika Marena, aqui representando o juízo, a acusação e as forças

---

[12] Um exemplo de sobreinterpretação da Constituição no sentido de ampliar direitos foi a decisão do STF de admitir a união civil entre pessoas do mesmo sexo.

policiais, são apenas a versão contemporânea dos capitães do mato. Identificam-se com a elite e operam em função dos interesses daqueles que, no momento, estão mergulhados na tarefa de quebrar a soberania nacional. É neste sentido que estão inteiramente capturados pela "velha política", mesmo que simbolizem uma "representação funcional" independente. O que eles fazem é apenas deslocar a luta política de um espaço eleitoral adverso para o âmbito de um sistema de Justiça no qual será possível perseguir e destruir adversários, transformando-os em "foras da lei". À exceção da mão armada do policial militar, que mata uma criança negra atirando em suas costas, não há injustiça ou violência maiores do que a do poder do Estado que ilegalmente recai sobre um único cidadão para lhe tirar a liberdade, o patrimônio e os direitos políticos.

Referências

ASSIS, M. *Obra completa*. Rio de Janeiro: Editora Nova Aguilar, 1994.

BARROSO, L. R. *A razão sem voto*: o Supremo Tribunal Federal e o governo da maioria. *Revista Brasileira de Políticas PúblicaS*, Brasília, v. 5, n. especial, p. 23-50, 2015. Disponível em: https://bibliotecadigital.tse.jus.br/xmlui/handle/bdtse/3096. Acesso em: 20 abr. 2021.

BARROSO, L. R.*Contramajoritário, representativo e iluminista*: os papéis das cortes constitucionais nas democracias contemporâneas. Consultor Jurídico (Conjur), São Paulo, 2018. Disponível em: https://www.conjur.com.br/dl/notas-palestra-luis-robertobarroso.pdf. Acesso em: 20 abr. 2021.

PRONER, C. et al. *Comentários a uma sentença anunciada*. O processo Lula. Curitiba: Editorial Práxis, 2017.

PRONER, C. et al.*Comentários a um acórdão anunciado*. O processo Lula no TRF-4. Curitiba: Editorial Práxis, 2018.

RAMOS, J.S.P. Os arquivos da diradura guardam segredos incômodos para o MP. *Consultor Jurídico*, 19 jan. 2005. Disponível em: https://www.conjur.com.br/2005-jan-19/abrirem_arquivos_maior_surpesa_mp. Acesso em: 21 abr. 2021.

RAMOS FILHO, W. et al. *Relações obscenas*. As revelações do *The Intercept Brasil*. São Paulo: Editora Tirand Lo Blanch Brasil, 2019.

VIANNA, L. W. *A judicialização da política e das relações sociais no Brasil*. Rio de Janeiro: Revan, 1999.

Lava Jato e implicações econômicas intersetoriais[1]

Fausto Augusto Junior[2]
Sérgio Nobre[3]

Introdução

A Operação Lava Jato foi deflagrada no início de 2014. Inicialmente, procurava investigar denúncias de corrupção em contratos da Petrobras, mas depois ampliou as investigações para um número expressivo de empresas, setores econômicos, obras públicas e regiões do país. O fato de ter envolvido muitos agentes econômicos, de ocorrer em um período de tempo longo e de seus desdobramentos recaírem sobre o "CNPJ das empresas em vez do CPF dos denunciados", resultou em impactos econômicos negativos em setores importantes, propagando seus efeitos para toda economia.

O questionamento judicial de um conjunto relevante de obras resultou em paralisação ou cancelamento desses investimentos, reduzindo a demanda para setores como construção civil, engenharia, metalurgia, transportes, entre outros. Além disso, as empresas diretamente citadas na Lava Jato acumularam problemas financeiros que resultaram na incapacidade financeira para continuar ou assumir novas obras. Por fim, na falta de clareza sobre a forma como ocorriam as operações, os gestores públicos travaram os processos de licitação à espera de um cenário menos turbulento.

Diante do acentuado desemprego decorrente da paralisação de obras, do cancelamento de investimentos ou da incapacidade financeira das empresas,

---

[1] Este artigo foi produzido a partir de levantamento e análise realizados pela equipe técnica do Dieese. O trabalho envolveu longa e detalhada pesquisa em diversos documentos, sites de organismos públicos, balanços e planos de investimentos de empresas, bancos de dados de entidades de pesquisas e outros órgãos e também conteúdo noticioso e artigos publicados em grandes veículos de comunicação. Foi desenvolvido por solicitação da Central Única dos Trabalhadores (CUT).
[2] Diretor técnico do Dieese.
[3] Presidente nacional da CUT.

o movimento sindical procurou, em diversos espaços institucionais,[4] debater e propor uma regulação que assegurasse o necessário combate à corrupção, punindo os envolvidos, e que preservasse a estrutura produtiva e de serviços, mantendo os empregos e a renda, a exemplo de outros países.[5]

Este trabalho parte do pressuposto de que ocorreram três situações pela qual a extensão e a condução da operação podem ter impactado a economia. São eles:

1. na Petrobras, a Lava Jato proporcionou uma "janela de oportunidade" para mudança de sua gestão, que privilegiou a distribuição de dividendos e rentabilidade em detrimento da manutenção dos planos de investimento de expansão da produção. Vale destacar que a empresa é parte importante do total de formação bruta de capital do país;
2. com a queda dos investimentos da Petrobras, as empresas de construção civil se viram sem importante fonte de demanda de seus produtos e serviços. Além disso, muitas foram cautelarmente bloqueadas, impedidas de continuar ou realizar novos contratos com a Petrobras;
3. os processos da Operação Lava Jato também resultaram em cancelamento e suspensão de obras com o setor público e, em face da ausência de acordos de leniência que protegessem a estrutura produtiva, causaram crescentes problemas de acesso ao crédito e recursos, dificultando a continuidade de obras por incapacidade financeira, promovendo crescente desmobilização de ativos das construtoras.

Diante desse cenário, diversas análises com objetivo de mensuração dos impactos da Operação Lava Jato na economia foram feitas, sem grande repercussão na imprensa. Um artigo publicado no jornal *Valor Econômico*, em 2016, alertava para os impactos negativos da Lava Jato, citando os estudos da LCA Associados, que apontava para um impacto na economia de dois pontos percentuais negativos, e do Banco Fibra, que indicava a crise na construção civil como fator relevante para a queda do PIB (Lima, 2016). Outro artigo publicado em 2019 pelo mesmo jornal, de autoria de Luiz Fernando de Paula e Rafael

---

[4] Um exemplo é a participação no Fórum Nacional de Desenvolvimento Produtivo. Instituído pelo governo Temer em 2016, tinha como um dos pontos debater uma nova legislação para os acordos de leniência.

[5] Dentre os casos mais recentes, podemos citar o escândalo do *Dieselgate*, da montadora alemã Volkswagen, no qual a empresa atuou de forma a burlar os sistemas de fiscalização de poluentes. Apesar de punições severas à empresa e principalmente aos gestores envolvidos, houve o entendimento, inclusive do governo alemão, de que a empresa deveria ser punida de forma exemplar, mas não a ponto de inviabilizá-la, dado ser importante dinamizadora da economia do país. Assim, o foco das punições deveria ser os gestores(as), responsáveis pela situação mais do que a empresa em si.

Moura, ambos professores da UFRJ, destacou o estudo da GO Associados e Tendências, que estimou uma queda do PIB entre 2 a 2,5% entre 2015 e 2016, com perdas que poderiam totalizar até R$ 142 bilhões (De Paula; Moura, 2019). Segundo essas matérias, a forma como a operação ocorreu e sua prorrogação por um longo tempo, bem como a queda do volume de investimentos da Petrobras, a descapitalização das maiores empresas de construção civil, a derrocada do setor de engenharia de infraestrutura e a desnacionalização do segmento de petróleo colaboram para esse cenário, com impactos negativos na economia.

Esses estudos e outras análises e reportagens sobre a dimensão econômica colaboram para o entendimento de que a forma como a Operação Lava Jato foi conduzida, sem regras que punissem os culpados e preservasse a estrutura produtiva e de serviços, resultou em impactos negativos para a economia, para a geração de emprego e renda e para a produção com conteúdo nacional. Esse modelo de operação também provocou a desestruturação de cadeias produtivas nacionais em atividades econômicas em que o país estava bem posicionado. Resultou, ainda, na queda dos investimentos em ciência, pesquisa e desenvolvimento tecnológico, perda de mão de obra altamente qualificada e de soberania nacional em setores estratégicos.

Procurando avançar nessa análise, buscamos medir os possíveis impactos da Operação Lava Jato na economia brasileira, com um olhar particular para os efeitos sobre o emprego. O estudo está dividido em três seções, além desta introdução e das considerações finais: a primeira apresenta o contexto econômico e o papel da Petrobras e do setor de construção civil no país; a segunda apresenta a metodologia utilizada para medir os impactos da Operação Lava jato na economia brasileira; e a terceira seção apresenta os dados sobre o impacto da redução dos investimentos e da não efetivação de gastos na economia.

Desde já destacamos que, como todo trabalho deste tipo, aspectos da realidade são estilizados ao máximo, se isso permite maior flexibilidade nos pressupostos; por outro lado, incorre em simplificações que podem ser fonte de discordância. A ideia não é esgotar o tema, mas abrir o debate sobre ele.

Contexto econômico e o papel da Petrobras e do setor de construção civil

A descoberta das imensas jazidas de petróleo nos campos do pré-sal brasileiro realizada pela Petrobras, em 2006, coloca o país como alvo de enorme interesse geopolítico, levando a uma crescente instabilidade política, potencializada por interesses de grupos que defendiam, por exemplo, as mudanças nos marcos institucionais para a exploração do petróleo e do gás no país. É nesse contexto que foi deflagrada, ainda no início de 2014, ano de eleição para cargos federais e estaduais, a Operação Lava Jato, tendo como epicentro a Petrobras. Recorde-se, também, que em 2014 houve acentuada queda nos preços do petróleo. Esses dois eventos impactaram profundamente a companhia e todas as demais empresas que compunham a cadeia produtiva do setor, modificando seu papel estratégico para o Brasil e colaborando com profundas mudanças institucionais, como a retirada da Petrobras como operadora única dos campos do pré-sal, redução da política de conteúdo local e uma nova política de preços de derivados, acompanhando a variação de preços internacionais.

A Operação Lava Jato oportunizou mudanças defendidas pelos acionistas da empresa. Em junho de 2015, há uma mudança relevante no Plano de Negócios e Gestão para o período 2015-2019, definindo como "objetivos fundamentais a desalavancagem da Companhia e a geração de valor para os acionistas" (Petrobras, 2015a, n.p.). Essa política será reforçada em 2019, quando novamente a empresa alterou a política de remuneração dos acionistas, estabelecendo que, "em caso de endividamento bruto inferior a US$ 60 bilhões, a companhia poderá distribuir aos seus acionistas 60% da diferença entre o fluxo de caixa operacional e os investimentos" (Petrobras, 2019, n.p.). Essas decisões têm papel importante na nova política de preços dos combustíveis e na redução dos investimentos das petrolífera brasileira.

Nesta seção, apresentaremos um histórico recente de algumas mudanças ocorridas na Petrobras, destacando os elementos prévios e posteriores ao período da Operação Lava Jato. Destacaremos dados e informações sobre os motivos que levaram a empresa a justificar essa alteração de rota e quais os efeitos das mudanças realizadas, considerando que a justificativa da queda no preço do petróleo, como apresentado nos documentos oficiais, não se sustenta como fator decisivo. Nesse sentido, a chamada Operação Lava Jato teve papel crucial para criar um ambiente que colocasse limites à nova fase de crescimento da empresa e também aos benefícios para a economia e para a sociedade.

Vale destacar que, ao longo da década de 2000, a Petrobras cumpriu um papel relevante como instrumento para a indução do desenvolvimento industrial nacional, em especial após a descoberta dos campos do pré-sal. Essa relação do setor de óleo e gás com o desenvolvimento nacional, tendo à frente a empresa estatal, foi estabelecida principalmente por duas estratégias: i) o fortalecimento das cadeias produtivas do petróleo; e ii) a expansão dos investimentos em projetos de infraestrutura, ciência e tecnologia financiados pelas rendas extras do petróleo, como as participações governamentais (*royalties* e participações especiais) distribuídas para a União, estados e municípios, bem como os investimentos realizados em projetos culturais, sociais e ambientais.

O fortalecimento da cadeia produtiva do setor de petróleo e gás natural foi promovido pelo governo federal por meio de um conjunto de medidas específicas de grande efeito para a indústria nacional, sendo a principal delas a Política de Conteúdo Local, que impunha, desde a fase de leilões de novas concessões, percentuais mínimos de produção nacional no setor de petróleo e gás que chegavam a 62% na etapa de exploração e a 76% nas etapas seguintes. Associa-se a essas medidas a política de investimento na infraestrutura nacional, com a construção de novos portos e refinarias, induzindo a expansão e o adensamento tanto dos elos da cadeia anteriores à produção de petróleo quanto dos posteriores, como os derivados e seu transporte.

A Petrobras também se tornou uma fonte importante de investimentos em território nacional, não apenas em exploração e produção (E&P), mas também em distribuição, refino, fontes de energia renováveis e pesquisa científica – próprias e em parcerias com universidades e centros de pesquisa. A descoberta e rápido desenvolvimento de capacidade de exploração do pré-sal simboliza o grande êxito desse esforço. Com o desenvolvimento de tecnologia brasileira, foi possível a exploração de áreas de difícil acesso, o que permitiu a descoberta de enormes reservas energéticas e colocou o Brasil no eixo geopolítico mundial. A título de exemplo, os investimentos em pesquisa, desenvolvimento e inovação realizados pela Petrobras saltaram de US$ 201 milhões em 2003 para mais de US$ 1 bilhão entre os anos de 2011 e 2014.

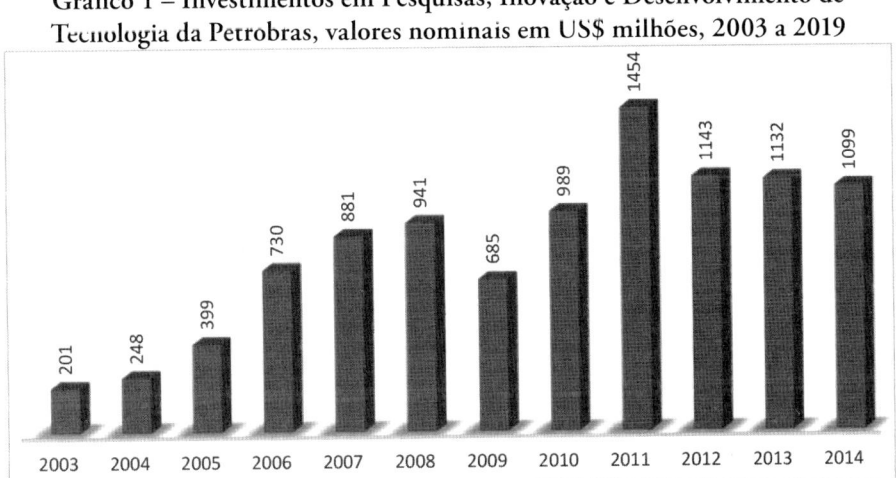

Gráfico 1 – Investimentos em Pesquisas, Inovação e Desenvolvimento de Tecnologia da Petrobras, valores nominais em US$ milhões, 2003 a 2019

Ano	Valor
2003	201
2004	248
2005	399
2006	730
2007	881
2008	941
2009	685
2010	989
2011	1454
2012	1143
2013	1132
2014	1099

Fonte: Petrobras, Relatórios de Administração, vários anos. Elaboração: DIEESE/FUP

Para a exploração dessas enormes reservas, foi criado um novo marco institucional, que assegurava a participação da empresa estatal e atrelava seu crescimento ao investimento e desenvolvimento tecnológico nacional, nos moldes da exploração de petróleo realizada pela Noruega no pós-guerra, introduzindo o modelo de partilha da produção com maior participação do Estado nos lucros do setor.

Contudo, em 2014, o preço do petróleo despencou, impondo uma crise mundial no setor, que vinha operando há anos com preços elevados e grandes investimentos em novas áreas de exploração, que, em alguns casos, envolviam altos custos de extração, como os campos de gás de xisto nos EUA e Canadá. Em março do mesmo ano, eclodiu no Brasil a Operação Lava Jato, partindo de casos de corrupção na Petrobras até atingir a alta cúpula do governo federal, em um processo estreitamente associado a crescentes tensionamentos políticos e, posteriormente, a profundas reestruturações realizadas tanto na Petrobras quanto no Estado brasileiro.

A Operação Lava Jato criou um ambiente favorável para as mudanças implementadas a partir de setembro de 2016. O governo de Michel Temer sancionou a Medida Provisória 727/2016, instituindo o Programa de Parcerias de Investimentos (PPI) e resgatou a Lei n. 9.491/1997, que trata do Programa Nacional de Desestatização. Em novembro do mesmo ano, foi aprovado no Senado o Projeto de Lei 4.567/2016, que extinguiu a prerrogativa da Petrobras de ser operadora única dos campos do pré-sal. Por sua vez, a Resolução do Conselho Nacional de Política Energética (CNPE) n. 7, de 11 de abril de 2017, definiu o novo modelo de conteúdo local a ser aplicado nas rodadas de licitação a partir de então. Além do percentual de conteúdo local deixar de ser considerado como fator de pontuação nas ofertas para licitação, houve simplificação dos compromissos e redução dos percentuais mínimos exigidos. Para as áreas marítimas, passou-se a exigir compromisso global de 18% para a fase de exploração e, para as etapas de desenvolvimento, fixaram-se compromissos mínimos para três macrogrupos: construção de poços (25%); sistema de coleta e escoamento (40%); e unidade estacionária de produção (25%).

Foi sob esse novo marco regulatório e institucional que o governo passou a estimular a entrada de empresas internacionais nos campos de petróleo do pré-sal, seja como detentoras de reservas, seja como operadoras. De 2008 até 2016, praticamente durante todo o período de forte crescimento dos preços das *commodities*, existiram apenas três rodadas de leilão em áreas de concessão e uma no modelo de partilha da produção para o campo de Libra, no pré-sal.

Nos três anos posteriores, de 2017 até 2019, foram realizadas três rodadas de concessão e seis rodadas de leilão dos campos de pré-sal, com entrada massiva de empresas estrangeiras, principalmente inglesas, chinesas e estadunidenses, que já adquiriram cerca de 49% das reservas do petróleo do pré-sal leiloado, podendo chegar a 45 bilhões de barris de petróleo.

Tabela 1 – Resultados das Rodadas de Leilões em modelo de Partilha da Produção dos campos do pré-sal brasileiro, 2013 a 2019

Empresa	País	Participação como Operadora (em blocos)	Volume estimado de petróleo (em bilhões barris)	Volume estimado de petróleo (%)
Petrobras	Brasil	11	45,73	50,1%
Shell	Reino Unido	3	8,10	8,9%
CNODC	China	0	7,36	8,1%
ExxonMobil	EUA	1	5,56	6,1%
BP	Reino Unido	1	5,45	6,0%
Chevron	EUA	0	4,73	5,2%
Equinor	Noruega	1	3,66	4,0%
CNOOC	China	0	3,06	3,3%
Total	França	0	2,44	2,7%
QPI	Catar	0	1,64	1,8%
Galp (Petrogal)	Portugal	0	1,53	1,7%
CNPC	China	0	1,20	1,3%
Ecopetrol	Colômbia	0	0,78	0,9%
Repsol Sinopec	Espanha/China	0	0,09	0,1%
Soma		17	91,33	100,0%

Fonte: ANP. Elaboração: DIEESE/FUP.

Em paralelo ao projeto de menor participação da Petrobras nas novas rodadas de leilões, a empresa passou a ser fatiada e a ter grande quantidade de ativos vendidos em todas as áreas de atuação. Essa forma de privatização resulta na desintegração da empresa, rompendo um dos principais trunfos do setor no país, que é a integração e desenvolvimento de todos os elos da cadeia produtiva, desde a extração do petróleo e gás natural – passando pelo refino – até a distribuição e outros setores, como biodiesel e termelétricas. A figura n. 1 apresenta todos os ativos vendidos pela Petrobras, no período de 2013 a fevereiro de 2021, por setor de atuação da empresa e mostra diferentes fases neste processo de vendas.

De janeiro de 2013 a maio de 2016, a Petrobras chegou a vender 16 ativos, sendo oito no Brasil e oito no exterior. Nos anos seguintes, a partir de junho de 2016, percebe-se uma maior venda de ativos nacionais, assim como em todos os setores em que a empresa atuava.

Quadro 1 – Ativos vendidos pela Petrobras, por setor de atuação, 2013 a fev/2021

Governo	Dilma	Temer	Bolsonaro
Período	Jan/2013 a Mai/2016 Em 3 anos e 4 meses	Jun/2016 a Dez/2018 Em 2 anos e 6 meses	Jan/2019 a Fev/2021 Em 2 anos de 2 meses
Valor	US$ 8,3 bilhões	US$ 17,6 bilhões	19,3 bilhões
Exploração & produção de petróleo e gás	US$ 6.854 milhões Ativos na Angola e Tanzânia Campo de Coulomb (EUA) Blocos no Uruguai Petrobras Colombia Petrobras Energia Peru SA Bacia Austral Argentina Petrobras Argentina (PESA) Bloco BC-10 - Parque das Conchas Campo de Bijuripá e Salema (BIS)	US$ 9.660 milhões Carcará - Bloco Exploratório BM-S-8 7 sondas (P-03; P-10; P-14; P-17; P-23; P-59; P-60) Campo Azulão Campo de Roncador (vende 25%) Campo de Marlim Petrobras Oil & Gás B.V. (POGBV) 34 campos terrestres Campo de Iara (Sururu, Berbigão e Oeste de Atapu) Campo de Lapa	US$ 4.489 milhões Campo de Maromba Campo de Enchova e Pampo Campo de Baúna Campo de Tartaruga Verde Campo de Espadarte (módulo III) Polo Macau Ponta do Mel e Redonda Polo Lagoa Parda Campo de Pargo, Carapeba e Vermelho Campo de Frade Bacia do Tucano Polo Remanso Polo Pescada Campo de Dó-Ré-Mi Campo de Rabo Branco Polo Fazenda Belém Polo Ventura 27 campos maduros terrestres - Polo Cricaré Polo Reconcavo Bacia Solimões Campo de Peroá e Cangoá Polo Miranga
Refino de petróleo e gás		US$ 165 milhões Refinaria Nansei Seikyu (NSS)	US$ 2.117 milhões Refinaria de Pasadena (NSS) Refinaria Landulpho Alves (RLAM)
Produção de biocombustíveis		US$ 203 milhões Guarani S.A.	US$ 64 milhões BSBios (50%)
Distribuição	US$ 178 milhões Companhia de Gás de Minas Gerais (Gasmig)	US$ 2.034 milhões Petrobras Chile Distribuidora (PCD) Petrobras Distribuidora (BR) - venda de 28,5%	US$ 3.770 milhões Petrobras Paraguai Distribuidora Liquigás Distribuidora S.A. Petrobras (BR) - venda de 34% Distribuidora de gás de Montevideo S.A. e Conecta S.A. (Conecta)
Petroquímica	US$ 272 milhões Innova S.A.	US$ 435 milhões Petroquímica Suape e da Citepe	US$ 21 milhões 8,4% na empresa Bambuí Bionergia S.A. Fafen - SE

Geração de energia elétrica	US$ 291 milhões Companhia Energética Potiguar Brasil PCH S.A. UTE Norte Fluminense S.A.	Valor não informado Térmicas Rômulo Almeida e Celso furtado (Bahia)	US$ 34,4 milhões Eólica Mangue Seco 1 Eólica Mangue Seco 2 Eólica Mangue Seco 3 Eólica Mangue Seco 4
Transporte e comercialização	US$ 711 milhões Transierra SA Petrobras Gás S.A . (Gaspetro) - 49% das ações	US$ 5.080 milhões Nova Transportadora do Sudeste (NTS) - venda de 90%	US$ 8.809 milhões 10% da Transportadora Associada de Gás S.A. (TAG) 90% da Transportadora Associada de Gás S.A. (TAG)
Total Resumo	16 ativos vendidos (8 no Brasil e 8 no exterior) Vendas focadas no exterior, pequenos ativos e não acontece em todos os setores.	16 ativos vendidos (13 no Brasil e 3 no exterior) Período curto e vendas focadas no Brasil, acontece em todos os setores e campos estratégico16 ativos vendidos (13 no Brasil e 3 no exterior) Período curto e vendas focadas no Brasil, acontece em todos os setores e campos estratégico	36 ativos vendidos (33 no Brasil e 3 no exterior) Vendas se intensificaram e acontecem em todos os setores. Grande volume de vendas no Brasil.

Fonte: Petrobras, Informes divulgados ao Mercado entre 01/01/2013 a 01/03/2021. Elaboração: Subseção DIEESE /FUP e Comunicação da FUP

Ter o setor energético integrado e sob a gestão estatal é uma grande vantagem, pois amplia a capacidade de estimular a economia por meio de preços que visem o desenvolvimento nacional. Essa política faz ainda mais sentido no caso brasileiro, país que possui uma base de refino e exploração capaz de atender às demandas nacionais. Com o setor integrado, o país poderia adequar o preço e a produção à sua estrutura e crescimento internos, sem ficar exposto às bruscas flutuações do mercado internacional, decorrentes de guerras, efeitos climáticos, especulação ou ataques geopolíticos. Não é este o caminho que está sendo trilhado agora.

Esse conjunto de mudanças políticas e institucionais no setor também alterou a própria organização da Petrobras. Antes uma das bases do investimento nacional, com grande diversidade na atuação, a Petrobras, principalmente a partir de 2015, volta a se concentrar em E&P e opta por forte redução dos investimentos, com queda de 78% entre 2013 e 2019. Essa redução ocorreu principalmente nas áreas de abastecimento e distribuição – cerca de 90% e 83%, respectivamente, no período, o que revela o afastamento da empresa dos interesses nacionais ligados ao mercado interno. Os investimentos na área de E&P também sofreram acentuada retração, que, apesar de consideravelmente inferior à verificada em distribuição e abastecimento, foi bastante significativa, correspondendo a cerca de 70%, e com expressiva concentração nos campos maduros, como as regiões do Nordeste e da Bacia de Campos-RJ.

Gráfico 2 – Investimentos totais e em E&P da Petrobras, valores nominais em US$ milhões, 2002 a setembro de 2020

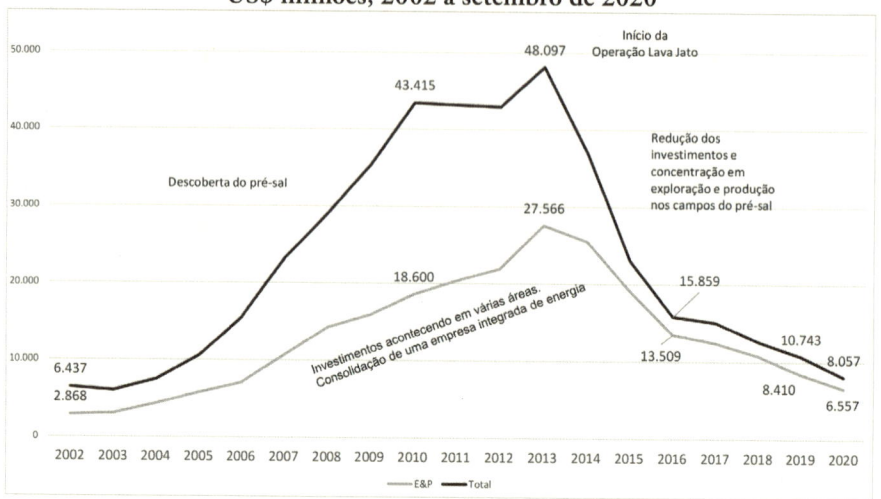

Fonte: Petrobras, Relatórios de Administração, vários anos. Elaboração: DIEESE/FUP.

Com essa nova estratégia, abandonou-se o objetivo de utilizar o setor de petróleo e gás como instrumento de desenvolvimento nacional, por meio de estímulos ao mercado interno e de investimentos na indústria nacional (com a política de conteúdo local) e em ciência e tecnologia. Incorporou-se na Petrobras, então, a lógica dos mercados financeiros de petróleo, isto é, produção ao menor custo e pagamento de elevados dividendos aos acionistas a cada trimestre. Essa mudança na lógica de atuação da empresa, que se deu pela imposição hegemônica das mudanças políticas materializadas no Brasil, inicia-se a partir de 2014 e aprofunda-se a partir de 2016. Por outro lado, todo o processo de venda de ativos da Petrobras e entrada de empresas estrangeiras no país, principalmente nos campos do pré-sal, não resultaram em aumento dos investimentos e na geração de empregos no setor.

Os efeitos da Operação Lava Jato nos planos estratégicos da Petrobras

Na divulgação do Plano de Negócios e Gestão (PNG) 2015-2019 da Petrobras, percebe-se uma mudança importante em relação às principais decisões estratégicas que a empresa adotaria para o futuro. Na tentativa de lidar com os efeitos da queda do preço do barril, mas também, com os efeitos políticos implementados pela repercussão midiática da Operação Lava Jato, algumas medidas passaram a ser perseguidas ou implementadas, como a redução dos investimentos e prioridade no aumento da produção dos campos do pré-sal, tentativa de redução da dívida, venda de ativos, redução de gastos operacionais e foco na rentabilidade (Petrobras, 2015b). Neste sentido, a decisão pela redução expressiva dos investimentos foi justificada, seja pelo crescente quadro de endividamento da empresa, seja pelas tendências mundiais no setor, particularmente devido à redução do preço do barril do petróleo.[6]

Tabela 2 – Valores de gastos previstos nos Plano de Negócios e Gestão (PNG), por quinquênio e média anual estimada, e o gasto efetivo, em US$ bilhões, 2013 a 2019

Ano	PNG Petrobras – prazo de 5 anos	PNG Petrobras – média anual	Gastos efetivos anual	Diferença anual
2013	236,7	47,34	48,1	+0,76
2014	220,6	44,12	37	-7,12
2015	130,3	26,06	23	-3,06
2016	98,4	19,68	15,86	-3,82
2017	74,1	14,82	15,1	+0,28
2018	74,5	14,9	12,6	-2,3
2019	84,1	16,8	10,7	-6,1
2020	75,7	15,1	8,1	-7,1

Fonte: Balanços contabeis e PNG Petrobras dos respectivos anos e Subseção DIEESE/FUP.

Em 2011, o volume total da dívida bruta da Petrobras estava em US$ 82,9 bilhões; em 2014, chega a US$ 132 bilhões. Em se tratando dos preços do barril, este saiu de um patamar de US$ 120 em 2011 para pouco mais de US$ 40

---

[6] Descartada uma crise de demanda pelo produto, os principais motivos apontados como causadores da queda do preço do produto foram: a) aumento da oferta: o crescimento da produção estadunidense, do Iraque, o reingresso do Irã como ofertante com o fim do embargo comercial ao país, assim como a estratégia de manutenção de seu *Market share* do mercado por parte da Arábia Saudita (produzindo mais nesse contexto de aumento de oferta) e também das possibilidades de exploração de petróleo do pré-sal brasileiro; b) uma possível queda de demanda, estimulada por uma menor produção industrial; c) regiões com menor demanda por derivados por petróleo do que em outros períodos, como para aquecimento, dado períodos de invernos mais amenos; d) problemas na Organização dos Países Exportadores de Petróleo (OPEP), especialmente na dificuldade de uma ação mais articulada de compressão da oferta; e) alterações nos mercados derivativos, no qual o petróleo é mercado futuro de destaque; f) que o patamar de três dígitos na cotação dos preços do petróleo era exceção, e não se tornaria a regra, dada impossibilidade de crescimento permanente do mercado demandante, da articulação dos preços e outras variáveis que impulsionaram seus preços para cima.

em 2016. Com isso, o Plano Estratégico da Petrobras para o período de 2014 a 2018, que totalizava US$ 220,6 bilhões, foi ajustado para US$ 98,4 no período entre 2016 a 2020. Após uma sequência de reduções, esse valor ficou um pouco acima de US$ 74 bilhões para o período de 2017 a 2021 e 2018 a 2022. Para o período de 2019 a 2023, sobe um pouco, chegando a US$ 84 bilhões, caindo novamente para o patamar dos US$ 75 bilhões para o período de 2020 a 2024.

Os valores de investimentos definidos em 2014 são importantes porque representavam a consolidação de novo patamar de gastos da empresa, que vinham crescendo desde 2008, totalizando US$ 236,7 bilhões para o período de 2013 a 2017. Além disso, frente ao cenário que se avizinhava de desaceleração da economia brasileira, teria importância fundamental por se tratar de um gasto anticíclico, o que colaboraria com uma crise menos intensa em 2015 e 2016. Mesmo em um cenário de queda do preço do barril do petróleo, a empresa trabalhava com margens muito mais modestas de ponto de equilíbrio e, inclusive, os novos investimentos com aumento da exploração poderiam promover uma redução dos custos de extração, dado que se aumentaria a escala de produção.

A queda do preço do petróleo teve mais relação com mudanças no perfil de oferta do que necessariamente com uma queda expressiva da demanda, ainda que a volatilidade nos mercados derivativos possa ter tido alguma influência. Esse cenário, com uma correção na oferta, resultaria (como de fato ocorreu) em novo aumento dos preços do barril.

Se a queda do preço do petróleo é um fato, a política da Petrobras não teria sido, então, correta? Segundo declarações da própria empresa, ainda em 2014 (Maia, 2015), mesmo com a queda do preço do petróleo, haveria espaço para obtenção de lucros, a partir da cobertura de custos de extração. Na fase de produção, ainda seria viável financeiramente e permitiria a cobertura de seus custos. Isso seria possível, no entender dos gestores, mesmo porque o preço do petróleo, no ato da extração, deve ser pensado em médio e longo prazo, considerando as oscilações de mercado, inclusive com reversão da baixa e retomada dos preços após 2016.

Mesmo se adotássemos um cenário de remuneração do capital, o ponto de equilíbrio (*break even point*) do preço do petróleo do pré-sal, segundo a própria Petrobras (2015c), seria de US$ 45 dólares, abaixo ainda da menor média anual da cotação do barril em 2016. Se a escolha fosse a remuneração integral do capital e também o investimento em infraestrutura, o ponto de equilíbrio, segundo a empresa, se situaria entre US$ 50 e US$ 52 dólares por barril e isso só não seria possível em 2016, mas o retorno estaria garantido em todos os outros anos, como pode-se observar no gráfico 3. Desse modo, a manutenção dos campos existentes seria viável financeiramente enquanto os custos de extração permanecessem abaixo do preço do barril; poderia haver remuneração do capital se o preço do barril chegasse a US$ 45 dólares; e haveria remuneração do capital e amortização dos custos de infraestrutura a partir de US$ 50.

Gráfico 3 – Preço do petróleo tipo *brent*, custo da extração com participação governamental (pagamento de *royalties*) e sem participação governamental, Brasil, 2013 a 2018, médias

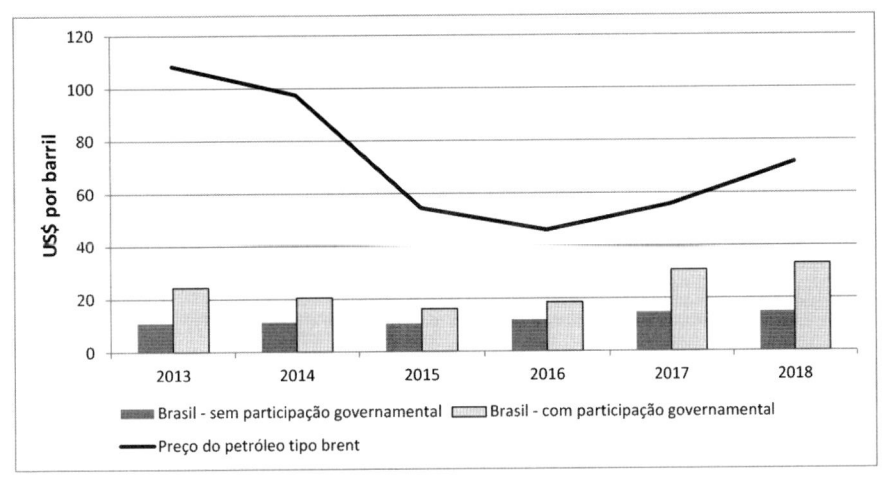

Fonte: Subseção DIEESE/FUP, Petrobras e www.investing.com

Os efeitos da Operação Lava Jato no setor da construção civil

Em relação ao segmento de construção, a participação das maiores empresas da área de construção civil no esquema de corrupção investigado pela Operação Lava Jato resultou em problemas para essas empresas em várias frentes: obras canceladas, dificuldades de financiamento, obras bloqueadas judicialmente (relacionadas direta ou indiretamente à Operação Lava Lato).[7] Isso promoveu a queda das receitas das empresas, que deixaram de receber não só recursos

---

[7] Em 29 de dezembro de 2014, a Petrobras anuncia medida cautelar de bloqueio de 29 empresas, que segundo a Petrobras, estariam envolvidas com a Operação Lava Jato. Estas seriam: Alumini Engenharia S.A.; Alusa Engenharia S.A.; Carioca Christiani Nielsen; Construcap CCPS Engenharia; Construtora Andrade Gutierrez S.A.; Construtora Norberto Odebrecht S.A.; Construtora OAS S.A.; Construtora Queiroz Galvão S.A.; Egesa Engenharia S.A.; Engevix Engenharia S.A.; Fidens Engenharia S.A.; Galvão Engenharia S.A.; GDK S.A; Iesa Óleo & Gás S.A.; Iesa Projetos, Equipamentos e Montagens; Jaraguá Equipamentos Industriais; Mendes Junior Trading e Engenharia; MPE Montagens e Projetos Especiais; Niplan Engenharia S.A.; NM Engenharia e Construções LTDA; Odebrecht Ambiental S.A.; Odebrecht Óleo e Gás S.A; Promon Engenharia Ltda; Queiroz Galvão Óleo e Gás S.A; Sanko Sider; Skanska Brasil Ltda.; Techint Engenharia e Construção S.A.; Tome Engenharia S.A.; UTC Engenharia S/A (Petrobras, 2014).

relacionados às obras já previamente contratadas, mas também de futuros empreendimentos, impactando negativamente a economia e a geração de empregos.

A queda do valor adicionado à economia brasileira do setor de construção foi notável: enquanto em 2012 sua participação era de 6,5%, o segmento chegou em 2019 representando apenas 3,7%, com queda acentuada a partir de 2014, ano em que respondia por 6,2% do PIB brasileiro. No total, entre 2014 e 2017 o setor de construção foi o que mais fechou ocupações, chegando a quase 1,5 milhão entre 2014 e 2017.

Como veremos a seguir, parte relevante desse movimento negativo no emprego e na participação do setor de construção na economia nacional tem relação com a Operação Lava Jato, que foi conduzida sem preocupação com a proteção à estrutura produtiva e de serviços. A operação impediu também um novo ciclo de investimento da Petrobras, que seria bastante relevante visto que um ciclo de investimento das grandes obras ligadas ao Programa de Aceleração do Crescimento (PAC) estava terminando.

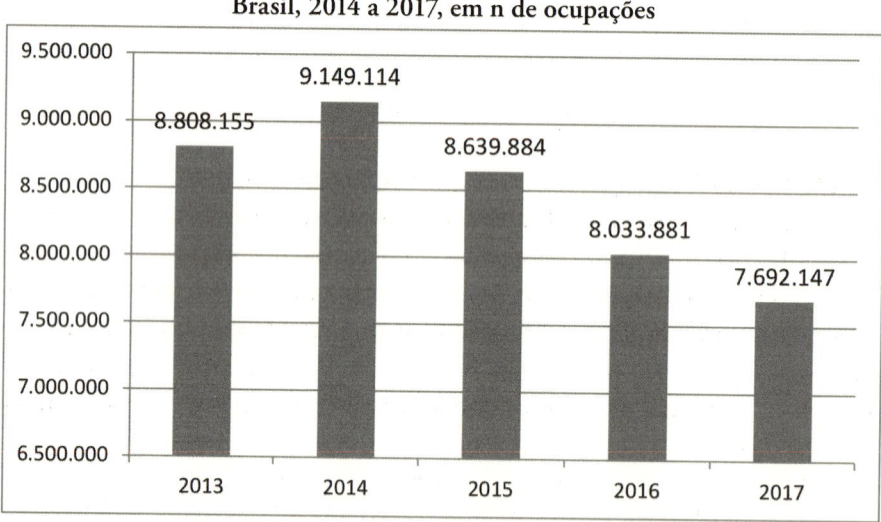

Gráfico 4 – Volume de ocupações do setor de construção civil, Brasil, 2014 a 2017, em n de ocupações

Ano	Ocupações
2013	8.808.155
2014	9.149.114
2015	8.639.884
2016	8.033.881
2017	7.692.147

Fonte: Tabela de Recursos e Usos – SCN/IBGE. Elaboração: DIEESE

No geral, ambos os setores empregam contingente considerável de pessoas e têm impacto muito relevante na economia brasileira. São também setores estratégicos para o desenvolvimento nacional e para a superação dos gargalos econômicos e sociais existentes no país. Uma queda desses segmentos econômicos certamente gera impactos relevantes na economia como um todo, tanto pela intensidade de capital do setor de petróleo como pelos efeitos diretos e indiretos, especialmente no emprego, do segmento de construção. Enquanto em 2013 ambos os segmentos representavam 8,4% da economia brasileira, no ano de 2017 esse percentual caiu para 6%.

Gráfico 5 – Participação do setor de construção no valor Adicionado da economia brasileira, em %

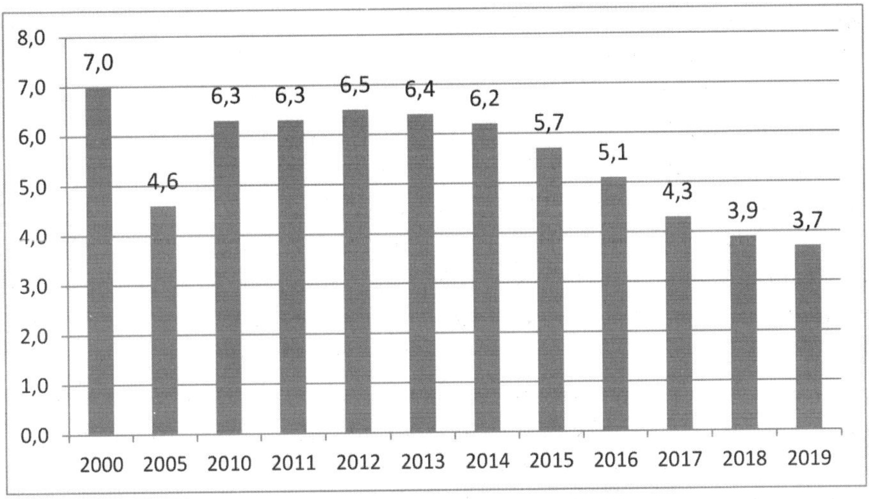

Ano	%
2000	7,0
2005	4,6
2010	6,3
2011	6,3
2012	6,5
2013	6,4
2014	6,2
2015	5,7
2016	5,1
2017	4,3
2018	3,9
2019	3,7

Fonte: Sistema de Contas Trimestrais/IBGE.
Elaboração: DIEESE

Metodologia

A escolha metodológica para mensurar o impacto da Operação Lava Jato na economia brasileira foi a Matriz Insumo Produto (MIP). A Matriz relaciona, como uma "fotografia", um quadro sistematizado das relações intersetoriais para determinado período, com informações de demandantes e ofertantes e os fluxos monetários de mercadorias e setores, conforme apontam Miller e Blair (2009), Guilhoto (2004) e Feijó e Ramos (2013). Também se considera que a produção exige trabalhadores, pagamento de salários, impostos, importações, lucros, entre outros. Além das transações entre os setores econômicos, chamado de "Consumo Intermediário" ou "Insumos Intermediários", há outros tipos de demanda de recursos, por investimentos, pelo governo e famílias, assim como parte da produção de bens é exportada e parte é importada. Desse modo, é possível auferir o impacto da redução dos investimentos dos setores de petróleo e gás e de construção civil sobre os demais setores da economia.

Os detalhes da metodologia podem ser consultados no anexo. A seguir, descreveremos a metodologia para definir os valores que deixaram de ser investidos pela Petrobras e pelo setor da construção civil em decorrência da Operação e que foram utilizados para os cálculos na MIP.

Levantamento de informações na Petrobras

Conforme descrito, adiante, no item "metodologia" (ver anexo ao fim do capítulo), basicamente os valores para o "choque" nas respectivas matrizes insumo-produto foram obtidos a partir de levantamentos e estimativas para os respectivos setores, gerando subsídios para apontar os possíveis efeitos da Operação Laja Jato na economia brasileira no período entre 2014 e 2017.

No caso da Petrobras, o princípio utilizado é o da criação de um ambiente para reversão em sua gestão pela Operação Lava Jato, marcada pela entrada de Aldemir Bendine no início de 2015 e que se caracterizou pela presença muito menos ativa na economia (Globo, 2015), com revisão dos planos de negócio e diminuição expressiva nos investimentos da empresa. Mesmo com justificativas de que houve uma reversão no mercado do petróleo e que o planejamento de gastos do período anterior não tinha como se manter, o exercício aqui descrito busca mostrar que a queda no volume de investimentos feitos pela empresa foi superior a uma trajetória esperada em face do ocorrido nos anos anteriores ao início da Operação Lava Jato, em linha com os dados e argumentos destacados anteriormente no presente capítulo.

Para se chegar a esta inferência, foi realizada uma regressão linear múltipla utilizando o investimento da Petrobras como variável dependente da receita líquida, do preço do barril do petróleo tipo *brent* e do lucro líquido da empresa. A ideia é conseguir balizar de alguma forma os investimentos da empresa até 2014 e, dessa forma, ilustrar a queda dos gastos da empresa no pós-2015, muito acentuada. Os conceitos utilizados são:

- receita líquida consolidada: receita bruta é o valor obtido da venda, em determinado período, de produtos, mercadorias ou prestação de serviços, sendo mais conhecido como faturamento. A receita líquida, por sua vez, é a receita bruta descontado o pagamento de impostos, devoluções, entre outros descontos. O indicador é relevante porque apresenta quanto de fato está ingressando no caixa da empresa, ou seja, qual a eficiência de receita;
- lucro líquido: de forma simplificada, se trata do rendimento real da empresa, ou seja, da rentabilidade de sua atividade. Dito de outra forma, nos referimos ao lucro líquido como a diferença entre as receitas totais, deduzidas de todas as receitas administrativas, folha salarial, entre outros;

- preço do barril de petróleo do tipo *brent*: produto básico da indústria do petróleo, seu preço influencia os investimentos na medida em que aponta para o retorno futuro dos gastos em exploração e refinos presentes.

A utilização da receita líquida da empresa como variável preditora do modelo se deu pelo fato de permitir inferir o desempenho da empresa em seu negócio, incluindo a captação dos efeitos da oscilação das vendas devido à conjuntura econômica; já o preço do petróleo foi utilizado como preditor por registrar as oscilações da cotação internacional deste importante produto/insumo; por fim, o lucro líquido se refere diretamente a elemento fundamental em uma decisão de investimento, o retorno.

O período de análise do modelo foi entre o 1º trimestre de 2005 e o 4º trimestre de 2014, totalizando 40 trimestres, com a utilização de dados públicos disponibilizados pelos balanços da Petrobras nos respectivos períodos. A seguir, com base nos parâmetros gerados pelo modelo de regressão, realizou-se uma projeção para 2015 a 2017 e compararam-se tais valores obtidos com os investimentos realizados de fato. Ao contrário do setor de construção civil, o segmento do petróleo será observado entre os períodos de 2015 e 2017, dado que o primeiro impacto perceptível (ou mesmo justificado) promovido pela operação na empresa foi a já citada mudança em sua presidência, no início do período considerado.

Os indicadores estatísticos do modelo são os presentes no quadro a seguir:[8]

Quadro 2

R^2	0,78
R^2 ajustado	0,77
p-values	Receita = 0,00
	Petróleo = 0,00
	Lucro líquido = 0,04
Teste Shapiro-Francia	p>z = 0,052
Teste Breusch-Pagan	Qui-quad. = 1,1
	p>Qui-quad. = 0,29
VIF	Sem multicolinearidade = menores que 5, segundo critérios de Gujarati (2011) e Fávero (2008)

---

[8] É importante salientar a inclusão da constante no modelo de regressão, uma vez que a sua presença garantiu que os resíduos tivessem média zero. Além disso, a não inclusão da constante no modelo faria com que a linha de regressão seja forçada a percorrer a origem (ou seja, significa que todos os preditores e a variável resposta devem ser iguais a zero nesse ponto). Se a reta ajustada pela regressão não passar naturalmente pela origem, os coeficientes de regressão e as predições serão viesados caso a constante não seja incluída no modelo.

Os resultados para o período de 2015 a 2017 do modelo podem ser vistos no Gráfico 1. Uma questão importante sobre o exercício é que ele explica muitos componentes, mas não sua totalidade. Há uma questão subjetiva no investimento que não pode ser simplificada apenas pela observância de indicadores, especialmente no longo prazo, ainda que se possa considerar, no curto prazo, que haja maior preponderância de indicadores objetivos como os descritos, com foco maior na rentabilidade. Esta questão inclusive deve ser considerada à luz dos indicadores estatísticos: um R^2 ajustado igual ou muito próximo à unidade seria como se as decisões de investimento se guiassem somente pela observância de indicadores objetivos. O pressuposto do exercício é maximizar a importância destes elementos no curto prazo (como no presente trabalho), mas salientando ser impossível tal fato eliminar aspectos subjetivos dessa decisão, especialmente no longo prazo.

Mas mesmo reconhecendo este elemento, não parece haver muitas dúvidas de que houve uma inflexão importante no período pós-2015. No gráfico a seguir, pode-se observar a trajetória dos investimentos realizados e a crescente diferença entre as curvas do projetado e executado a partir de 2015.

Gráfico 6 – Valores de investimentos da Petrobrás realizados de 2005 a 2017, e previstos e estimados entre 2015 a 2017, dados trimestrais anualizados, em US$ milhões

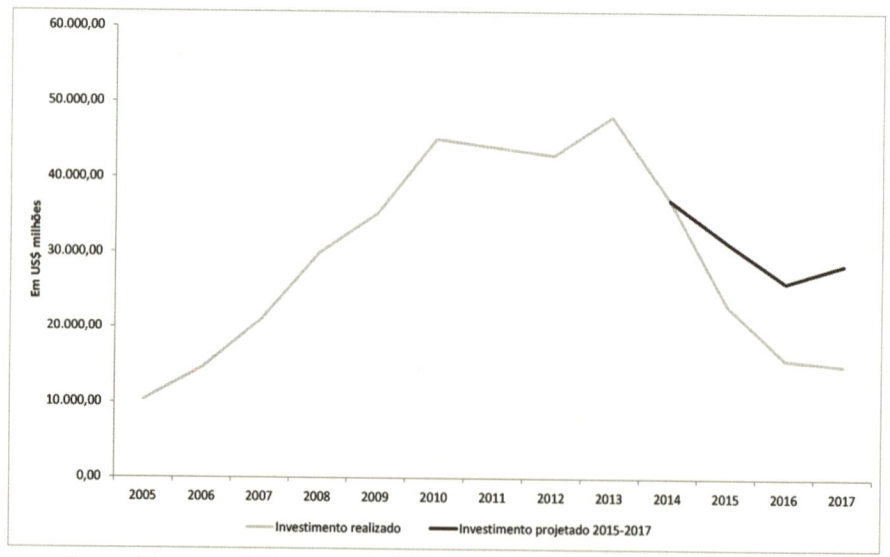

Fonte: elaboração própria a partir de dados de balanço da Petrobrás e dados da pesquisa

Para efeitos do trabalho, os valores que serão utilizados para o choque (*Input*) na MIP, fruto da diferença entre os valores realizados pela empresa e os estimados pelo modelo e que ultrapassam R$ 100 bilhões no período, pode ser observado na Tabela 3

TABELA 3 – Valores do *input* do setor de Petróleo, em US$ milhões e R$ milhões

	US$ milhões	R$ Milhões
2015	8.309,86	25.997,49
2016	10.254,83	35.656,07
2017	13.396,69	42.668,15
TOTAL	31.961,39	104.321,71

Fonte: elaboração a partir de dados de pesquisa. Taxa de câmbio de referência foi a partir de dados mensais do BACEN.

Um aspecto importante a destacar no Gráfico 6 é a crescente diferença entre as curvas do investimento projetado, como realizado entre 2015 e 2017. Ou seja, levando-se em conta os indicadores de receita, lucro e preço do petróleo, o gasto efetivo da empresa foi pouco mais da metade do projetado no último ano da pesquisa, diferença que não se explica pelos indicadores selecionados, podendo ser atribuído a uma política deliberada de redução.

Apesar de reconhecer que, no longo prazo, pode haver influência de outras variáveis como reservas em petróleo, assim como possibilidades de exploração, por exemplo, a suposição do modelo é que, no curto prazo, o investimento se guiaria predominantemente sob influência de indicadores mais objetivos, com predominância dos escolhidos no exercício, sendo importantes na definição de curto prazo da estratégia da empresa por incorporar aspectos sobre a demanda, a dinâmica do mercado e o desempenho da empresa. Como pode ser observado no Gráfico, mesmo em um cenário que já indicava redução dos valores de investimento, esta queda foi muito mais acentuada na prática do que os indicadores apontavam.

É difícil dissociar essa queda do investimento da empresa a partir das mudanças da gestão pós-2015, que ocorreram somente devido à possibilidade gerada pelos desdobramentos da operação Lava Jato, especialmente a mudança em sua direção. Pode-se também observar esta queda nos investimentos como resultado de problemas de "reputação" da empresa a partir da operação, que se viu em dificuldades cada vez maiores de financiar seus investimentos e captação de recursos, devido tanto às crescentes denúncias como ao fato de não ter ocorrido maiores cuidados tanto por parte do governo quanto da acusação em preservar a empresa em si (O Estado de S. Paulo, 2015). O prejuízo foi no financiamento de toda sua operação, considerando inclusive o seu endividamento e o aumento do custo da dívida, ao mesmo tempo em que reduzia a possibilidade da diversificação de ativos para confrontá-la; em vez da geração de novos valores para abertura de novas fontes de recursos e seu fortalecimento no mercado produtor, partiu-se para a política oposta, de venda de ativos, distribuição de dividendos e desmobilização de investimentos. Ao não preservar a empresa, a operação pode ter colaborado para restringir e encarecer as fontes de financiamento, inclusive de seus investimentos e de suas dívidas.

Por fim, mas não menos importante, há o fato de que a Operação Lava Jato pode ter, inclusive, inviabilizado novos investimentos a partir do impedimento da participação das empresas que possuíam *know-how* para executá-las, mas que estavam envolvidas na acusação: mesmo que houvesse disposição da Petrobras de continuar suas grandes obras, como o Comperj e Abreu e Lima, simplesmente não havia empresas aptas para tal, porque todas as que poderiam fazê-las estavam impedidas.

Não se pode perder de vista o papel fundamental que a Petrobras exercia (e ainda exerce) no país: responde (ou respondia) por parte considerável dos investimentos em formação de capital fixo, dinamizava cidades, setores e cadeias produtivas, além de desenvolver ou auxiliar o desenvolvimento de tecnologia de extração de petróleo e novos materiais, entre outros, bem como de vastos setores de engenharia, especialmente a naval e a de projetos de infraestrutura. Teve, inclusive, papel fundamental na suavização dos ciclos econômicos recessivos, como no ano de 2009, e teria novamente no período de 2015 e 2016, assim como é importante fonte de contenção de custos às empresas e ao consumidor, com uma política de preço que buscava amortecer as oscilações do mercado de energia.

A reversão a partir de 2015 foi não somente na política de investimentos, mas em toda sua gestão, voltada agora mais para a rentabilidade de acionistas e do mercado acionário brasileiro do que o desenvolvimento do país. Ademais, a destruição de toda uma cadeia ligada a ela direta e indiretamente não causa só efeitos imediatos de destruição de empregos, mas também do desmonte de segmentos que se desenvolveram tecnologicamente, empresas se tornaram *players* mundiais, e agora estão desmobilizadas. A reconstrução não será fácil, ainda mais sem o importante vetor de demanda que era a Petrobras.

Informações sobre o setor de construção civil

Os dados para o segmento de construção civil são mais dispersos, dificultando sua localização. O envolvimento das construtoras no esquema de corrupção da Lava Jato, e principalmente a opção por punir toda a empresa e não somente os responsáveis enquanto pessoas físicas promoveu impedimento judicial de participação dessas empresas em obras, tanto nas que estavam sendo executadas como nas que seriam feitas futuramente. Além disso, a própria citação e/ou investigação das mesmas piorou a percepção sobre a saúde financeira das empresas, rebaixando seu *rating* e restringindo cada vez mais seu crédito, reduzindo sua liquidez e inviabilizando muitas vezes a continuidade de obras já contratadas e sem ligação direta com a Petrobras (De Lorenzo, 2015).

Dentre as empresas envolvidas, estavam as maiores do setor, líderes com considerável *know-how* na área de engenharia (inclusive exportando serviços) e que geralmente atuavam sozinhas ou em consórcios nas maiores obras do país. Segundo informações da página do Ministério Público Federal (MPF) sobre a operação Lava Jato,[9] o cartel do chamado de "Clube" era composto pelas seguintes empresas: Odebrecht, UTC, Camargo Correa, Technit, Andrade Gutierrez, Mendes Júnior, Promom, MPE, Setal, OAS, Skanska, Queiroz Galvão, Iesa, Engevix, GDK e Galvão Engenharia.

Levantamento realizado pela Câmara Brasileira da Indústria de Construção (Cbic) para o jornal *O Estado de S.Paulo*, em maio de 2017, apontava que a operação Lava Jato teria sido responsável por deixar mais de R$ 90 bilhões em obras paradas (Pereira, 2017). Há diversos outros levantamentos elaborados a partir de investigação jornalística, mas optamos por realizar um levantamento próprio, em que investigássemos cada obra e sua relação com a operação; A ausência de maior transparência nos dados sobre as obras paralisadas ou canceladas é uma das dificuldades para se chegar ao valor exato. Desse modo, vale destacar de antemão que os valores são subestimados.

As fontes de informação do levantamento aqui realizado foram os processos (denúncias e decisões) da Operação Lava Jato disponíveis na página do Ministério Público Federal (2021), datados até o final de 2017. Também foi utilizado o relatório das obras paralisadas elaborada pelo Tribunal de Contas da União (TCU, 2019). Essas informações foram cruzadas com outras informações de decisões judiciais, matérias da grande imprensa e relatórios das empresas ou de órgãos de controle, para poder estabelecer uma relação entre a paralisação da obra e a operação Lava Jato. Ao final, destacamos 53 obras que atendiam a essas características. Vale destacar que foram considerados apenas os valores necessários para o término da obra.

---

[9] Por exemplo, como descrito na denúncia do Processo Penal n. 504464-02.2015.4.04.7000 de 01/09/2015 referente à Usina Angra 3.

A seguir, a Tabela 4 mostra os valores obtidos para o choque no setor de construção civil a partir da metodologia descrita anteriormente, no qual foi possível rastrear um total de R$ 67.892,81 em obras paradas e/ou interrompidas devido a questões relacionadas direta ou indiretamente à operação:

Tabela 4 – Valores do *input* do setor de construção civil, em R$ milhões

Ano	Construção Civil (R$ milhões)
2014	9.482,41
2015	15.837,28
2016	21.286,56
2017	21.286,56
TOTAL	67.892,81

Fonte: elaboração a partir de dados de pesquisa

Saliente-se que estas informações podem estar subestimadas, tanto porque a lista de obras interrompidas devido a implicações da operação pode ser maior, dado que não se trata de informações com ampla disponibilidade, como ainda pelo fato de haver-se optado por deixar de fora obras que foram intermitentes e/ou tiveram motivações descritas como diversas: por exemplo, no caso da BRT Transbrasil no Rio de Janeiro, obra de mais de R$ 1,2 bilhão na qual, além da operação Lava Jato, motivações fiscais e dívidas foram colocadas como justificativas para interrupção.

Resultados do estudo sobre potencial impacto da Operação Lava Jato na economia

Setores-chave na economia e valores dos choques

Primeiramente, considerando os índices Rasmussen-Hirschman de observação das atividades que mais demandam e mais são demandadas,[10] os chamados "setores-chave" da economia, observa-se a relevância tanto no segmento de refino como principalmente de extração: ambos chegam ao ano de 2017 como demandantes (ou seja, compradores de insumos e serviços) ou demandados (fornecedores) acima da média da economia brasileira, indicando um potencial de mobilização muito superior ao restante da economia. Isso

---

[10] Os índices de ligação chamados de Rasmussen-Hirschman identificam, a partir da análise das relações de compra e venda de uma economia, quais são os seus "setores-chave" em uma economia, ou seja, aquelas atividades econômicas que, ao receberem estímulos, dinamizam mais a economia do que a média.

porque são intensivos em capital e geram considerável impacto setorial direto, mas também indireto, quando elevam sua demanda e/ou gasto.

A atividade de refino de petróleo, especificamente, é um setor fortemente demandado, mais do dobro da média da economia brasileira, mas destaque-se que também se trata de um segmento demandante acima da média, o que indica maior propagação de seus choques em outras atividades econômicas. Já o setor de extração é também demandante e demandado acima da média das outras atividades econômicas, mas em menor intensidade: ambas são atividades altamente intensivas em capital. A construção civil, por sua vez, é mais próxima da média da economia brasileira, sendo levemente superior como setor demandante e um pouco inferior como setor demandado. Diante da realidade atual da economia brasileira, trata-se de um segmento econômico intensivo em mão de obra que também possui efeito no valor adicionado, mas com efeitos mais diretos.

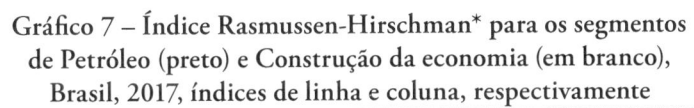

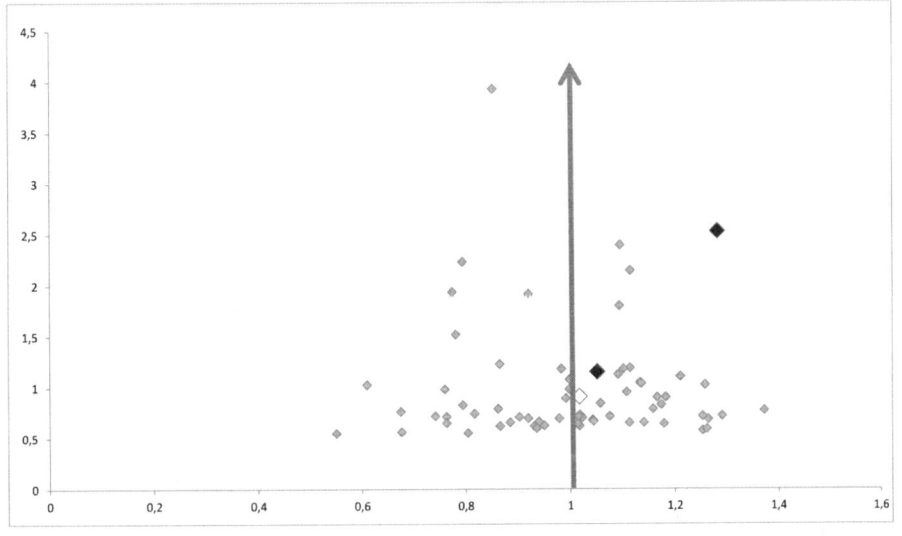

Gráfico 7 – Índice Rasmussen-Hirschman* para os segmentos de Petróleo (preto) e Construção da economia (em branco), Brasil, 2017, índices de linha e coluna, respectivamente

* Dados das contas nacionais sujeitos a revisão
Fonte: elaboração própria a partir de Matrizes obtidas com a metodologia de Passoni (2019).

De forma a organizar os valores que serão aplicados na MIP, especificamente em sua demanda final, a tabela a seguir coloca os valores referentes aos choques, tanto os relacionados à Petrobras como ao setor de Construção Civil. O total de valores para todos os anos se aproxima dos R$ 172,2 bilhões de reais, ou seja, este valor deixou de ser potencialmente gasto na economia nesse período.

Tabela 5 – Valores dos choques na demanda final nas MIP's, em R$ milhões nominais

Ano	Petrobrás	Construção Civil	TOTAL
2014	-	9.482,41	9.482,41
2015	25.997,49	15.837,28	41.834,77
2016	35.656,07	21.286,56	56.942,63
2017	42.668,15	21.286,56	63.954,71
TOTAL (R$ milhões)	104.321,71	67.892,81	172.214,52

Fonte: elaboração a partir de dados de pesquisa

Efeitos diretos e indiretos e efeito renda (efeito induzido)

Inicialmente, os efeitos diretos e indiretos do presente exercício, sem considerar o Efeito Renda e segundo pressupostos e opções metodológicas do estudo, apontam que a Operação Lava Jato pode ter impedido a criação de 2,050 milhões de empregos diretos e indiretos, além de aumentar o valor adicionado da economia em quase R$ 125 bilhões e de não permitir que o PIB avançasse em torno de quase 2,0% no período.

Tabela 6 – Diferenças entre os valores observados e projetados dos potenciais efeitos do choque* na demanda final, considerando efeitos diretos e indiretos

ANO	Emprego (n. ocupações)	VA (R$ milhões)	PIB (em %)
2014	197.073	7.631,79	0,10%
2015	457.622	31.491,09	0,50%
2016	685.880	40.055,40	0,60%
2017	709.560	45.680,37	0,60%
TOTAL	2.050.136	124.858,65	1,90%

* Dados das contas nacionais sujeitos a revisão.
Fonte: elaboração própria a partir de Matrizes obtidas com a metodologia de Passoni (2019)

A partir destas informações, foram realizados choques nas MIP's dos respectivos anos no qual o primeiro aspecto a se destacar é que, possivelmente, houve um impacto negativo da operação no que diz respeito aos indicadores econômicos, e os mesmos não foram desprezíveis, considerando somente os impactos diretos e indiretos. Porém, optou-se também por utilizar neste trabalho o chamado efeito renda (induzido ou modelo fechado, conforme descrito na metodologia), e no qual os resultados dos impactos crescem consideravelmente.

Segundo os resultados a partir da metodologia utilizada, considerando os impactos diretos, indiretos e o efeito renda (induzido), poderia ter deixado de ocorrer um aumento potencial do PIB de até 3,6% no acumulado do período, quase o dobro do sugerido se considerados somente os efeitos diretos e indiretos, ou ainda a geração de quase 4,4 milhões de ocupações. Poderia haver um aumento potencial na arrecadação, entre impostos e contribuições sociais, de mais de R$ 67 bilhões, e da massa de salários de até R$ 85,8 bilhões, conforme pode ser observado na tabela a seguir:

Tabela 7 – Diferenças entre os valores observados e projetados dos potenciais efeitos do choque* na demanda final, considerando efeitos diretos, indiretos e Efeito Renda

ANO	Emprego (n. ocupações)	VA (R$ milhões)	Impostos (R$ milhões)	Salários (R$ milhões)	Previdência e FGTS (R$ milhões)	Acréscimo no PIB (em %)
2014	361.212	14.832,79	2.576,61	5.236,31	1.187,04	0,30%
2015	1.130.165	63.507,34	11.577,51	20.805,65	4.916,70	1,00%
2016	1.526.917	83.110,48	16.244,62	31.086,41	7.382,23	1,20%
2017	1.421.496	83.196,74	17.042,40	28.625,47	6.773,26	1,10%
TOTAL	4.439.789	244.647	47.441	85.754	20.259	3,60%

*: Dados das contas nacionais sujeitos a revisão
Fonte: elaboração própria a partir de Matrizes obtidas com a metodologia de PASSONI (2019)

Quando observada, de forma mais acurada, a distribuição setorial das ocupações e do valor adicionado do estudo na economia, considerando tanto efeitos diretos e indiretos quanto o efeito renda, um primeiro aspecto a se destacar é que, como esperado, o resultado do exercício coloca a construção civil como a atividade econômica mais afetada, com perdas potenciais superiores a 1 milhão de ocupações e mais de R$ 35 bilhões em valor adicionado. A opção pela utilização do modelo fechado (efeito renda) destaca o comércio também tanto nas perdas de ocupação como do valor adicionado, assim como perdas substanciais de ocupações nos serviços domésticos, justamente devido à imputação da renda das famílias derivada do método. Especialmente no caso do segmento de petróleo, trata-se de setores com alta intensidade de capital, que são ilustrados a partir de seus impactos como nas atividades de consultoria e prestação de serviços às empresas, por exemplo, além de perdas expressivas nos VA's das respectivas atividades.

Considerando a distinção entre os efeitos diretos e indiretos e o efeito renda do modelo fechado, a seguir se separa os efeitos entre os segmentos de petróleo e construção civil. Os efeitos do setor de petróleo no emprego são muito mais amplos a partir do efeito renda do que o segmento da construção civil, dado ser mais intensivo em capital e, por isso, ter maiores desdobramentos do seu gasto na economia, ainda que nos demais indicadores a trajetória seja mais equilibrada, assim como verificado na construção.

Tabela 8 – Potencial distribuição setorial do emprego e do valor adicionado nos setores econômicos pós-choque* na MIP, efeitos diretos, indiretos e Efeito Renda, Brasil, 2014 a 2017

Atividade Econômica	Ocupações	Atividade Econômica	Valor Adicionado (R$ milhões)
Construção	1.075.719	Construção	35.897,46
Comércio por atacado e varejo	802.176	Comércio por atacado e varejo	30.289,02
Serviços domésticos	269.867	Extração de petróleo e gás, inclusive as atividades de apoio	29.216,15
Transporte terrestre	246.600	Atividades imobiliárias	22.018,20
Alimentação	196.063	Intermediação financeira, seguros e previdência complementar	17.455,46
Pecuária, inclusive o apoio à pecuária	178.317	Atividades jurídicas, contábeis, consultoria e sedes de empresas	10.921,28
Agricultura, inclusive o apoio à agricultura e a pós-colheita	161.295	Transporte terrestre	9.529,12
Atividades jurídicas, contábeis, consultoria e sedes de empresas	139.444	Refino de petróleo e coquerias	6.514,70
Organizações associativas e outros serviços pessoais	132.107	Agricultura, inclusive o apoio à agricultura e a pós-colheita	4.947,36
Outras atividades administrativas e serviços complementares	123.757	Outras atividades administrativas e serviços complementares	4.776,93
Educação privada	106.473	Saúde privada	4.609,76
Saúde privada	99.429	Alimentação	4.508,59
Confecção de artefatos do vestuário e acessórios	68.719	Armazenamento, atividades auxiliares dos transportes e correio	4.013,32
Fabricação de produtos de minerais não-metálicos	57.398	Energia elétrica, gás natural e outras utilidades	3.945,89
Intermediação financeira, seguros e previdência complementar	51.927	Educação privada	3.542,19
Demais	730.497	Demais	52.461,92
TOTAL	4.439.789	TOTAL	244.647,35

*: Dados das contas nacionais sujeitos a revisão.
Fonte: elaboração própria a partir de Matrizes obtidas com a metodologia de PASSONI (2019)

Tabela 9 – Distribuição setorial dos efeitos diretos e indiretos e Efeito Renda no total dos choques*, Brasil, 2014 a 2017

	Direto e indireto (MP I)			Efeito Renda/induzido (MP II)			MP I + MP II		
	Petróleo	Cons. C	TOTAL	Petróleo	Cons. C	TOTAL	Petróleo	Cons. C	TOTAL
Emprego (ocupações)	656.802	1.393.335	2.050.136	1.352.024	1.037.628	2.389.653	2.008.826	2.430.963	4.439.789
VA (em R$ milhões)	70.277	54.581	124.859	68.350	51.438	119.789	138.628	106.020	244.647
Impostos (em R$ milhões)	16.455	8.766	25.220	12.672	9.549	22.221	29.126	18.315	47.441
Massa salarial (em R$ milhões)	25.251	20.292	45.543	23.004	17.207	40.211	48.255	37.499	85.754
Prev + FGTS (em R$ milhões)	6.627	4.617	11.244	5.112	3.903	9.015	11.739	8.520	20.259

*: Dados das contas nacionais sujeitos a revisão.

Fonte: elaboração própria a partir de Matrizes obtidas com a metodologia de Passoni (2019)

Gráfico 8A – Potencial evolução do número de ocupações estimada* e observada, Brasil, 2014 a 2017

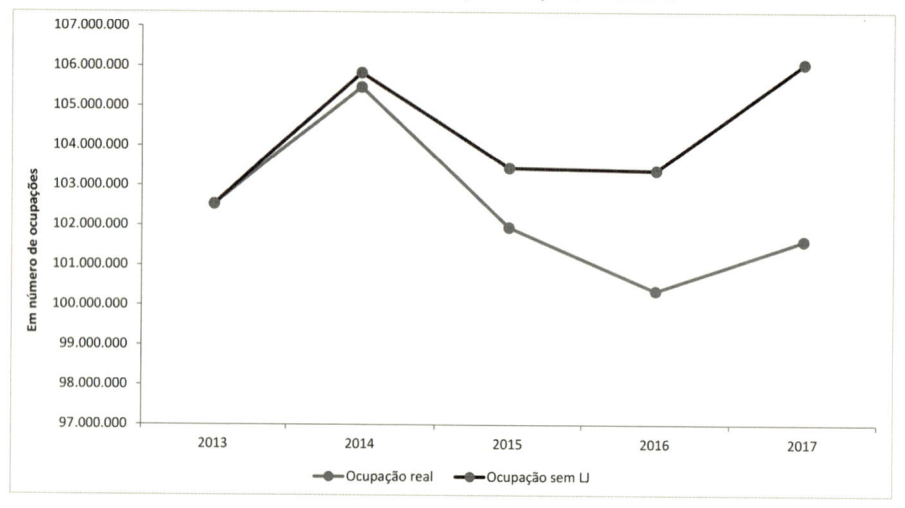

[Gráfico de linhas com Ocupação real e Ocupação sem LJ, 2013 a 2017]

* Dados das contas nacionais sujeitos a revisão
Fonte: elaboração própria a partir de Matrizes obtidas com a metodologia de Passoni (2019)

Gráfico 8B – Potencial evolução do PIB estimado* e observado, Brasil, 2014 a 2017

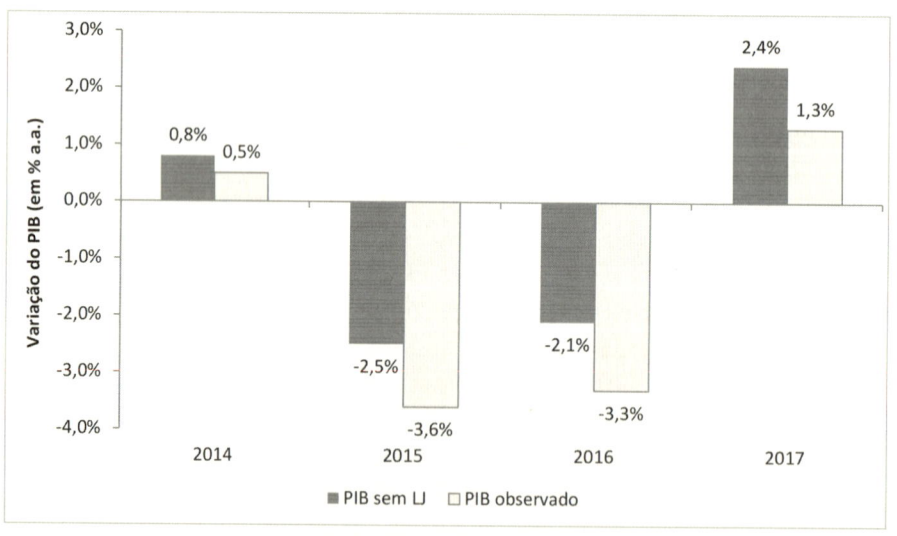

Ano	PIB sem LJ	PIB observado
2014	0,8%	0,5%
2015	-2,5%	-3,6%
2016	-2,1%	-3,3%
2017	2,4%	1,3%

* Dados das contas nacionais sujeitos a revisão
Fonte: elaboração própria a partir de Matrizes obtidas com a metodologia de Passoni (2019)

Nesta simulação, o PIB poderia ter tido uma trajetória menos atribulada, na qual as taxas de crescimento poderiam ser maiores que as registradas e com atenuação importante nos anos de 2015 e 2016, que registraram os piores resultados da economia brasileira até então. Trajetória semelhante tem o número de ocupações, no qual poderia haver geração de mais de 4,4 milhões ocupações (se considerado todos os efeitos). Neste último, enquanto na economia sem os potenciais efeitos da Operação Lava Jato o patamar de ocupação teria se recuperado já em 2017, com superação dos efeitos da recessão do biênio 2015/2016, verificou-se na prática que a economia brasileira chegou em 2017 com um volume de ocupações inferior a 2014, ou seja, sem se recuperar desse período de maior crise.

Considerando a divisão dos impactos diretos e indiretos e do Efeito Renda das variáveis citadas, no caso do PIB da variação de 3,6% no total do período, o efeito referente aos diretos e indiretos foi de 1,9%, sendo 1,7% produto do efeito renda; no caso das ocupações, que no acumulado poderiam gerar um aumento global de 4,2% no indicador em relação a 2014, a divisão aproximada entre os respectivos efeitos foram de 2,05 e 2,40 milhões, conforme pode ser observado na tabela 6.

Considerações finais

Este trabalho procurou discutir os efeitos da Operação Lava Jato na economia brasileira no período de 2014 a 2017, especialmente no setor de petróleo e construção civil. Em nome do desejável combate à corrupção, a operação foi utilizada como uma "oportunidade" para promover uma mudança substancial no direcionamento da Petrobras, passando a atuar muito mais como distribuidora de dividendos do que promotora do desenvolvimento do país e para garantir soberania no setor de petróleo e gás. As grandes empresas de construção civil implicadas na investigação acumularam impedimentos de diversas ordens, especialmente judiciais e creditícios, resultando em um número relevante de obras paradas ou canceladas.

Para estimar esse impacto, a opção desse trabalho foi a utilização das Matrizes Insumo-Produto considerando o modelo fechado (com efeito renda), com choques na demanda final e a observação de efeitos ocorridos no período de 2014 a 2017 decorrentes da Operação Lava Jato. Enquanto que, para a Petrobras, buscou-se estimar o volume de investimentos a partir dos determinantes da receita líquida, lucro e preço do barril de petróleo, no caso da construção civil mapeou-se as obras que tiveram sua interrupção relacionada à operação, seja por impedimentos jurídicos, seja por falta de financiamento, seja pela solvência financeira das mesmas. Importante ressaltar que o exercício realizado deixou de fora valores em que não foi possível estabelecer o nexo causal com a Operação Lava jato e se concentrou somente nos setores de petróleo e gás da construção civil.

Assim, no cenário considerado pelo estudo, se o volume de recursos retirado da economia (R$ 172,2 bilhões no período de 2014 a 2017) tivesse sido investido no país, haveria um incremento do PIB de até 3,6% (considerando todos os efeitos), com a potencial geração de 4,4 milhões de ocupações, o que resultaria em um aumento da massa salarial acima de R$ 85 bilhões e de arrecadação da previdência e do FGTS de mais de R$ 20 bilhões, além da possibilidade de aumento de mais R$ 47 bilhões na arrecadação de impostos.

A Operação Lava Jato, ao descobrir suspeitas e irregularidades, deixou as principais empresas da construção civil impedidas legalmente de atuar devido às condenações. Mas antes da condenação também houve a interrupção de obras que estavam em andamento. Isso levou a dois efeitos: impediu a retomada de novos projetos e reduziu as possibilidades de participação de obras, inclusive interrompendo-as.

Em relação aos projetos em andamento, o Banco Nacional de Desenvolvimento Econômico e Social (BNDES) retirou o financiamento de obras que estavam sob responsabilidade de empresas investigadas pela Lava Jato (portanto, ainda sem condenação), por recomendação da Advocacia Geral da União (AGU), ampliando as dificuldades financeiras das empresas. Um grupo de obras foi paralisada porque as empresas investigadas pela Lava Jato declararam incapacidade financeira para executar o projeto, seja porque os recursos do BNDES foram suspensos, seja porque outras fontes de financiamento no setor privado também ficaram restritas. Nesse cenário, empresas subcontratadas, que não estavam sendo investigadas, tiveram dificuldade de receber pagamentos ou tiveram os contratos suspensos – um efeito negativo em cascata ao longo de toda a cadeia produtiva. Esse conjunto de situações ocorreu justamente no momento em que a economia brasileira finalizava um ciclo de investimentos e necessitava iniciar uma nova rodada de investimentos.

Houve a desmobilização de muitos segmentos econômicos e cadeias produtivas com consequências negativas, em especial em projetos de infraestrutura, pesquisas de novos materiais, desarticulação da engenharia nacional em áreas que o país era bastante competitivo internacionalmente, como na construção civil e no desenvolvimento de tecnologias e inovação, com perdas de conhecimento acumulado e grandes dificuldades para sua reconstrução. O resultado geral foi a redução da participação nacional em setores estratégicos e nos quais o Brasil possuía importante participação, com impactos negativos no desenvolvimento e soberania do país.

A atuação da Petrobras na economia foi revertida em favor de uma visão liberal que privilegia o mercado financeiro e atende aos interesses pela privatização de segmentos operados pela Petrobras, reduzindo investimentos produtivos à atuação integrada do poço de petróleo ao posto de combustível. Outros setores, além da construção civil, também foram impactados, como o setor naval, engenharia nacional, metalurgia, dentre outros. A economia perdeu importante alavanca de gasto e investimento, em um período de forte recessão e posterior estagnação.

Não se trata de ignorar a corrupção. Ao contrário, para a classe trabalhadora, o combate à corrupção é um tema bastante caro: desviar recursos públicos significa diminuir a capacidade do Estado para atuar a favor da coletividade. É por esse motivo que os trabalhadores defendem como princípio a transparência nos gastos e o controle social dos recursos públicos.

A Operação Lava Jato, ao que tudo indica, tinha como um objetivo menor o combate à corrupção e, como têm demonstrado informações coletadas na Operação Spoofing, trabalhava segundo interesses políticos e econômicos escusos. Nesse sentido, sua atuação acabou por retirar da economia investimentos da ordem de R$ 172,2 bilhões e a capacidade de gerar 4,4 milhões de ocupações, deixando como legado empresas quebradas e obras paralisadas. Isso ocorreu, em parte, à revelia das leis existentes, mas, ao mesmo tempo, pela falta de uma legislação clara que, além de assegurar a devida punição aos corruptos, preserve a estrutura produtiva e de serviços.

Considerando o resultado desse processo, as regras de combate à corrupção precisam avançar no sentido de suprimir os crimes e punir as pessoas que diretamente se envolveram nesses eventos, a exemplo de outros países. É preciso aprimorar a legislação para punir os gestores e pessoas físicas e preservar as empresas para que a sociedade, os trabalhadores e a presença de setores estratégicos para o desenvolvimento nacional não sejam destruídos da noite para o dia.

Anexo – Metodologia

A metodologia Matriz Insumo Produto (MIP) relaciona, como uma "fotografia", um quadro sistematizado das relações intersetoriais para determinado período, com informações de demandantes e ofertantes e os fluxos monetários de mercadorias e setores, conforme apontam Miller e Blair (2009), Guilhoto (2004) e Feijó e Ramos (2013). Também se considera que a produção exige trabalhadores, pagamento de salários, impostos, importações, lucros, entre outros. Além das transações entre os setores econômicos, chamado de "Consumo Intermediário" ou "Insumos Intermediários", há outros tipos de demanda de recursos, por investimentos, pelo governo e famílias, assim como parte da produção de bens é exportada e parte é importada. As relações fundamentais da MIP, conforme Guilhoto (2004, p. 15), são exemplificadas em um quadro econômico hipotético com dois setores

	Setor 1	Setor 2	Consumo Famílias	Governo	Investimento	Exportações	Total
Setor 1	Z_{11}	Z_{12}	C_1	G_1	I_1	E_1	X_1
Setor 2	Z_{21}	Z_{22}	C_2	G_2	I_2	E_2	X_2
Importação	M_1	M_2	Mc	Mg	Mi		M
Impostos	T_1	T_2	Tc	Tg	Ti	Te	T
Valor Adicionado	W_1	W_2					W
Total	X_1	X_2	C	G	I	E	

Onde:
Zij é o fluxo monetário entre os setores i e j;
Ci é o consumo das famílias dos produtos do setor i;
Gi é o gasto do governo junto ao setor i;
Ii é demanda por bens de investimento produzidos no setor i;
Ei é o total exportado pelo setor i;
Xi é o total de produção do setor i;
Ti é o total de impostos indiretos líquidos pagos por i;
Mi é a importação realizada pelo setor i;
Wi é o valor adicionado gerado pelo setor i (que inclui salários, excedente operacional bruto, pagamento de contribuições, entre outros).

É possível estabelecer as seguintes identidades a partir das igualdades macroeconômicas:
Produção = consumo intermediário + valor adicionado (1)
Produção = consumo intermediário + consumo final – importações (2)
Valor Adicionado = soma das rendas primárias (3)

Qual é um dos princípios básicos do modelo de Leontief? A partir do conceito de *coeficientes técnicos de produção*, que seria obtido da seguinte forma:

$$a_{ij} = \frac{g_{ij}}{g_j}$$

No qual **aij** é o valor produzido na atividade i e consumido na atividade j para produzir uma unidade monetária. Quando considerada a soma das linhas do quadrante I do quadro 2, ele nos fornece o valor da produção de cada atividade:

$$g_i = \sum_j g_{ij} + f_j$$

$$g = A \times g + f$$

$$g - A \times g = f$$

$$g = (I - A)^{-1} \times f$$

Utilizando uma equação em substituição a outra, o resultado seria:

$$g_i = \sum_j a_{ij} \times g_j + f_i$$

Chamado a matriz $(I-A)^{-1}$ de Matriz Z, Matriz de Leontief ou matriz dos coeficientes técnicos diretos mais indiretos, e a matriz A de coeficientes técnicos diretos, o resultado final seria:

$$g = Z \times f$$

Essa equação significa que a produção total é dependente tanto dos coeficientes técnicos diretos mais indiretos (Z) como a demanda final, sendo o princípio básico pelo qual o presente trabalho guiou a realização de "choques" exógenos na demanda final (*Input*) para a determinação dos impactos na produção (*Output*) e, dessa forma, procurar observar possíveis impactos no fator trabalho (ocupações), entre outros.

Conforme descrito por Feijó e Ramos (2013), as principais hipóteses do sistema de MIP são:
- homogeneidade: cada produto é fornecido apenas por uma única atividade econômica, sendo a tecnologia de produção única e cada atividade fabrica somente um produto para o consumo intermediário;
- proporcionalidade: o volume de insumos produzidos por cada atividade tem relação direta somente com o nível de produção dessa atividade.

Portanto, um primeiro aspecto desse trabalho é a utilização das MIP, especificamente a realização de choques na demanda final, a partir da determinação da matriz de coeficientes técnicos diretos e indiretos, avaliando seus impactos na produção final e, dessa forma e segundo as hipóteses de homogeneidade e proporcionalidade, avaliar os impactos no valor adicionado e no volume de ocupações, entre outros indicadores.

As principais vantagens da utilização da MIP neste tipo de análise são:
- trata-se de um instrumental utilizado em larga escala, de metodologia consagrada;

- gera quadros completos sobre as relações intersetoriais, de grande detalhamento;
- permite a obtenção de multiplicadores de investimento, salários, ocupações, impostos, preços, entre outros, assim como impactos localizados setorialmente afetam estes indicadores;
- possibilita analisar o impacto da produção nacional no geral;
- torna possível a análise de choques externos setoriais em uma economia, permitindo projetar seus efeitos em outros setores;

Dentre as principais questões de debate deste instrumental, podemos citar:
- é "estático": trata-se de "fotografia" que geram quadros econômicos limitados ao ano em que foram obtidos;
- possuem periodicidade quinquenal no Brasil: apesar de se reconhecer certa estabilidade nos parâmetros tecnológicos, não se pode afirmar categoricamente que os mesmos são completamente estáticos ao longo do tempo, ou seja, admite-se que a utilização da MIP vinculada a determinado ano pode gerar resultados cada vez mais problemáticos quanto cada vez mais distante de seu ano de referência. No entanto, devemos levar em conta as particularidades setoriais, já que esse dinamismo dos parâmetros tecnológicos é diverso;
- parte-se do pressuposto da existência de coeficiente técnicos fixos e de retornos constantes de escala;
- oferta de recursos é infinita e estes são utilizados com o máximo de eficiência;
- defasagem de tempo entre a coleta das informações e a publicação dos dados.

Neste estudo optou-se por se obter os valores por meio do cálculo do "multiplicador induzido" (efeito renda) ou modelo fechado, conforme descrito por Miller & Blair (2009), Feijó e Ramos (2013), entre outros. Este último basicamente consiste em imputar o gasto das famílias na matriz de coeficientes, como se fosse um setor econômico, o que acrescenta um efeito relacionado à geração de renda por meio do pagamento de salários e o consumo em bens e serviços, sendo mais amplo do que a utilização de somente os efeitos diretos e indiretos. A opção em utilizar o modelo fechado se deve pelo entendimento de que todo gasto tem uma cadeia de consumo que se inicia a partir da manutenção do emprego, que se desdobra não só em investimentos, pagamentos diretos e indiretos, mas também com uma pessoa que, por exemplo, recebe salário e o utiliza para pagar despesas pessoais, impostos, consumir produtos, pagar aluguel, entre outros; quem recebe os valores desses primeiros também vai consumir bens e serviços e assim por diante, em uma espiral de consumo que ocorre em várias etapas, como um "efeito renda" na economia. Para cálculos dessa imputação da renda das famílias, a taxa de poupança considerada foi de 5,5%, segundo informações obtidas a partir da Pesquisa de Orçamentos Familiares (POF) do IBGE do ano de 2008/2009 (Banco Central do Brasil, 2013), mais próxima do ano da MIP utilizada como referência (2010). Quando possível, os choques foram apresentados de forma separada entre os efeitos diretos e indiretos e o resultado do efeito renda.

O período analisado no trabalho é o de 2014 a 2017,[11] utilizando-se da metodologia definida por Passoni (2019), em sua tese de doutorado, *Deindustrialization and regressive specialization in the Brazilian economy between 2000 and 2014: a critical assessment based on the input-output analysis*, na qual se utiliza a MIP de 2010 como referência para a construção das demais.

Apesar de no Brasil a MIP possuir periodicidade quinquenal, trabalhos como o de Passoni (2019), Grijó e Berni (2006), Guilhoto & Filho (2010), Guilhoto (2006), Pires (2013) e Teixeira e Da Silva (1978), dentre outros, destacam a possibilidade de atualização das MIP's partir das Tabelas de Recursos e Usos (TRU) das contas nacionais e/ou outras fontes de dados. Para isso, deve-se levar em conta como referência uma MIP disponível e utilizar o método de ajuste algébrico chamado "RAS", conforme indicação dos citados autores/autoras e de Stone (1963) e de Miller e Blair (2009), no qual há uma estimativa dos novos valores a partir dos valores já conhecidos. Diante deste caminho metodológico, a escolha pela descrita por Passoni (2019) se deu pela avaliação de se tratar do ajuste com maior grau de precisão possível. Atenção deve ser dada ao fato de que esta metodologia demanda revisões caso ocorram atualizações das contas nacionais, que não afetariam as "grandezas", mas podem gerar alguma diferença nos resultados.

Para este trabalho, a MIP é estática, ou seja, uma "fotografia" de determinado ano, sendo utilizados os seguintes passos:
- as MIP's possuem dados específicos para determinado ano. Dado que não foram realizadas rodadas de ajuste algébrico na transição entre os anos, há uma subestimação dos impactos de um eventual choque, porque em um aumento de produção de determinada atividade em

---

[11] Apesar da possibilidade de observação dos efeitos da operação para o ano de 2018, não foram levantadas informações de forma completa para o ano, especialmente nas obras do setor de construção civil, por isso da opção de deixá-lo de fora nesta versão. Este levantamento será objeto de trabalhos posteriores.

um período *t* ela criaria demanda adicional no *t+1*, o que geraria maior demanda e produção desta atividade neste período, aumentando seu impacto no total;
- como já se sabe de antemão os resultados econômicos para o PIB e demais indicadores, o exercício que o estudo aqui propõe é criar um mundo "sem Operação Lava Jato", com isso permitindo a comparação entre ambos. Para se criar este outro "mundo", o mais importante é o levantamento de informações de recursos que não foram feitos devido à operação, que entra nas MIP's como *input* dos respectivos anos e gera valores diversos dos observados;
- o mundo observado nos dados foi o mundo com a operação Lava Jato. Ao se realizar choques de valores que poderiam ser gastos e que não foram por causa da operação, geram-se diferenças entre ambos. Portanto, o esforço é a obtenção destes valores não gastos, a realização dos choques e observação das diferenças entre o verificado e projetado nos respectivos anos.

FIGURA 2 – Esquema gráfico da comparação entre a Economia real e o pressuposto de economia sem a operação Lava Jato

As atividades econômicas aqui consideradas para efeito de "choque", em uma matriz 67 linhas por 67 colunas são *Extração de Petróleo e Gás, Inclusive as atividades de apoio* (0680 no Código da atividade nível 67) e *Refino de petróleo e coquerias* (1910 no código de atividade nível 67), da atividade *Construção* (4180).

As projeções aqui contidas utilizam o termo "ocupação" derivada do conceito do "fator trabalho" da MIP, que se diferencia do conceito das pesquisas domiciliares dado que se trata de um fator de produção e não de uma pessoa ocupada. Além de o período de coleta da informação não ser o mesmo entre ambos, a diferença de conceitos pode ser observada, por exemplo, no caso de uma pessoa com dois trabalhos: para a MIP, significa duas ocupações (duas unidades do "fator trabalho"), enquanto na Pnad Contínua, esta mesma pessoa conta como somente um indivíduo ocupado (que possui dois trabalhos); por causa dessas diferenças, os valores de ocupação para a MIP são geralmente maiores do que para as pesquisas domiciliares. Também não é possível a obtenção das distribuições das ocupações da MIP por posição na ocupação (carteira de trabalho assinada, funcionário público, *conta própria* etc.).

Os cálculos dos possíveis impactos da operação Lava Jato são em termos potenciais. Segundo método utilizado, esta "fotografia" aponta que a perda de ocupações, por exemplo, pode ocorrer em sua totalidade, mas isso se todos os efeitos em cadeia realmente acontecerem. São projeções que possuem prós e contras derivados instrumentais escolhidos, mas que existiriam da mesma forma se outro caminho fosse utilizado.

Referências

ARSHAM, H. *Kuiper's P-Value as measuring tool and decision procedure for the goodness-of-fit test*. In: Jornal of Applied Statistics, vol. 15, nº 2, janeiro de 1988. Disponível em: https://www.researchgate.net/publication/233467579. Acesso em: 12 mai. 2020.

BANCO CENTRAL DO BRASIL. Taxa de poupança familiar: uma análise regional. Brasília, *Boletim regional*, p. 91-93, jan. 2013.

BRASIL. Medida Provisória n. 727, de 12/05/2016. Cria o Preograma de Parcerias de Investimentos (PPI) e dá ouras providências. Disponível em: http://www.planalto.gov.br/ccivil_03/_ato2015-2018/2016/mpv/mpv727.htm. Acesso em: 21 abr. 2021.

BRASIL. Lei nl. 9.491, de 09/09/1997. Altera procedimentos relativos ao Programa Nacional de Desestatização, revoga a Lei n. 8.031, de 12/04/1990 e dá outras providências. Disponível em: http://www.planalto.gov.br/ccivil_03/leis/l9491.htm. Acesso em: 21 abr. 2021.

BRASIL. Conselho Nacional de Política Energética (CNPE). Resolução n. 7, de 11/04/2017. Estabelece diretrizes para definição de Conteúdo Local em áreas unitizáveis e aprova as exigências para definição de Conteúdo Local para Rodadas de Licitações de áreas para exploração e produção de petróleo e gás natural a serem conduzidas pela Agência Nacional de Petróleo, Gás Natural e Biocombustíveis (ANP). Disponível em: https://www.gov.br/mme/pt-br/assuntos/conselhos-e--comites/cnpe/resolucoes-do-cnpe/arquivos/2017/resolucao_cnpe-7-cnpe_conteudo_local.pdf. Acesso em: 21 abr. 2021.

BRASÍLIA. Projeto de Lei n. 4.567, de 25/02/2016. Altera a Lei n. 12.351, de 22/12/2010 para facultar à Petrobras o direito de preferência para atuar como operador e possuir participação máxima de 30% nos consórcios formados para exploração de blocos licitados no regime de partilha de produção. Disponível em: https://www.camara.leg.br/proposicoesWeb/fichadetramitacao?idProposicao=2078295. Acesso em: 21 abr. 2021.

DE LORENZO, F. Fitch mantém ratings de construtoras ligadas à Lava Jato em observação negativa. *Exame* [Mercados], São Paulo, 7 abr. 2015. Disponível em: http://webcache.googleusercontent.com/search?q=cache:ClGbGJr6jisJ:https://exame.com/invest/mercados/fitch-mantem-ratings-de-construtoras-em-observacao-negativa&hl=pt-PT&gl=br&strip=1&vwsrc=0. Acesso em: 21 abr. 2021.

DE PAULA, L. F; MOURA, R. Consequências econômicas da Operação Lava Jato. *Valor Econômico*, São Paulo, 20 ago. 2019. Disponível em: https://valor.globo.com/opiniao/coluna/consequencias-economicas-da-operacao-lava-jato.ghtml. Acesso em: 21 abr. 2021.

FÁVERO, L.P.L.; BELFIORE, P.; SILVA, F.L.; CHAN, B.L. *Análise de Dados. Modelagem Multivariada para a Tomada de Decisões*. Rio de Janeiro, Elsevier, 2009.

FEIJÓ, C.; RAMOS, R.L.O. *Contabilidade Social;* Referência atualizada das contas nacionais do Brasil. 4. ed., Rio de Janeiro: Ed. Elsevier, 2013.

GLOBO. Site G1. Graça Foster e mais cinco diretores renunciam a cargos na Petrobras. *G1 Economia*, São Paulo, 4 fev. 2015. Disponível em: http://g1.globo.com/economia/noticia/2015/02/petrobras-anuncia-renuncia-da-presidente.html. Acesso em: 21 abr. 2021.

GUILHOTO, J.J.M.; *Análise de Insumo-Produto*: teoria e fundamentos. São Paulo, 2004. Disponível em: http://www.erudito.fea.usp.br/PortalFEA/Repositorio/835/Documentos/Guilhoto%20Insumo%20Produto.pdf. Acesso em: 21 abr. 2021.

GUILHOTO, J.J.M.; SESSO FILHO, U.A.; Estimação da Matriz Insumo Produto a partir de dados preliminares das contas nacionais. *Revista Economia Aplicada*, 9(2), São Paulo, abr-jun 2005.

GUJARATI, D. N.; PORTER, D.C. *Econometria Básica*. Quinta edição, editora McGrawHill, Porto Alegre, 2011.

GRIJÓ, E.; BÊRNI, D.A. *Metodologia Completa para Estimativa de Matrizes Insumo Produto*. Teoria e Evidência Econômica, v. 14, n. 26, p. 9-42, Passo Fundo, maio 2006.

LEONTIEF, W. *A economia do Insumo-Produto*. 3. ed. São Paulo: Ed. Nova Cultural, 1988.

LIMA, F. Lava Jato tirou dois pontos de atividade e deve levar mais um este ano, dizem analistas. *Valor Econômico* [Brasil], São Paulo, 4 mar 2016.

MAIA, C. Petrobras diz que basta Brent acima do custo. *Valor Econômico* [Empresas], São Paulo, 23 jan. 2015. Disponível em: https://valor.globo.com/empresas/noticia/2015/01/23/petrobras-diz-que-basta-brent-acima-do-custo.ghtml. Acesso em: 21 abr. 2021.

MILLER, R.E.; BLAIR, P.D. *Input-Output Analysis*: foundations and extensions. 2. ed. Nova York: Ed. Cambridge University, 2009.

MINISTÉRIO PÚBLICO FEDERAL. Caso Lava Jato; Ações, 2021. Disponível em: http://www.mpf.mp.br/grandes-casos/lava-jato/acoes. Acesso em: 21 abr. 2021.

NASSIF, M. L. *Mudança Estrutural na Economia Brasileira de 1996 a 2009: uma análise a partir das matrizes insumo-produto*. Dissertação (Mestrado em Economia da Indústria e da Tecnologia), Instituto de Economia, Universidade Federal do Rio de Janeiro, Rio de Janeiro, 2013.

O ESTADO DE S. PAULO. Agência rebaixa nota da Petrobras e retira grau de investimento. *O Estado de S. Paulo*, São Paulo, 24 fev. 2015. Disponível em: https://economia.estadao.com.br/noticias/geral,agencia-rebaixa-nota-da-petrobras-e-retira-grau-de-investimento,1639067. Acesso em: 21 abr. 2021.

PEREIRA, R. Operação Lava Jato deixa mais de R$ 90 bi em obras paradas. *O Estado de S. Paulo* [Economia], São Paulo, 18 jun. 2017. Disponível em: https://economia.estadao.com.br/noticias/geral,operacao-lava-jato-deixa-mais-de-r-90--bi-em-obras-paradas,70001846435. Acesso em: 21 abr. 2021.

PASSONI, P. A. *Deindustrialization and regressive specialization in the Brazilian economy between 2000 and 2014:* a critical assessment based on the input-output analysis. Rio de Janeiro. Tese (Doutorado em Economia da Indústria e da Tecnologia), Instituto de Economia, Universidade Federal do Rio de Janeiro, 2019.

PETROBRAS. Portal de Transparência. Licitações e contratos. Lista de empresas impedidas de contratar, 2014. Disponível em: http://transparencia.petrobras.com.br/licitacoes-contratos. Acesso em: 21 abr. 2021.

PETROBRAS. Investidores. Apresentações, relat´roios e eventos. Plano de Negócios e gestão, 29 jun. 2015a. Disponível em: https://www.investidorpetrobras.com.br/apresentacoes-relatorios-e-eventos/apresentacoes/. Acesso em 21 abr. 2021.

PETROBRAS. Plano de Negócios e Gestão, jun. 2015b. Disponível em: https://www.investidorpetrobras.com.br/apresentacoes-relatorios-e-eventos/apresentacoes/. Acesso em: 21 abr. 2021.

PETROBRAS. Preço do petróleo: respostas ao *Valor Econômico. Fatos e Dados*, 23 jan. 2015. Disponível em: https://petrobras.com.br/fatos-e-dados/preco-do-petroleo--respostas-ao-valor-economico.htm. Acesso em: 21 abr. 2021.

PETROBRAS. Comunicados ao mercado. Petrobras aprova nova política de remuneração aos acionistas, 28 ago. 2019. Disponível em: https://mz-filemanager.s3.amazonaws.com/25fdf098-34f5-4608-b7fa-17d60b2de47d/comunicados--ao-mercadocentral-de-downloads/4bc3ee9b41b32d44f3f25c08b4a19765856dcee6fcba258c1bf48dfc991f6372/petrobras_aprova_nova_politica_de_remuneracao_aos_acionistas.pdf. Acesso em: 21 abr. 2021.

STONE, R., *Input-Output relationships*, 1954-1966. London: Chapman and Hall, 1963.

TEIXEIRA, J.R.; DA SILVA, D.C.M. Modernização da Matriz de input-output utilizando modelos matemáticos. *Revista de Economia Brasileira*, Rio de Janeiro, v. 32, n. 1, p. 141-160, jan/mar 1978.

TRIBUNAL DE CONTAS DA UNIAO (TCU).Imprensa. *Obras paralisadas no país* – causas e soluções. Brasília: Secom, 23 maio 2019. Disponível em: https://portal.tcu.gov.br/imprensa/noticias/obras-paralisadas-no-pais-causas-e-solucoes.htm. Acesso em: 21 abr. 2021.

A Operação Lava Jato e as mudanças na gestão da Petrobras: uma avaliação dos impactos econômicos gerais e locais

Luiz Fernando de Paula[1]
Rafael Moura[2]

Introdução

O objetivo deste capítulo é analisar como a crise política e econômica brasileira, eclodida em 2014 e para a qual a Operação Lava Jato foi um dos principais determinantes, impactou a cadeia produtiva do petróleo, gás natural e construção civil, inclusive no que se refere a seus efeitos geográficos locais. Para tanto, o foco principal é a empresa Petróleo Brasileiro S. A. (Petrobras), a maior estatal e maior empresa nacional. Em 2014, a Petrobras contava com uma receita líquida de R$ 304,9 bilhões, quase o triplo da segunda colocada (a Companhia Vale do Rio Doce, com R$ 101,5 bilhões). Em 2019, cinco anos depois, a estatal continuou a ser a maior empresa brasileira, mas agora com uma receita de R$ 302,2 bilhões e com hiato bem menor para a segunda, agora a JBS, com R$ 204,52 bilhões (*Valor Econômico*, 2021). Ademais, de 2014 para 2019, a Petrobras caiu do 28º para o 74º lugar no *ranking* Global 500 da *Revista Forbes*, que mensura as maiores firmas do mundo conforme as receitas: US$ 95,5 bilhões em 2019 ante US$ 141,5 milhões em 2014 (*Fortune*, 2021).

Para tanto, faremos uma reconstituição do ciclo disruptivo vivenciado pelo regime produtivo brasileiro nos setores referidos no período recente. No âmbito dessa reconstituição estilizada da crise, demos especial destaque a dois de seus processos subjacentes e inter-relacionados, um causal e outro consequencial: a Operação Lava Jato e a reorientação da estratégia corporativa da Petrobras após

---

[1] Professor do Instituto de Economia da Universidade Federal do Rio de Janeiro (IE/UFRJ), Professor Voluntário do Instituto de Estudos Sociais e Políticas da Universidade do Estado do Rio de Janeiro (IESP-UERJ), e Pesquisador do CNPq e da FAPERJ.
[2] Doutor em Ciência Política pelo IESP/UERJ e pesquisador do GEEP/IESP-UERJ e do NEIC/IESP-UERJ.

o controverso *impeachment* da presidenta Dilma Rousseff (PT) e a chegada de seu ex-vice, Michel Temer (PMDB), ao Poder Executivo.

A Operação Lava Jato, ao denunciar por corrupção figuras do alto escalão de órgãos estatais e do empresariado vinculado às grandes empreiteiras, se arvorou em uma ofensiva jurídica direta contra o núcleo nevrálgico do capitalismo nacional até então, considerando a proeminência da Petrobras, como já destacado, e a existência de grandes construtoras nacionais, muitas delas com projeção internacional. Petróleo/gás e construção civil são um dos poucos setores industriais no Brasil com predominância de capital nacional. Isto conduziu a uma enorme paralisia decisória nos segmentos envolvidos e afetou, inevitavelmente, tanto a economia brasileira quanto a própria correlação de forças políticas em voga.

Após anos de protagonismo na exploração e distribuição do petróleo e outras atividades associadas, de maior valor agregado, em um contexto de construção da autonomia produtiva e tecnológica, a Petrobras se viu no olho do furacão de tal escândalo de corrupção. Ante um cenário econômico e financeiro já delicado, analisado neste capítulo, se assistiu, portanto, à completa desarticulação e interdição de sua estratégia expansionista antes vigente.

Já a reorientação das prioridades corporativas da Petrobras, por sua vez, foi possível graças à nova coalizão política que ascendeu ao Poder Executivo, capitaneada por Michel Temer após a articulação, inclusive com parlamentares opositores recém-derrotados no pleito eleitoral de 2014, do processo de *impeachment* contra a ex-mandatária Dilma Rousseff. Em meio à grave crise econômica e de popularidade, portanto, o PT deixou o governo após treze anos e, junto com o novo presidente, se anunciou um reposicionamento da Petrobras e redesenho de seu prévio papel estratégico para a economia brasileira. Esse redesenho, embora guarde elo direto com as predileções ideológicas dos atores políticos pertencentes aos novos governos incumbentes, foi justificado retoricamente como imperativo ante a crise financeira da estatal gerada pela suposta "má gestão" e "desmoralização" do mandato anterior (Agência Brasil, 2017).

Esta nova gestão implementada na empresa, destoando da pregressa, se viu mais voltada à priorização do "*shareholder value*",[3] ou seja da remuneração

---

[3] "*Shareholder Value*" ou "*maximização do valor aos acionistas*" é uma faceta constitutiva do atual estágio do capitalismo – o capitalismo determinado pelas finanças – no qual o setor financeiro e a lógica de gestão predominantemente financeira das empresas se tornaram o principal eixo de acumulação. Segundo tal ótica, os investidores institucionais pressionariam as estratégias corporativas não para atendimento de interesses sociais ou nacionais (ou objetivos de lucros a longo prazo), mas sim para uma lógica de remuneração de desempenho voltada ao curto prazo (Guttmann, 2008, p.13).

curto-prazista aos acionistas, e se materializou principalmente por meio da privatização de refinarias, gasodutos, parte da subsidiária BR distribuidora e outros ativos. Além disso, a empresa abdicou de investimentos e aprimoramentos do parque de refino, se concentrando na exploração de petróleo e exportações de óleo cru, deixando em boa medida de ser alavanca da política industrial por meio da diminuição de seus efeitos de encadeamento e sua desverticalização.

Isto ocasionou, na prática, o recuo da Petrobras como operadora monopolista do pré-sal e uma redução drástica, outra vez orientada por distintos preceitos ideológicos e administrativos, da exigência de conteúdo local e concomitante aumento de subsídios para investidores estrangeiros, ocasionando aumento nas importações de bens de capital e insumos. Houve, assim, o abandono da estatal como pilar de uma estratégia industrialista de desenvolvimento nacional e local para o setor de petróleo, gás e de engenharia, visto que a empresa é a principal contratante dos maiores e mais diversos serviços e projetos junto às grandes empreiteiras domésticas.

Previsivelmente, tal mudança drástica de estratégia e contração dos investimentos da Petrobras nas áreas como a produção e exploração de petróleo, refinarias e gás natural tiveram fortes efeitos sobre as economias regionais e nos múltiplos encadeamentos com firmas e produtores locais, que tinham na estatal uma hercúlea demandante de bens e serviços. Buscamos, destarte, avaliar potenciais efeitos sobre a organização produtiva no entorno dessas atividades, impactos sobre os fornecedores e potenciais modificações das relações intersetoriais no âmbito local. Em outras palavras, avaliamos *spillovers* econômicos negativos das referidas mudanças para os respectivos entornos; além disso, analisamos os efeitos econômicos sobre a própria interlocução entre os setores de petróleo, gás e construção civil (CC), trinca pujante de geração de emprego e renda sob os governos petistas.

Este capítulo se divide quatro seções, além desta introdução. A segunda seção faz um mapeamento da trajetória pregressa da Petrobras, em interlocução com o setor de CC nacional, ao longo dos anos 2000 até 2013, analisando se de fato a gestão anterior da empresa apresentou os vícios apontados como razões para sua reorientação corporativa a partir do governo Temer. Por meio da reconstituição estilizada da cadeia de petróleo, gás e CC antes da crise, a análise comparativa foi facilitada. Já a terceira seção reconstitui a cronologia da Operação Lava Jato, desde sua deflagração a partir de meados de 2014, com impacto de grande magnitude sobre o sistema político brasileiro e, é claro, sobre a Petrobras, por meio tanto da crise reputacional quanto da desestruturação e desarticulação de seus principais projetos e fornecedoras domésticas: as grandes firmas de engenharia. A quarta seção examina a mudança na estratégia de gestão da Petrobras, mapeando os novos atores envolvidos, suas prioridades e como tais prioridades se enquadram em um paradigma ideológico neoliberal distinto do governo anterior no que tange à própria visão preconizada acerca do papel assumido pelo governo na condução corporativa da empresa no setor de petróleo e gás. A última seção traz as considerações finais ao capítulo.

Nosso recorte temporal é principalmente o período 2014-2019, cobrindo desde a deflagração da Operação Lava Jato e subsequente crise política até o início do governo Bolsonaro, no qual, embora com nuances e ligeiras modificações, teve continuidade a nova estratégia estabelecida no governo Temer para a petroleira brasileira. Deste modo, poderemos avaliar melhor os impactos econômicos e territoriais de todas essas mudanças profundas vistas ao longo de cinco anos de crise e novas prioridades políticas governamentais. Como fontes de dados empíricos, recorremos a diferentes dados, tanto *primários* (como da própria Petrobras, dos relatórios anuais das empreiteiras ou dos órgãos estatísticos de governo) como *secundários*, na forma de estudos diversos, reportagens jornalísticas etc.

Dias de um passado esquecido: breve recapitulação da trajetória da Petrobras sob o governo do Partido dos Trabalhadores (PT) pré-crise, 2003-2013

A Petrobras, desde sua criação pelo governo nacional-popular de Getúlio Vargas, em 1953, sempre ocupou uma posição nuclear não apenas no setor doméstico de petróleo e gás natural, mas no próprio desenvolvimento socioeconômico do país como um todo; com alta capacidade de mobilização de recursos dada a sua estrutura vertical e integrada, seu fomento à acumulação de capital (K), às inovações tecnológicas e aos encadeamentos produtivos intersetoriais (Campos, 2019; Pinto, 2019). Nozaki (2019) destaca que não seria possível dissociar a própria trajetória da industrialização pesada no Brasil, tendo seu ápice sob a ditadura militar (1964-1985), da trajetória da estatal.

É importante termos em conta que a Petrobras se consolidou, desde tal período, como galvanizadora da política industrial para muito além dos confins da própria empresa (Nozaki, 2019). Isto se dá pelo fato de seus contratos constituírem importante e forte demanda para inúmeros serviços e atividades produtivas no bojo do restante do setor manufatureiro em geral e da economia brasileira; o que é corroborado quando vemos que, dentre algumas das maiores empresas nacionais conforme o *ranking* do jornal *Valor Econômico* (como Braskem, Cosan, Gerdau etc., por exemplo), muitas possuírem ou terem possuído algum vínculo direto ou indireto com a firma petroleira, na condição de fornecedoras ou parceiras em empreendimentos diversos (Nozaki, 2019).[4] Acrescente-se, como é visto no capítulo anterior deste livro (Arruda Jr.; Nobre, 2021), o segmento de extração e refino de petróleo, intensivos em capital, tem um efeito de encadeamento (como demandantes e demandados) acima da média da economia brasileira.

Após uma relativa letargia de seu ativismo na década neoliberal de 1990, a chegada de Lula e do PT à presidência, em 2002, reificou bastante o dinamismo conferido à Petrobras e tal papel histórico salientado (Pinto, 2020a, p.147).[5] Nesse sentido, entre 2003 e 2013, recorte adotado para esta seção, a estatal ampliou exponencialmente seus investimentos tanto na produção e exploração de petróleo e gás quanto também na capacidade de refino, com suas inversões nominais aumentando de forma consistente em tal recorte até atingirem o pico histórico de US$ 48,1 bilhões (Petrobras, 2015). E, em 2009, a Petrobras também havia atingido a marca de ter contribuído diretamente (fora os *spillovers*) para 12% da Formação Bruta de Capital Fixo (FBKF) e 2,3% do PIB no Brasil, como mostramos no Gráfico 3. Para além do desenvolvimento do próprio setor de petróleo e gás natural, intensivo em capital e tecnologia, essa estratégia de investimentos permitiu também a dinamização de inúmeros fornecedores locais, bem como a ampliação de demanda e lucros, com forte efeito multiplicador de renda e de encadeamento intra e intersetorial, fortalecendo a indústria doméstica como um todo em uma lógica "ganha-ganha" (Pinto e Dweck, 2019).

Em muitos sentidos, os governos petistas podem ser apontados como responsáveis pelo ressurgimento de um *"nacionalismo energético"*, manifestado por meio de novas mudanças regulatórias e setoriais. Buscou-se, neste sentido: i) ampliar o excedente econômico (via receitas do setor de petróleo e gás) de

---

[4] Destarte, como destaca o autor: "Sendo assim, não é exagero supor que a análise da estrutura e da dinâmica do capital industrial brasileiro passa necessariamente pela compreensão da indústria de óleo e gás e suas adjacências, com destaque, nesse caso, para petroquímicos, energia elétrica e outras energias renováveis e/ou alternativas." (Nozaki, 2019, p.38). Com relação ao *ranking* das mil empresas maiores, ver *Valor Econômico* (2020).

[5] Conforme Pinto (2020a), embora não tenha sido privatizada nos anos 1990, ocorreram importantes alterações na estratégia corporativa da empresa e nos marcos regulatórios do setor no período: o controle estatal direto foi parcialmente diluído por meio da criação da Agência Nacional do Petróleo (ANP) mediante o artigo 8º da Lei n. 9478, que também quebrou o monopólio da Petrobras sobre exploração, produção, refino e transforme, de modo a supostamente atrair capital privado nacional e estrangeiro para o segmento.

modo a financiar gastos sociais do governo; ii) aumentar a produção de bens e serviços industriais por meio das compras e demandas públicas da própria Petrobras, com *spillovers* derivados do encadeamento produtivo junto aos fornecedores locais; e iii) ampliar os investimentos públicos da estatal tanto na parte produtiva/extrativa quanto na de refino de derivados (Pinto, 2020a; Azevedo, 2021).

Esse "nacionalismo energético" (Pinto, 2020a) e tais metas industrialistas centradas na empresa se viam cristalizados nos próprios Planos Estratégicos da Petrobras desde 2006. Nessa via, o Plano de Negócios 2007-2011 (e os que lhe sucederam) dava destaque expresso ao aumento da capacidade de refino, da maior integração vertical e do próprio papel da empresa no desenvolvimento nacional, sendo utilizada como instrumento de política industrial por meio de requerimentos contratuais de conteúdo local (Petrobras, 2006; Pinto, 2020a).[6] Ademais, também estava prevista a construção de novas refinarias, de modo a ampliar a capacidade doméstica de destilação: Clara Camarão (Rio Grande do Norte – RN), Abreu e Lima (Pernambuco – PE), Complexo Petroquímico do Rio de Janeiro (Comperj), Premium I (Maranhão) e Premium II (Ceará) (Azevedo, 2021).[7] Deste modo, buscava-se tanto aumentar a oferta de derivados, impedindo possíveis gargalos para produção nacional, quanto gerar demanda para diversos ramos da indústria nacional, em especial a indústria de bens de capital, além de estimular o desenvolvimento tecnológico na atividade exploratória de águas profundas (Pinto, 2020a, p.148).

Evidentemente, tais investimentos também foram possibilitados, em boa medida, pela expressiva alta da *commodity*, com o barril de petróleo Brent passando de US$ 25,75 ao final de julho de 2002 para US$ 117,79 em março de 2012, favorecendo o aumento do lucro líquido da empresa e, subsequentemente, suas reinversões (Azevedo, 2021). Desta forma, o crescimento dos investimentos *da* e *na* Petrobras facultaram o desenvolvimento, para além da

---

[6] Dentre outras metas da empresa presentes em tal plano, também estavam: aumento da capacidade de biomassa, petroquímicos, fertilizantes e biodiesel, entre outras tarefas (Petrobras, 2006; Pinto, 2020a).

[7] Tal aumento da capacidade de refino tinha em vista superar os gargalos e desafios que se apresentavam à própria Petrobras, conforme o crescimento econômico com inclusão social nos anos 2000 aumentava drasticamente o consumo de energia. Para além disto, a preferência pela construção de diversas dessas refinarias no Nordeste se atribuiu ao fato de as taxas de crescimento de mercado lá serem maiores e a relação entre capacidade instalada e demanda por derivados ser mais desequilibrada (Azevedo, 2021).

manutenção da produção em campos já ativos, do programa exploratório que levou, em 2007, à descoberta de enormes reservas de petróleo e gás na camada pré-sal, iniciando assim um novo capítulo – e de destaque ainda maior – à estatal brasileira (Rossi *et al.*, 2015).

Em vista de tal descoberta, o governo Lula (e depois o governo de Dilma Rousseff) agiu rapidamente para fomentar o entrelaçamento entre os sistemas de produção, refino e distribuição, tanto *upstream* quanto *downstream*.[8] E o fez por meio de uma articulação junto com o Congresso Nacional, em 2010, para aprovação de um novo marco regulatório de petróleo e gás, ampliando a participação do Estado nos rendimentos do setor e fornecendo à Petrobras, institucionalmente, controle estratégico de tecnologias e *know-how*, de modo que pudesse exercer protagonismo ainda maior na indução de uma cadeia de fornecimento de serviços e equipamentos (Azevedo, 2021).[9]

Com o pré-sal, foram ampliados os projetos de desenvolvimento e exploração de petróleo, bem como investimentos ainda mais demandantes de obras, materiais, equipamentos e serviços particulares a serem fornecidos pelas firmas domésticas, potencializando ainda mais os *arranjos produtivos locais* (APLs) e seus encadeamentos (Rossi *et al.*, 2015; Pinto, 2020a).[10]

A estatal havia retomado, ainda, sua já aludida importância histórica no fomento ao setor de bens de capital, no bojo de uma mudança estratégica com vistas a uma maior substituição de importações na produção de petróleo e derivados objetivando mitigar a dependência externa (Azevedo, 2021). Isto ocorreu principalmente por meio do chamado Programa Nacional de Mobilização da Indústria de Petróleo e Gás Natural (Prominp) ainda em março de 2003, ampliando as vias de ganhos das empresas fornecedoras da

---

[8] Segmentos *upstream* referem-se a atividades galvanizando materiais requeridos à confecção de um determinado bem final, sendo geralmente processos produtivos responsáveis pela extração de matérias-primas. Já os segmentos *downstream* dizem respeito ao *processamento* dos insumos ou materiais do setor *upstream* em bens finais mais próximos ao lado da demanda, seja ela governo, empresas ou famílias (Quain, 2019).

[9] Além disto, também estava prevista a aplicação de parte desses ganhos nacionais em um fundo social a ser aplicado, de forma escalonada, na educação brasileira (Azevedo, 2021).

[10] Como definem Rossi *et al.* (2015), as APLs são definidas pelo entrelaçamento de três esferas ou dimensões: a inovação institucional ou tecnológica, a interação entre os atores sociais e a forte dimensão local que lhe define e nomeia; fomentando relações de cooperação e aprendizado. Seus focos de atuação são: i) encontrar vocações regionais e locais para fornecimento de bens e serviços; ii) aumentar a complexidade tecnológica por meio de exigências de conhecimento acumulado; iii) ampliar a demanda em setores com alto potencial de crescimento; fomentar bens e equipamentos com tecnologia de base produzidos em larga escala; e iv) obtenção de vantagens competitivas geográficas; entre outras.

Petrobras via elevação dos requerimentos mínimos de conteúdo local para aquisições de bens e serviços (Rossi *et al.*, 2015).[11] Soma-se a isto, ainda, o fato de a Petrobras constituir a maior compradora do mundo de bens e serviços do setor petrolífero em alto mar/*offshore* (Azevedo, 2019).

No bojo do Prominp, foram estimulados vários programas de desenvolvimento de fornecedores da Petrobras mediante as já destacadas APLs, gerando *spillovers* diretos e externalidades econômicas positivas. Segundo as estimativas de Rossi *et al.* (2015), de 2005 até agosto de 2014, os projetos no bojo de tal programa perfizeram um montante de investimentos de US$ 140 milhões, desenvolvendo mais de 130 fornecedores de alta qualificação e também micro e pequenas empresas sob a égide em estados da federação que firmaram convênios junto à Petrobras e ao Serviço Brasileiro de Apoio às Micro e Pequenas Empresas (Sebrae). Concomitantemente, o cadastro corporativo de fornecedores regionais da Petrobras trouxe o registro, no mesmo interregno, de 5 mil novas empresas, movimentando em torno de R$ 6 bilhões em negócios (Rossi *et al.*, 2015).

Desta forma, tal política, associada à estratégia da Petrobras para o segmento de petróleo e gás, permitiu que, de 2002 até 2013, a empresa ampliasse seu conteúdo local médio, nas etapas de produção e desenvolvimento, de 39% e 54% para 73% e 84%, respectivamente, o que resultou na maior geração de emprego e renda via estímulo aos produtores locais, com a demanda retroalimentando seus investimentos e capacitação tecnológica (Pinto, 2020a). Ao longo de tal ciclo, a coadunação de tal estratégia energética nacionalista, de investimentos governamentais, da política de conteúdo local, incentivos fiscais e parcerias conjuntas, possibilitou uma maior nacionalização da cadeia produtiva e maior capacitação da Petrobras na produção *offshore*, além de fornecer oportunidades de projetos de grande magnitude às maiores empreiteiras domésticas (Azevedo, 2019; Campos, 2019).

Rossi *et al.* (2015, p. 348-349) sustentam que o Prominp constituiu, ao longo dos governos petistas, o programa de investimentos com maior capacidade de mobilização da indústria de bens e serviços no Brasil, trazendo também o aumento da demanda por infraestruturas como construção

---

[11] Dentre suas intenções anunciadas, o Prominp também objetivava, com anuência da Agência Nacional do Petróleo (ANP), instalar projetos de inovação tecnológica e qualificação de mão de obra (MDO) para que as empresas fornecedoras pudessem efetivamente atender as necessidades da estatal. Conforme Azevedo (2021), a Petrobras empreendeu, mediante parcerias com órgãos diversos de governo e empresários, R$ 536 milhões para capacitar quase 300 mil funcionários/trabalhadores.

e engenharia naval. Além disso, no contexto de princípios de 2013, outro projeto do Prominp foi lançado prevendo novas APLs e em interlocução com outros atores e instituições importantes, tais como o já citado Sebrae, a Confederação Nacional da Indústria (CNI), o Banco de Desenvolvimento Econômico e Social (Bndes), o Ministério da Indústria, Comércio Exterior e Serviços (MDIC), Organização Nacional da Indústria do Petróleo (Onip) etc. (*Valor Econômico*, 2012; Rossi *et al.*, 2015).

Essas novas APLs visavam mobilizar e induzir a atividade econômica em *clusters* territoriais de suma importância, aproveitando assim os benefícios das vantagens geográficas para as empresas, o setor público, instituições de pesquisa e outros atores econômicos e sociais. A concentração dos vínculos produtivos facilitaria, assim, a inovação tecnológica, economias de escala e a otimização da infraestrutura (Rossi *et al.*, 2015).[12] Os territórios escolhidos pelo Prominp foram:

i) Ipatinga e entorno (Minas Gerais – MG, onde fica o polo metalo-mecânico do Vale do Aço);

ii) Ipojuca e entorno (Pernambuco – PE, onde fica o Complexo Industrial e Portuário de Suape, bem como os estaleiros Atlântico Sul e Vard Promar, a Refinaria Abreu e Lima – RNEST e a Petroquímica Suape);

iii) Itaboraí e entorno (Rio de Janeiro – RJ, e onde fica localizado o Comperj);

iv) Maragogipe e entorno (Bahia – BA, onde se desenvolve um polo industrial assentado no setor naval e de exploração *offshore*, contando com o Centro Industrial e Portuário de Aratu, os estaleiros Enseada e São Roque de Paraguaçu e a Refinaria Landulpho Alves – RLAM);

v) Rio Grande e entorno (Rio Grande do Sul – RS, com destaque também para o setor naval).

Esses territórios, onde já se desenvolviam polos industriais promissores, agora contemplados pelos novos APLs, muito em breve assistiriam a um contexto diametralmente oposto ao preconizado quando do lançamento de tais iniciativas. Aliás, toda a trajetória inegavelmente pujante da Petrobras descrita até aqui, com seus múltiplos projetos e crescente protagonismo na

---

[12] *Economia de escala* alude à maximização dos ganhos dos mesmos fatores produtivos (capital – K ou trabalho – L), se dando quando a combinação dos mesmos gera retornos crescentes e mais do que proporcionais na quantidade de produto; implicando em diminuição dos custos. (Pyndick; Rubinfeld, 1994)

vanguarda do crescimento capitalista doméstico, encontraria ocaso e reversão a partir de 2014 com a Operação Lava Jato e a mudança na gestão estratégica da Petrobras, que abalaria as bases econômicas do regime produtivo brasileiro assim como o próprio sistema político nacional. Sobre a operação e seus efeitos, tanto sobre o setor de petróleo e gás quanto o de construção civil, discorreremos diretamente na próxima seção.

A Operação Lava Jato e seus impactos econômicos setoriais e locais

No ano de 2014, interrompendo uma trajetória virtuosa de crescimento e fomento ao desenvolvimento que advinha desde a década pregressa, a Petrobras enfrentaria o que pode ser chamado de verdadeira "tempestade perfeita" que afetaria não somente a empresa como todo o segmento de petróleo e gás para além também do de construção civil, setor naval, entre outros (Ordoñez; Rosa, 2018; Campos, 2019; Paula; Moura, 2019). Antes de analisarmos propriamente a cronologia da dita operação, há três elementos importantes a serem destacados sobre a estatal petroleira, que tensionavam um pouco sua situação financeira pouco antes da eclosão do episódio.

O *primeiro* elemento é a depreciação cambial ocorrida ao longo do governo Dilma, com a taxa de câmbio nominal saindo do patamar de R$ 1,67 por dólar em 2011 para R$ 2,35 por dólar em 2014, atingindo R$ 3,33 por dólar em 2015 (World Bank, 2021). A desvalorização do real, somada às cotações do petróleo, ainda elevadas até 2014 pelo menos, afetou o mercado petrolífero e de derivados. Do ponto de vista da Petrobras, se por um lado tal desvalorização auxiliou nos resultados das exportações, por outro aumentou os custos das importações e tornou o serviço da dívida da empresa mais caro em reais, principalmente depois de 2012 (Azevedo, 2021).[13]

O *segundo* elemento foi a vertiginosa queda do preço do petróleo, cuja cotação do barril caiu de pouco menos de US$ 110 em junho de 2014 para US$ 47 em janeiro de 2015 e US$ 30,8 em janeiro de 2016, impactando violenta e negativamente a arrecadação e rentabilidade da empresa (Santos; Moura, 2019).[14]

---

[13] Azevedo (2021) também destaca que 2012 foi a primeira vez, desde 1999, que a Petrobras apresentou um resultado negativo (na ocasião, no 2º trimestre) em função dos impactos da variação cambial.

[14] Dentre alguns dos fatores responsáveis pela queda do preço do petróleo em 2014, destacamos a menor demanda global no cenário pós-crise financeira (principalmente na Europa e na Ásia) e o aumento da produção e dos estoques domésticos dos Estados Unidos (Rühl, 2014; Colomer, 2015).

O *terceiro* elemento é que, entre 2011 e 2014, o governo Dilma Rousseff também utilizou a Petrobras como instrumento de controle inflacionário, face à aceleração inflacionária ocorrida no período. Assim, a estatal praticou uma política deliberada de defasagem entre os preços internos e externos, abdicando de receitas da venda de derivados domesticamente no curto prazo (Pinto, 2020a). Contudo, no bojo da tensão entre os acionistas privados e o controlador majoritário (o governo), em função do caráter de economia mista da estatal, o mercado de ações penalizou a Petrobras por tal política de precificação e, ante expectativas de baixos retornos no curto prazo, se deu um movimento de venda de suas ações, o que apenas retroalimentou a pressão para baixo nos preços (Azevedo, 2021).

Em suma, o duplo choque negativo da queda da cotação do petróleo e da desvalorização cambial ocasionou uma grande sangria de receitas e maior endividamento da empresa, em um momento em que já havia uma diminuição dos ganhos ante o represamento de preços domésticos da gasolina e diesel e também o aumento expressivo dos investimentos nas refinarias e para viabilização do pré-sal. A Petrobras realizou enormes inversões – uma aposta no médio e longo prazo – justo quando necessitava de mais autofinanciamento ou lucro retido (Pinto, 2020a; Azevedo, 2021).[15] Ante isto, a Petrobras registraria um severo prejuízo de R$ 26,6 bilhões no 4º trimestre de 2014, o maior da estatal em quase 30 anos, mas que seria ainda superado pelo do 4º trimestre de 2015, de R$ 36,9 bilhões, o pior de sua história (Petrobras, 2016; El País, 2016).

Retornando à Lava Jato, ela foi formalmente deflagrada em 2014, por meio da delação premiada assinada em junho pelo ex-diretor da estatal, Paulo Roberto Costa, e pelo doleiro Alberto Youssef junto ao Ministério Público Federal (MPF).[16] Já no dia 23 de outubro daquele mesmo ano, uma semana antes do segundo turno do pleito presidencial, Youssef finalmente teria sua delação vazada pela PF, na qual denunciava uma rede massiva de corrupção envolvendo propinas em contratos entre a Petrobras e grandes empreiteiras, e imputava uma suposta responsabilidade ao ex-presidente Lula e à presidenta Dilma. Desta forma, a operação foi se desenvolvendo por meio de novas fases das investigações judiciais promovidas pelo MPF e pela PF acerca de fraudes

---

[15] Com relação a este ponto, Pinto (2020a) comenta que a relação entre o lucro retido e o investimento total caiu de 56% em 2006 para 25% em 2014.

[16] Inclusive, conforme o próprio procurador da Operação, Deltan Dallagnol, as delações premiadas consistiram no principal "motor" instrumentalizado para avançar os inquéritos (O Globo, 2015a).

em licitações entre a Petrobras ou outros órgãos estatais e as grandes construtoras brasileiras em troca de propina e financiamento de campanhas eleitorais. Foram atingidos, com isto, tanto os grandes atores empresariais da Odebrecht, Camargo Corrêa, Andrade Gutierrez, OAS e Queiroz Galvão quanto atores políticos pertencentes às principais agremiações partidárias nacionais, como o então Partido do Movimento Democrático Brasileiro (PMDB, hoje MDB), o Partido da Social-Democracia Brasileira (PSDB), o Partido Progressista (PP) e, é claro, o Partido dos Trabalhadores (PT) (Campos, 2019).

A Operação Lava Jato desestruturou gravemente a cadeia produtiva de petróleo, gás e construção civil, obstaculizando o que foi um importante vetor de crescimento e geração de empregos durante os governos do PT. Em primeiro lugar, no contexto dos elementos que afetavam a Petrobras citados nos parágrafos anteriores, a operação completou a "tempestade perfeita" ao imputar à estatal uma *crise reputacional* que levou a inexoráveis ajustes de governança corporativa e menor margem de manobra para novos projetos, ante o fato de que seus principais fornecedores se viam em crise e com problemas na Justiça (Pinto, 2020a). Desta forma, a Lava Jato se conjugou à própria crise econômica brasileira como um todo, fragilizando não somente a maior estatal nacional como toda a cadeia de firmas a ela ligada (Campos, 2019). Como diz o autor,

> A Operação Lava Jato, grosso modo, teve como resultado o rompimento da barreira de proteção que resguardava às empresas brasileiras de engenharia o mercado doméstico de obras e serviços. Toda a seletividade criada pelo cartel das empreiteiras caiu por terra com a fragilização das empresas decorrente das investigações, punições e exposição pública das firmas. (Campos, 2019, p.138)

É válido frisar que a relação íntima e sinérgica entre Estado (na forma da Petrobras ou alguma outra empresa ou instituição pública) e as grandes construtoras não surgiu com o governo petista, mas foi historicamente a tônica do setor de engenharia e construção no Brasil. E isto se deu em função da própria dinâmica do segmento: desde o governo Vargas, passando pelo governo de Juscelino Kubitschek e tendo seu ápice durante a ditadura militar, principalmente no ciclo de ouro da infraestrutura no Brasil, as empresas estatais como a Petrobras, Eletrobras ou o extinto Departamento Nacional de Estradas de Rodagem (DNER, fundado em 1937) sempre foram as maiores contratantes de serviços junto às firmas domésticas de engenharia privada. De tal período datam, por exemplo, Odebrecht, Andrade Gutierrez e Camargo Corrêa, cuja pujança esteve sempre atrelada ao ativismo do Estado na promoção do desenvolvimento (Campos, 2019).

A partir do governo Lula, da mesma forma como se deu uma retomada da assertividade estatal na indução do desenvolvimento por meio do nacionalismo energético, à qual fizemos alusão na seção anterior, também foram implementadas novas políticas de favorecimento a tais grupos empresariais da construção pesada. Por meio de iniciativas como, por exemplo, o Programa de Aceleração do Crescimento (PAC), o Programa Minha Casa Minha Vida (MCMV), os projetos dos grandes eventos (Copa do Mundo de 2014 e Olimpíadas do Rio de Janeiro de 2016) e muitos outros, criou-se uma grande via de fortalecimento das empreiteiras, que cresciam e diversificavam seus negócios no bojo do tecido produtivo brasileiro (Campos, 2019).

A Lava Jato colocou uma pá de cal em tal trajetória virtuosa, tendo na sua 7ª etapa, chamada de Operação "Juízo Final" e levada a cabo pela PF em 14 de novembro de 2014, um ponto irreversível. Em tal etapa, foram presos um total de 27 executivos dos altos escalões das construtoras Camargo Corrêa, Engevix, Galvão Engenharia, IESA, Mendes Júnior, OAS, Queiroz Galvão e UTC (O Globo, 2015b). A prisão desses empresários e a ameaça de suas delações premiadas, afetando deputados, senadores e ministros, gerou um grande impasse político conducente a uma total devassa dos contratos entre estatais e grandes firmas, e subsequentemente uma paralisia decisória de proporções colossais (Campos, 2019; Paula; Moura, 2019).

Segundo Paula; Moura (2019), Pinto (2020b) e Azevedo (2021), os efeitos deletérios da Lava Jato em muito superam os recursos recuperados junto aos corruptos, estimados em torno de R$ 4 bilhões (Ministério Público Federal, 2019). A operação lançou uma ofensiva direta contra os principais *players* do segmento de engenharia pesada, constituindo as maiores fornecedoras da Petrobras, prejudicando em uníssono os setores de petróleo e gás, construção civil, metalomecânico e naval. Neste último, por exemplo, é possível especular que a Lava Jato tenha ocasionado um prejuízo de R$ 17,6 bilhões e a perda de 80 mil empregos diretos e indiretos (só no ano de 2015, os estaleiros demitiram quase 18 mil trabalhadores), em meio à paralisia de investimentos da Petrobras, das empreiteiras e cancelamento de contratos (*Exame*, 2016; Ordoñez; Rosa, 2018).

Azevedo (2021) cita estimativas de que os efeitos negativos da operação, diretos e indiretos, tenham custado até 7 milhões de empregos no Brasil. Já a GO Associados e Tendências avalia que a Lava Jato possa ter ocasionado perdas agregadas totalizando R$ 142 bilhões, podendo ter impactado com 2% e 2,5% nas recessões dos anos de 2015 e 2016, respectivamente (Valor Econômico, 2016). A estimativa feita pelo Dieese (2021) e apresentada neste livro é de uma perda de 2,6% do PIB em 2014/2017, deixando de gerar mais de 3 milhões de empregos.

Impactos e consequências imediatas da Operação Lava Jato na economia

Começando pelas grandes firmas de engenharia, temos os seguintes dados: a Odebrecht, de 2014 até 2019, teve a receita bruta caindo de R$ 107 bilhões para R$ 78 bilhões, o número de funcionários diminuindo de 168 mil para 35 mil, e deixou ainda de operar em 13 países, passando de 27 para 14 (Odebrecht, 2015; 2020).[17] Já a Queiroz Galvão teve seus ativos financeiros acumulados caindo de R$ 15,3 bilhões para R$ 2,9 bilhões entre 2014 e 2018 (Queiroz Galvão, 2021). A OAS, por vez, teve seu total de ativos financeiros declinando de R$ 1,69 bilhão para R$ 368 milhões entre 2014 e 2019 (OAS, 2020). A empresa, inclusive, se viu em uma trajetória intensa de endividamento desde a eclosão da operação, em meio às dificuldades de arcar com o acordo de recuperação judicial, e que coloca seu próprio futuro em xeque (Folha de S. Paulo, 2019). A Camargo Corrêa e a Andrade Gutierrez (2021), por fim, também tiveram perdas de seus ativos financeiros de R$ 3,31 e R$ 5,3 bilhões para R$ 2,27 e R$ 1,91 bilhões entre 2014 e 2018, respectivamente (Camargo Corrêa Infraestrutura S.A., 2015; 2019). Segundo reportagem do *Valor Econômico* (2019), entre 2015 e 2018, as maiores construtoras brasileiras, portanto, grandes absorvedoras de mão de obra e responsáveis por obras fulcrais à superação de gargalos de desenvolvimento, encolheram 85% em termos de receitas líquidas. As receitas totais do segmento de engenharia e construção, que perfaziam R$ 140 bilhões em 2013, regrediram em 2016 aos níveis de 2006, aproximadamente, com apenas R$ 53 bilhões em 2016, um recuo expressivo 62,15% (O Empreiteiro *apud* Campos, 2019).

Para além disto, as empresas também se viram financeiramente fragilizadas não só pelo cancelamento de inúmeros projetos, em andamento ou vindouros, como também pelas multas que tiveram de pagar ante a revelação da rede de propinas, seja domesticamente ou no exterior (Campos, 2019). A Odebrecht, por exemplo, foi condenada em 2017 pela Justiça estadunidense a pagar, com base na *Foreign Corrupt Practices Act*, US$ 2,6 bilhões em função do suborno e corrupção (Deutsch Welle, 2017).

Como se pode notar, as grandes empreiteiras foram severamente prejudicadas pela crise do setor ocasionada pela Operação Lava Jato, sendo a face mais visível de uma massiva destruição de postos de trabalho na construção civil, um setor altamente intensivo em trabalho, como pode ser visto no Gráfico 1.

---

[17] Ou seja, só na firma Odebrecht, a crise causada pela operação ocasionou a perda de 133 mil postos de trabalho em cinco anos.

Os números são significativos, ainda mais por tratarem de um único setor *sem a consideração de outras externalidades negativas da crise*. Somente entre janeiro de 2014 e janeiro de 2017, a região Norte registrou um saldo negativo de 117.616 empregos na construção civil (11,54% do total); a região Nordeste, uma perda 260.181 empregos (25,53%); a Sul, 59.225 (5,81%); a Centro-Oeste, 95.388 (9,36%) e a mais atingida de todas, a Sudeste, 486.355 postos de trabalho (47,73%). Tudo isto somente na construção civil. Em todo o Brasil, no bojo de tal período (janeiro de 2014 a janeiro de 2017), a média mensal de geração de postos de trabalho foi de -23.956: ou seja, como se tal setor perdesse quase 24 mil empregos ao mês de forma ininterrupta ao longo de três anos (Caged *apud* CBIC, 2021).

Gráfico 1 – Saldo anual entre contratações e demissões (apenas empregos formais) no setor de construção civil, 2007-2019

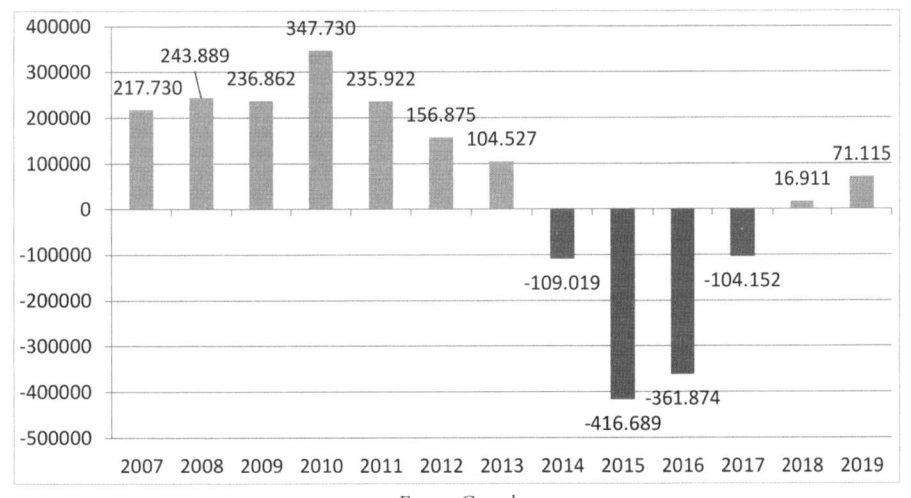

Ano	Saldo
2007	217.730
2008	243.889
2009	236.862
2010	347.730
2011	235.922
2012	156.875
2013	104.527
2014	-109.019
2015	-416.689
2016	-361.874
2017	-104.152
2018	16.911
2019	71.115

Fonte: Caged

A despeito do Sudeste ter sido a região mais prejudicada em termos absolutos e proporcionais, algo "entendível" até mesmo por sua maior densidade urbana, industrial e populacional, cabe frisar que o Nordeste foi bastante afetado, amargando inclusive a mais longeva sequência de perda de empregos na CC, de 31 meses ininterruptos entre outubro de 2014 até abril de 2017 (Caged *apud* CBIC, 2021).[18]

---

[18] A região afetada em menor intensidade foi a Centro-Oeste, que amargou "apenas" sete meses de saldo negativo no setor, entre setembro de 2014 até março de 2015. A região Sudeste passou

Se, em 2013, havia 7,845 milhões de trabalhadores na construção, em 2019 essa cifra caiu para 6,701 milhões, um encolhimento de 14,6% do setor em termos de empregabilidade (Caged *apud* CBIC, 2021). A construção, destarte, foi uma das principais âncoras do aumento do desemprego, dado seu caráter intensivo em trabalho. Ao considerarmos os saldos negativos de postos de trabalho formais no Brasil como um todo (todas as atividades), e especificamente na construção civil, a contribuição deste setor foi bastante significativa, contribuindo para uma redução de 27,1% em 2015 e de 27,3% em 2016 (Gráfico 2).

Gráfico 2 – Estimativa do peso do setor de construção no saldo negativo de geração de empregos, 2015 e 2016

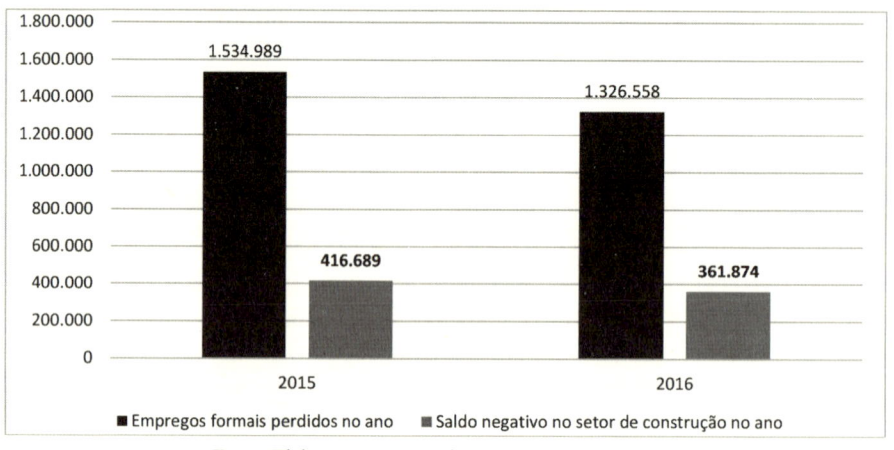

	2015	2016
Empregos formais perdidos no ano	1.534.989	1.326.558
Saldo negativo no setor de construção no ano	416.689	361.874

Fonte: Elaboração própria de CBIC a partir de IBGE.

Cabe, ainda, destacar a existência de uma forte correlação positiva entre os setores de construção civil e a formação bruta de capital fixa do país, em especial no período da aguda desaceleração econômica em 2015/2016 (Gráfico 3). Embora saibamos que correlação não quer dizer causalidade, é bem provável que tal relação se deva à fragilização do setor de construção civil, fortemente impactado tanto pela Operação Lava Jato quanto pela recessão econômica de 2015-2016.

---

por dois hiatos de 11 meses (fevereiro até dezembro de 2015 e depois fevereiro até dezembro de 2016) enquanto a Norte atravessou 21 longos meses de retração (agosto de 2015 até abril de 2017) e a Sul, por fim, dois ciclos de oito meses, entre maio até dezembro de 2015 e entre maio até dezembro de 2016 (Caged *apud* CBIC, 2021).

Gráfico 3 – Índices mensais do setor de construção civil e da Formação Bruta de Capital Fixo (FBKF) com ajuste sazonal, 2012-2019

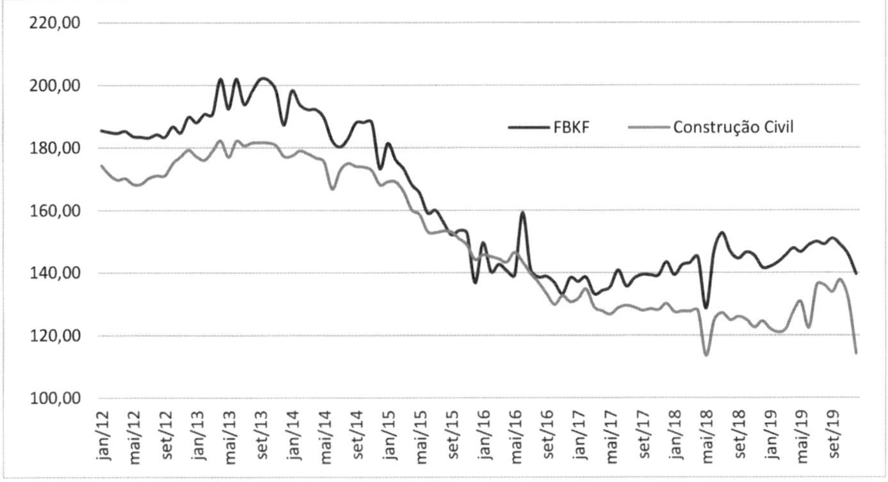

Fonte: Ipea, *Ipeadata*.

A desarticulação das empreiteiras também levou à desnacionalização por meio da penetração de firmas estrangeiras no mercado nacional de infraestrutura e construção civil, seja via contratos para obras no Brasil ante a debilidade das empresas domésticas, seja via aquisição de construtoras por tais grupos, como foi o caso da Concremat – uma firma com 65 anos de história – que foi comprada pela *China Communications Construction Company* ou CCCC (Campos, 2019).

Com relação às cadeias produtivas vislumbradas pelos APLs por meio do Prominp e das parcerias feitas entre Petrobras e fornecedores regionais – no contexto de um programa de investimentos com maior capacidade de mobilização da indústria de bens e serviços no Brasil, buscando um aumento da demanda por infraestruturas como construção e engenharia naval – a coadunação entre a paralisia decisória da estatal e das empreiteiras, concomitante ao cancelamento de contratos, e a situação financeira da empresa pública que se agravava, acabou por jogar por terra a grande maioria dos projetos de desenvolvimento em tais clusters industriais. De fato, o Prominp parou desde 2014, após os desdobramentos da Operação Lava Jato e o agravamento da crise financeira da Petrobras. Como pode ser visto nos gráficos 4, 5 e 6, as cinco localidades mencionadas na segunda seção – escolhidas para desenvolvimento de clusters territoriais – tiveram forte desaceleração no saldo entre contratações e demissões de mão de obra, principalmente em 2014-2016, o que denota a dimensão da recessão e destruição do tecido produtivo pelas quais passaram tais localidades. À exceção do município de Rio Grande, todas essas localidades, em maior ou menor grau, sofreram o impacto da contração do setor de construção civil.

Gráfico 4 – Saldo anual entre contratações e demissões (apenas empregos formais) no Município de *Ipojuca* (Pernambuco) – a esquerda – e *Maragogipe* (Bahia) a direita, 2010-2019

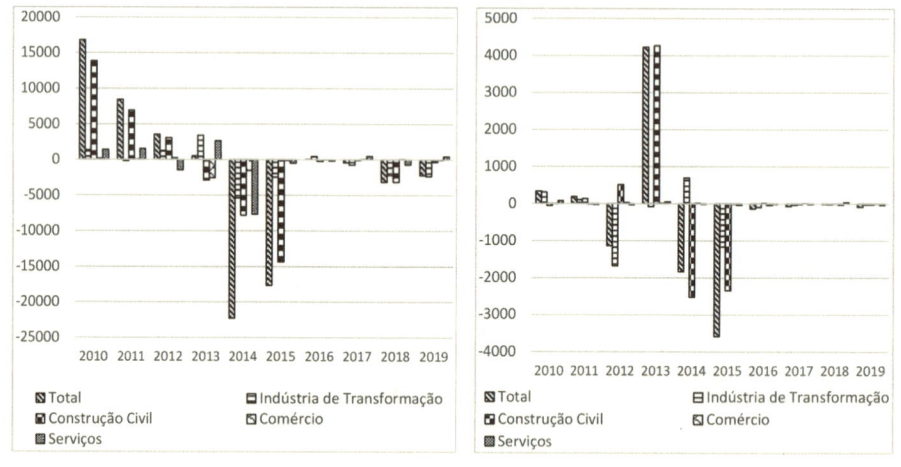

Fonte: Elaboração própria a partir do MTE, 2021

Gráfico 5 – Saldo anual entre contratações e demissões (apenas empregos formais) no Município de *Itaboraí* (COMPERJ; Rio de Janeiro) – a esquerda – e Município de *Rio Grande* (Rio Grande) – a direita, 2010-2019

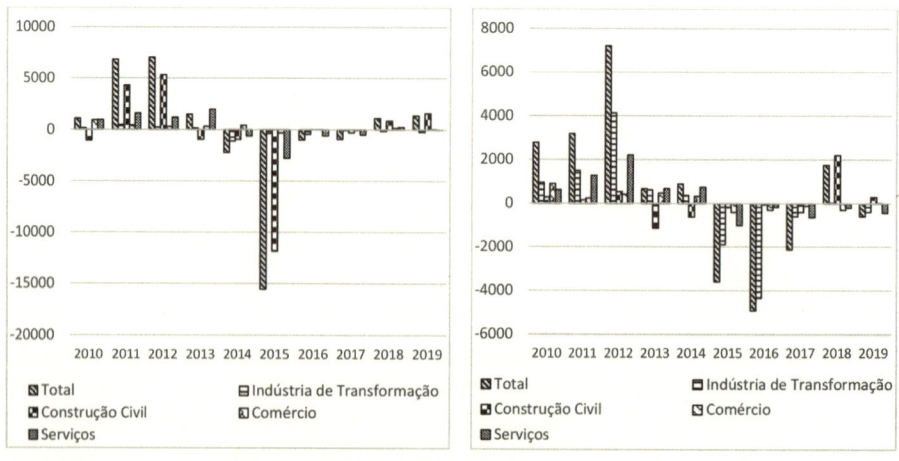

Fonte: Elaboração própria a partir do MTE, 2021

Portanto, todos os prognósticos positivos quanto ao aproveitamento das sinergias público-privadas via APLs, tendo a Petrobras ou o próprio Estado como epicentro indutor, foram obliterados ante o massivo choque gerado em tal cadeia produtiva pela Operação Lava Jato. Nos municípios analisados acima, que consistiram em territórios precursores de tais arranjos (Rossi *et al.*, 2015), a retração da indústria de transformação e da de construção civil foi tamanha que, em 2015 e 2016, correspondeu à quase totalidade da perda de vagas de trabalho formais em todos esses *clusters*.

Gráfico 6 – Saldo anual entre contratações e demissões (apenas empregos formais) no Município de *Ipatinga* (Minas Gerais), 2010-2019

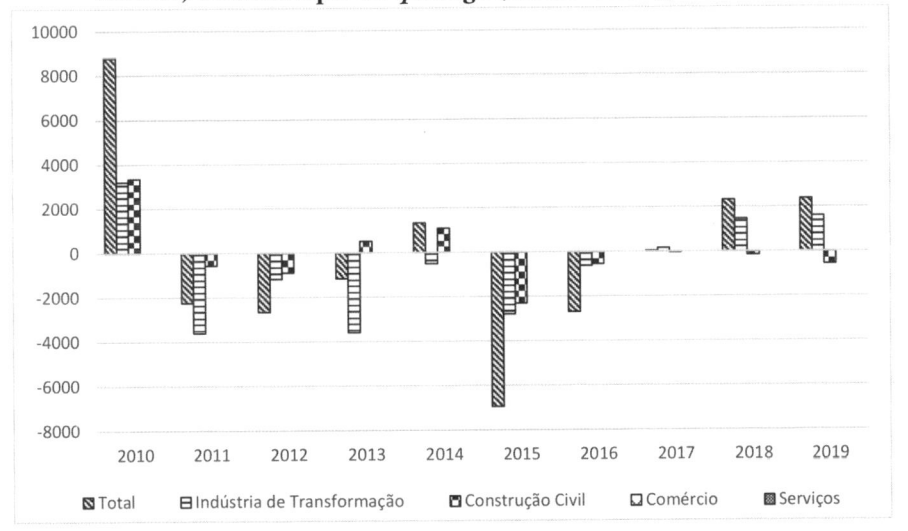

Fonte: Elaboração própria a partir do MTE, 2021.

A reorientação da estratégia corporativa da Petrobras pós-*impeachment*: principais marcos, redefinições e objetivos

Na seção anterior, discutimos como a Lava Jato, desconsiderando os efeitos políticos conducentes à queda de Dilma Rousseff, impactou com especial gravidade o setor de construção pesada por meio das grandes empreiteiras, e também a própria Petrobras, mediante devassa de seus contratos e crise reputacional em um momento no qual sua situação financeira atravessava um ciclo turbulento ante gastos com novas refinarias e exploração, o represamento de preços e a queda do valor do petróleo em 2014. Nesta seção, analisamos como tal quadro financeiro delicado foi acentuado após a Operação Lava Jato e, consequentemente, terminou servindo de retórica para a narrativa dos novos governos de orientação neoliberal, a partir de Temer, para mudar drasticamente o curso estratégico pretendido para a estatal.

A crise do setor de petróleo e gás, já vivenciada desde fins de 2014, foi bastante amplificada com os efeitos da Operação Lava Jato que, como mostramos, desestruturou a cadeia de fornecedores nacionais com recuperações judiciais e falência ou crise de algumas subsidiárias. A própria estatal adentrou um período bastante delicado, operando ao longo dos anos de 2015-2017 com prejuízos líquidos sistemáticos ou lucros baixos, basicamente só voltando a registrar lucros em 2018, quando o preço da *commodity* se recuperou após um acordo entre Rússia e OPEP para restringirem a oferta (Azevedo, 2021).

Neste contexto, os indicadores da empresa levaram a Petrobras a revisar suas prioridades, ainda na gestão do então presidente Aldemir Bendine. Com isso, era germinada uma nova política de desinvestimentos e venda de ativos para sanar dificuldades financeiras, que se pensava serem de curto prazo. Em breve, contudo, após a troca de governo, essa nova política acabaria incrustada de forma permanente na nova estratégia da empresa, que teve seu papel no mercado e na própria economia brasileira radicalmente redesenhado (Pinto; Dweck, 2019).

Em maio de 2016, após o conturbado processo de *impeachment* resultante na saída de Dilma Rousseff, o até então vice-presidente Michel Temer (que articulou a queda da mandatária de sua própria chapa) chegou ao poder com uma nova coalizão e reorientação drástica de inúmeras políticas características do ciclo petista de governo. Essa coalizão, incorporando agremiações partidárias opositoras recém-derrotadas no pleito eleitoral de 2014, tal como o PSDB, tinha uma predileção por uma orientação econômica mais liberal e ortodoxa, o que se evidencia pelo forte compromisso com a agenda de ajuste fiscal e desmonte de capacidades estatais e do tecido protetivo social por meio de medidas como o Proposta de Emenda Constitucional do teto de gastos públicos, PEC 241/2016 (Brasília, 2016), a reforma trabalhista e a reforma da previdência, sendo esta última aprovada somente em 2019, já no governo Bolsonaro (Santos; Moura, 2019).

No que tange à Petrobras, o governo Temer abandonou por completo a concepção prévia da estatal como alavanca indutora da política industrialista e do desenvolvimento nacional para a cadeia de petróleo, gás e infraestrutura. Desta forma, centrou-se mais na dimensão empresarial em oposição à sua face social, ao priorizar a desalavancagem financeira *vis-à-vis* as metas produtivas, para além de ter promovido mudanças importantes nos marcos regulatórios do setor, favoráveis às empresas estrangeiras. Encontrava seu definitivo epílogo, destarte, o nacionalismo energético dos governos PT (Costa, 2019; Pinto, 2020a).

Em consonância com a desalavancagem financeira, o desmonte da cadeia industrial antes centrada em torno da Petrobras também trouxe consigo a modificação das já citadas políticas de conteúdo local, reduzindo drasticamente as exigências para fornecedores domésticos e ameaçando conquistas prévias do setor em termos de padrões de excelência de desenvolvimento tecnológico (Azevedo, 2019; Costa, 2019; Azevedo, 2021). Nos blocos de produção do pré-sal, por exemplo, o conteúdo local médio caiu de 37% para 27% na exploração e de 55% para 35% no desenvolvimento, entre 2013 e 2018 (Pinto, 2020a).

É válido destacar que tal redução dos requerimentos locais, contudo, não foi aprovada sem sofrer pesadas críticas de importantes atores econômicos, dentre eles os representantes da Federação das Indústrias do Estado de São Paulo (Fiesp) que, entre 2016 e 2017, protestaram contra tal reversão de política, alegando que traria consequências negativas para os empregos de trabalhadores, inversões das empresas e renda nacional (Federação das Indústrias do Estado de São Paulo, 2017; Costa, 2019; Azevedo, 2021).

A nova gestão de Pedro Parente, que assumiu a presidência da estatal a partir do final de maio de 2016, firmou, por meio do Plano Estratégico e Plano de Negócios e Gestão 2017-2021, um compromisso prioritário com a diminuição do endividamento da empresa, o que seria logrado com uma desalavancagem dos investimentos da ordem de US$ 21 bilhões (Petrobras, 2021). A Petrobras também buscaria recompor uma maior rentabilidade por meio de um reposicionamento no mercado de petróleo e gás, com maior foco na produção e exploração, e abdicando dos "custos" oriundos da capacidade de refino (ou seja, das áreas *midstream* e *downstream* da cadeia de energia), bem como suas redes de distribuição e transporte (Costa, 2019; Leão; Pinto, 2019).[19]

Em 29 de novembro de 2016, por meio da Lei n. 13.365 (Brasil, 2016), um novo marco regulatório foi aprovado, retirando a condição da Petrobras de operadora única do pré-sal, abrindo o caminho para empresas estrangeiras (Nozaki; Leão, 2019; Pinto, 2020a; Azevedo, 2021). Com tudo isto, os investimentos da empresa declinaram de forma sistemática, em particular a partir de 2015, como mostra o Gráfico 7.

---

[19] A despeito deste foco aludido na produção e exploração, ainda assim a Petrobras se desfez de suas participações: nos Polos de Pampo e Enchova, na Bacia de Campos; no Polo Lagoa Parda, na Bacia do Espírito Santo; e nos campos Ponta do Mel e Redonda, na Bacia Potiguar. (Azevedo, 2021)

Pinto e Dweck (2019) destacam que, somente entre 2016 e 2017, os investimentos declinaram R$ 23 bilhões e R$ 4 bilhões nas áreas produtiva e de refino, respectivamente. Também foram destruídos 605 mil e 104 mil empregos em ambas as áreas. Os casos de corrupção serviram como retórica para a retirada da condição da Petrobras de operadora única do pré-sal e também para seu próprio desmonte, com a privatização da subsidiária Liquigas ao Grupo Ultra, de refinarias e de redes de gasodutos e oleodutos para os grupos canadense Brookfield e para o francês Engie (Campos, 2019; *O Globo*, 2019). Cabe destacar que tal desnacionalização não ficou restrita unicamente à Petrobras: em meio à crise financeira da Lava Jato, a Odebrecht também teve que se desfazer de sua subsidiária petroquímica Braskem (na qual tem 38,3% de participação), responsável por 78% da receita líquida do grupo Odebrecht em 2018, planejado para acontecer em 2021; já a Camargo Corrêa vendeu sua subsidiária CPFL Energia à firma chinesa State Grid (Campos, 2019).

Gráfico 7– Volume de Investimentos da Petrobras (milhões de US$), 2008-2019

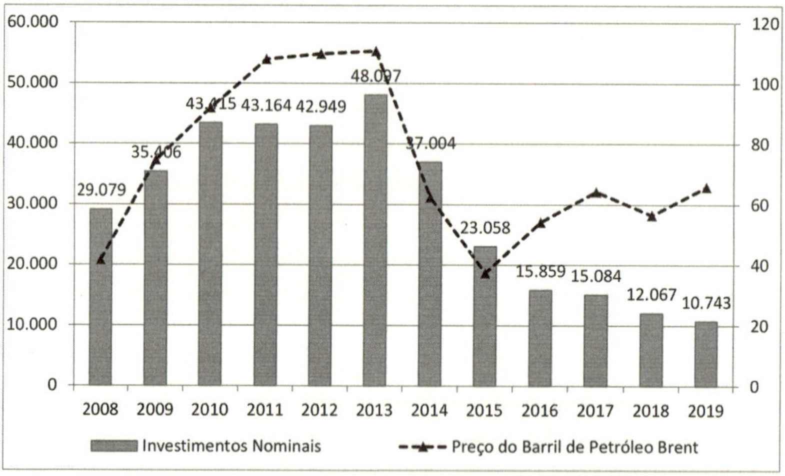

Ano	Investimentos Nominais
2008	29.079
2009	35.406
2010	43.015
2011	43.164
2012	42.949
2013	48.097
2014	37.004
2015	23.058
2016	15.859
2017	15.084
2018	12.067
2019	10.743

Fonte: Elaboração própria com base em Petrobras; Index Mundi

Ante tudo isso, não por acaso, se observa um expressivo avanço das petroleiras estrangeiras no setor de petróleo e gás no Brasil, consequência de tais mudanças regulatórias e das novas diretrizes estratégicas da Petrobras propostas pelo governo federal (Pinto, 2020a). Ademais, um elemento adicional endossando a desestruturação de economias locais/regionais tem a ver com uma saída da Petrobras de iniciativas de sua própria operação *onshore*, desorganizando ainda mais as empresas fornecedoras (Azevedo, 2021)

No bojo da nova estratégia da empresa sob Parente, a nova política de precificação da Petrobras em paridade com a cotação no mercado internacional, embora beneficiando e agradando os acionistas minoritários da empresa no mercado financeiro pela ótica da remuneração de curto prazo, teve como uma de suas consequências adversas maiores custos para a sociedade, com a maior frequência de aumentos dos preços dos combustíveis e do botijão de gás (Campos, 2019; Nozaki e Leão, 2019).

Com relação ao programa de desinvestimentos e a priorização da exploração e produção em detrimento da capacidade de refino, esta mudança acentuou rapidamente a desverticalização da estrutura empresarial da Petrobras, bem como sua vulnerabilidade externa. A estatal passou a exportar mais petróleo cru para o mercado internacional, para ser refinado fora e reimportado processado em combustível. Com isto, tanto a empresa quanto o Brasil ficam ainda mais expostos à variáveis exógenas tais como taxa de câmbio e demanda externa, podendo levar a mais riscos disruptivos (Pinto, 2020a). Se, em 2013, a empresa abastecia 90% do mercado doméstico, em 2018 essa cifra havia caído para 76%, ante a ampliação da importação de combustíveis e menor produção desses produtos domesticamente (Campos, 2019).

A venda e o desmonte do parque de refino se viram assentados na retórica neoliberal de que as privatizações, promovendo a abertura de tal mercado de combustíveis à maior concorrência de outros atores, levaria supostamente, de modo subsequente, à diminuição do preço de derivados. Contudo, muitas dessas refinarias e infraestruturas logísticas foram instaladas em locais estratégicos para minimizarem custos de investimentos e potencializarem economias de escala. Nesse sentido, como assinala Pinto (2020b), tais refinarias também eram monopólios naturais regionais, que mesmo privatizadas continuaram a praticar preços de monopólio, o que fará aumentar o custo ao consumidor final. Ou seja, como as refinarias foram vendidas junto com os terminais e dutos que lhe são interconectados, tornou-se inviável qualquer concorrência nessas áreas geográficas de influência, de forma que, ao se privatizar as unidades de refino, o governo entregou também os próprios mercados regionais (Leão; Pinto, 2019; Abadie, 2020).

Com relação à redução dos requerimentos de conteúdo local, este foi mais um marco corroborando o abandono definitivo da estatal como indutora de encadeamentos produtivos e de uma política de substituição de importações, irradiando ganhos e economias de escala a partir de investimentos, principalmente nos segmentos naval, de engenharia pesada e construção civil (Nozaki; Leão, 2019; Pinto, 2020a).

Com relação à política de preços domésticos, a partir de julho de 2017 se adentraria em uma lógica de reajustes ainda mais céleres e automáticos, seguindo os determinantes exógenos. Essa periocidade mais curta de aumentos levou a um encarecimento drástico da estrutura de custos nacionais (em função dos custos de transporte) que, por consequência, gerou tanto uma greve dos petroleiros contra a política de precificação e sucateamento da estatal quanto uma de caminhoneiros (final de maio de 2018) ante os valores pagos pelos combustíveis, culminando na saída de Parente e sua substituição por Ivan Monteiro (O Globo, 2018; BBC Brasil, 2018). Monteiro, que assumiu em junho de 2018 e ficaria até o final do governo Temer, embora tenha revisto a política de precificação vigente sob Parente, manteve o abandono à capacidade de refino, com uma redução ainda mais agressiva e acentuada de sua participação (Costa, 2019). Já a gestão de Roberto Castello Branco, a partir de janeiro de 2019, marcou o retorno da política de preços alinhados ao mercado internacional e por cortes de custos, venda de ativos, foco no pré-sal e pelo aumento do pagamento de dividendos aos acionistas (*Valor Econômico*, 2021).

O governo Bolsonaro, portanto, não representou uma mudança dessa trajetória de desmonte, com a Petrobras se desfazendo, só no primeiro ano de seu governo (2019), de R$ 70,3 bilhões de ativos via privatização de suas subsidiárias BR Distribuidora, TAG Liquigás etc. e também quase 50% do parque de refino da empresa e suas unidades produtivas (Abadie, 2020).[20] Do ponto de vista da empresa, seu desmonte e diminuição de seu papel nodal para o desenvolvimento brasileiro também se atestam pela própria redução acentuada do corpo de empregados da companhia, conforme pode ser visto no gráfico 8. Este mostra uma redução de 32,7% no total de trabalhadores diretamente empregados no Sistema Petrobras, de 2013 para 2019, uma consequência de tal desmonte, desinvestimentos e de políticas governamentais de demissão voluntária que fizeram trabalhadores que já haviam acumulado grande conhecimento, expertise e *know-how* saírem da empresa (Azevedo, 2021).

---

[20] As refinarias em curso de privatização são: Abreu e Lima (RNEST), Landulpho Alves (RLAM), Presidente Getúlio Vargas (Repar), Alberto Pasqualini (Refap), Gabriel Passos (Regap), Isaac Sabbá (Reman), Lubrificantes e Derivados do Nordeste (Lubnor) e a Unidade de Industrialização do Xisto ou SIX (Pinto, 2020a). Destas, cinco (Refap, Repar, Regap, RLAM e RNEST) são de grande médio ou grande porte (Abadie, 2020).

Gráfico 8 – Trabalhadores diretamente empregados no Sistema Petrobras

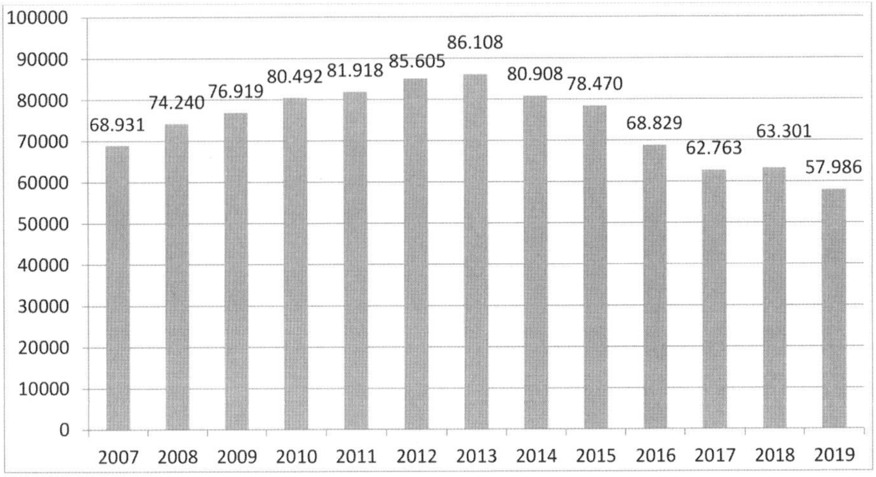

Ano	Trabalhadores
2007	68.931
2008	74.240
2009	76.919
2010	80.492
2011	81.918
2012	85.605
2013	86.108
2014	80.908
2015	78.470
2016	68.829
2017	62.763
2018	63.301
2019	57.986

Fonte: Petrobras; Dieese *Apud* Sindipetro; Poder 360, 2020

Conclusão

Este capítulo analisou como a crise política e econômica brasileira, eclodida em 2014, para o qual a Operação Lava Jato foi um dos determinantes principais, impactou a cadeia produtiva do petróleo, gás natural e construção civil, inclusive no que se refere a seus efeitos geográficos locais, tendo como foco principal a Petrobras. Em particular, destacamos dois processos interrelacionados que tiveram forte efeito sobre o setor de petróleo e derivados e o setor de construção civil: a Operação Lava Jato a partir de 2014, que levou a uma forte crise reputacional da Petrobras, e a reorientação da estratégia corporativa da Petrobras a partir de maio de 2016, voltada para remuneração curto-prazista aos acionistas. Esta mudança drástica de estratégia da Petrobras, em áreas como a produção e exploração de petróleo, refinarias e gás natural tiveram fortes efeitos sobre as economias regionais e nos múltiplos encadeamentos com firmas e produtores locais, conforme procuramos mostrar neste capítulo.

Fica claro, portanto, que os efeitos da Operação Lava Jato foram bastante profundos, tanto para o setor de petróleo quanto para o setor de construção civil. Em particular, procuramos mostrar que, a partir do governo Temer e prosseguindo pelo governo Bolsonaro, a Petrobras adotou uma nova orientação empresarial, na qual deixou de ser prioridade ser pilar de um projeto nacional de desenvolvimento, com a estatal atuando mais para prover dividendos aos acionistas privados do que para sofisticar e adensar tecnologicamente o tecido produtivo brasileiro visando a soberania energética. Acrescente-se, ainda, que em um contexto de venda de metade do parque de refino, saída de determinados nichos exploratórios do pré-sal em um cenário de empresas brasileiras de infraestrutura destroçadas, a Petrobras tornou-se uma empresa atuante principalmente no eixo Sudeste e perdeu muito de sua integração regional no país.

Neste contexto, não será tarefa fácil a reversão do atual estado de coisas, que em um governo sob nova orientação política e estratégica certamente demandará tempo e será bastante árduo. Deste modo, tanto a Petrobras quanto as firmas domésticas de construção e engenharia terão um longo caminho a trilhar para recuperarem sua capacidade operacional e voltarem a ter uma estratégia voltada para o desenvolvimento nacional. Infelizmente, os efeitos econômicos negativos da Lava Jato e da reorientação estratégica sob a égide de governos neoliberais foram fortes e serão duradouros.

Referências

ABADIE, Elie. Panorama do Refino no Brasil: Venda das Refinarias da Petrobras. *Portal Clube de Engenharia*, dez. de 2020. Disponível em: http://portalclubedeengenharia.org.br/wp-content/uploads/2020/12/VENDA-DE-REFINARIAS--BRASILEIRA-Eng-Elie-Abadie-2020-1-2.pdf. Acesso em: 2 de fev. 2021.

AGÊNCIA BRASIL. Temer diz que Petrobras recuperou prestígio depois de ser quase "um palavrão". 21 dez. 2017. Disponível em: https://agenciabrasil.ebc.com.br/economia/noticia/2017-12/temer-diz-que-petrobras-recuperou-prestigio-depois--de-ser-quase-um-palavrao. Acesso em: 3 de mar. 2021.

ANDRADE GUTIERREZ. Central de balanços, 2021. Disponível em: https://andradegutierrez.com.br/CentralBalancos.aspx. Acesso em: 22 abr. 2021.

AZEVEDO, J. S. G. Especulações sobre a Petrobras depois de um *tsunami*, além de um dilúvio e terremoto com incêndios. Um desastre. *Mimeo*, 2021.

AZEVEDO, Paola. "Os desafios das novas tecnologias e o enfraquecimento do conteúdo local". *In*: LEÃO, Rodrigo; NOZAKI, William (Orgs.). *Geopolítica, Estratégia e Petróleo: Transformações internacionais e nacionais*. Rio de Janeiro: Ineep/FLACSO, 2019. p.93-96.

BRASIL. Lei n. 13.365, de 29/11/2016. Altera a Lei n. 12.351, de 22/12/2010, para facultar à Petrobras o direito de preferência para atuar como operador e possui participação mínima de 30% nos consórcios formados para exploração de blocos licitados no regime de partilha de produção. Disponível em: http://www.planalto.gov.br/ccivil_03/_ato2015-2018/2016/lei/l13365.htm. Acesso em: 22 abr. 2021.

BRASÍLIA. Câmara dos Deputados. Proposta de Emenda à Constituição de 15/06/2016 (PEC 241/2016). Altera o Ato das Disposições Constitucionais Transitórias para instituir o Novo Regime Fiscal. Disponível em: https://www.camara.leg.br/proposicoesWeb/fichadetramitacao?idProposicao=2088351. Acesso em: 22 abr. 2021.

CÂMARA BRASILEIRA DE INDÚSTRIA DA CONSTRUÇÃO (CBIC). Banco de Dados. Disponível em: http://www.cbicdados.com.br/menu/pib-e-investimento/pib-brasil-e-construcao-civil . Acesso em 15 de janeiro de 2021.

CAMARGO CORRÊA INFRAESTRUTURA S.A. Demonstrações Financeiras Referentes ao Exercício Findo em 31 de Dezembro de 2014 e Relatório dos Auditores Independentes. *Deloitte Touche Tohmatsu Auditores Independentes*, 24 mar. 2015. Disponível em: https://camargocorreainfra.com/wp-content/uploads/2019/01/2014-CC-Infrastrutura_Portugue%CC%82s.pdf. Acesso em: 04 de mar. de 2021.

CAMARGO CORRÊA INFRAESTRUTURA S.A. Demonstrações Financeiras. Auditoria independente. *Ernest & Young*, 29 mar. 2019. Disponível em: https://camargocorreainfra.com/wp-content/uploads/2019/04/Demonstra%C3%A7%C3%B5es-Financeiras-2018-CCIN.pdf. Acesso em: 04 de mar. 2021.

CAMPOS, P. H. Os efeitos da crise econômica e da Operação Lava Jato sobre a indústria da construção pesada no Brasil: falências, desnacionalização e desestruturação produtiva. *Mediações*, v. 24, n. 1, p.127-153, 2019.

COLOMER, M. Os impactos da queda do preço do petróleo no mercado de gás natural. *Blog Infopetro*, 11 maio 2015. Disponível em: https://infopetro.wordpress.com/2015/05/11/os-impactos-da-queda-do-preco-do-petroleo-no-mercado-de-gas-natural/. Acesso em: 4 mar. de 2021.

COSTA, R. da. Um balanço da visão estratégica da Petrobras desde 2017. *In*: LEÃO, R.; NOZAKI, W. (org.). *Geopolítica, Estratégia e Petróleo: transformações internacionais e nacionais*. Rio de Janeiro: Ineep/FLACSO, 2019. p. 53-56.

DEUTSCHE WELLE (DW). *Justiça dos EUA condena Odebrecht a pagar US$ 2,6 bi por corrupção*. DW [Brasil], 17 abr. 2017. Disponível em: https://www.dw.com/pt-br/justi%C3%A7a-dos-eua-condena-odebrecht-a-pagar-us-26-bi-por-corrup%C3%A7%C3%A3o/a-38456987. Acesso em 04 de mar. de 2021.

DEPARTAMENTO INTERSINDICAL DE ESTATÍSTICA E ESTUDOS SOCIOECONÔMICOS (Dieese)/CENTRAL ÚNICA DOS TRABALHADORES (CUT). Implicações econômicas intersetoriais da Operação Lava Jato. Rio de Janeiro: Dieese, 16 mar. 2021. Disponível em: https://www.dieese.org.br/outraspublicacoes/2021/impactosLavaJatoEconomia.html. Acesso em: 21 abr. 2021.

EL PAÍS. Petrobras tem pior prejuízo da história com crise e queda do barril. El País [Economia], 22 mar. 2016. Disponível em: https://brasil.elpais.com/brasil/2016/03/22/economia/1458608039_538616.html. Acesso em 4 de março de 2021.

EXAME. Angra dos Reis espalha crise da Petrobras. 17 jan. 2016. Disponível em: https://exame.com/brasil/angra-dos-reis-espelha-crise-da-petrobras/. Acesso em: 4 mar. 2021.

FEDERAÇÃO DAS INDÚSTRIAS DO ESTADO DE S.PAULO (Fiesp). Fim do conteúdo local é negativo para a indústria e a economia, mostra estudo da Fiesp. *Notícias Fiesp*, 15 fev. 2017. Disponível em: https://www.fiesp.com.br/noticias/fim-do-conteudo-local-e-negativo-para-a-industria-e-a-economia-mostra-estudo-da-fiesp/. Acesso em: 05 de mar. 2021.

FOLHA DE S.PAULO. OAS acumula novas dívidas e corre risco de falir. *Folha de S. Paulo* [Mercado], 15 jul. 2019. Disponível em: https://www1.folha.uol.com.

br/mercado/2019/07/oas-acumula-novas-dividas-e-corre-risco-de-falir.shtml. Acesso em: 04 mar. 2021.

FORBES. *Global 500*. Disponível em: https://fortune.com/global500/2014/search/?hqCountry=Brazil. Acesso em: 17 fev. 2021.

FORTUNE. Fortune – Global 500. Disponível em: https://fortune.com/global500/2019/search/ . Acesso em 16 de janeiro de 2021.

GUTTMANN, Robert. Uma introdução ao capitalismo dirigido pelas finanças. *Novos Estudos*, n. 82, p.11-33, nov.2008.

LEÃO, R.. O reposicionamento estratégico da Petrobras. *In:* LEÃO, R.; NOZAKI, W. (org.). *Geopolítica, Estratégia e Petróleo: transformações internacionais e nacionais*. Rio de Janeiro: Ineep/FLACSO, 2019. p.65-69.

LEÃO, R.; PINTO, E. C.. Opção estratégica da Petrobras em 2017: empresa menor e desintegrada. *In:* LEÃO, R.; NOZAKI, W. (org.). *Geopolítica, Estratégia e Petróleo: Transformações internacionais e nacionais*. Rio de Janeiro: Ineep/FLACSO, 2019. p.57-60.

MINISTÉRIO DO TRABALHO E EMPREGO (MTE). *Evolução do Emprego do CAGED – EEC*. Disponível em: http://bi.mte.gov.br/eec/pages/consultas/evolucaoEmprego/consultaEvolucaoEmprego.xhtml#relatorioSetor . Acesso em 4 de março de 2021.

MINISTÉRIO PÚBLICO FEDERAL. Procuradoria da República no Paraná. Valor devolvido pela Lava Jato já ultrapassa os R$ 4 bilhões. Imprensa: 2 de dez. de 2019. Disponível em: http://www.mpf.mp.br/pr/sala-de-imprensa/noticias-pr/valor-devolvido-pela-lava-jato-ja-ultrapassa-os-r-4-bilhoes. Acesso em: 21 abr. 2021.

NOZAKI, W. "A indústria do petróleo e energia como núcleo dinâmico do capital produtivo nacional". *In:* LEÃO, R.; NOZAKI, W. (org.). *Geopolítica, Estratégia e Petróleo: transformações internacionais e nacionais*. Rio de Janeiro: Ineep/FLACSO, 2019. p. 37-40.

NOZAKI, W.; LEÃO, R. P. F.. Um balanço da gestão de Pedro Parente. *In:* LEÃO, Rodrigo; NOZAKI, W. (org.). *Geopolítica, Estratégia e Petróleo: transformações internacionais e nacionais*. Rio de Janeiro: Ineep/FLACSO, 2019. p.45-51.

OAS ENGENHARIA E CONSTRUÇÃO S.A. Relatório da Administração. Diário Oficial Empresarial, 7 maio 2020. Disponível em: http://diariooficial.imprensaoficial.com.br/doflash/prototipo/2020/Maio/07/empresarial/pdf/pg_0005.pdf. Acesso em: 04 março 2021.

ODEBRECHT. *Relatório Anual – 2014*. 2015. Disponível em: https://www.novonor.com.br/sites/default/files/ra-odebrecht-2014-final_pdf_site_pt.pdf. Acesso em: 04 mar. 2021.

ODEBRECHT *Relatório Anual – 2020*. 2020. Disponível em: https://www.novonor.com.br/sites/default/files/caderno_gri_2020_1.pdf . Acesso em: 04 mar. 2021.

ORDOÑEZ, R.; ROSA, B. *Indústria Naval pós Lava Jato:* 17,6 Bi e 80k empregos perdidos. *Defesa Net*. Cobertura Especial. Brasília, 2 set. de 2018. Disponível em: https://www.defesanet.com.br/bid/noticia/30390/Industria-Naval-pos-Lava-Jato--17-6-Bi-e-80k-empregos-perdidos/. Acesso em: 4 mar. 2021.

O GLOBO. Propina chega a R$ 10 bilhões, estima procurador da Lava Jato. *O Globo* [Economia], 9 out. 2015a. Disponível em: https://oglobo.globo.com/brasil/propina-chega-r-10-bilhoes-estima-procurador-da-lava-jato-17737910. Acesso em: 21 abr. 2021.

O GLOBO. Há um ano, empreiteiros eram presos na 7ª fase da Operação Lava Jato. *O Globo* [Paraná], 14 nov. 2015b. Disponível em: http://g1.globo.com/pr/parana/noticia/2015/11/ha-um-ano-empreiteiros-eram-presos-na-7-fase-da-operacao-lava-jato.html. Acesso em; 21 abr. 2021.

O GLOBO. Petroleiros decidem entrar em greve por 72 horas a partir da próxima quarta-feira. *O Globo* [Economia], 26 maio 2018. Disponível em: https://oglobo.globo.com/economia/petroleiros-decidem-entrar-em-greve-por-72-horas-partir-da-proxima-quarta-feira-22722273. Acesso em: 5 de mar. de 2021.

OGLOBO. Petrobras vende rede de gasodutos para Engie por US$ 8,6 bilhões. 5 de abril de 2019. Disponível em: https://oglobo.globo.com/economia/petrobras-vende-rede-de-gasodutos-para-engie-por-us-86-bilhoes-23576876. Acesso em: 5 mar. 2021.

MOTA, C. V. Pedro Parente: de esperança da Petrobras a pedido de demissão. BBC Brasil, São Paulo, jun. 2018. Disponível em: https://www.bbc.com/portuguese/brasil-44323966. Acesso em: 22 abr. 2021.

PAULA, L.F.; MOURA, R. Consequências econômicas da Operação Lava Jato. *Valor Econômico*, 28 ago. 2019. Disponível em: https://valor.globo.com/opiniao/coluna/consequencias-economicas-da-operacao-Lava Jato.ghtml. Acesso em: 3 mar. 2021.

PAULA, L. F.; SANTOS, F.; MOURA, R. (2020). "The developmentalist project of the PT Governments: An economic and political assessment". *Latin American Perspectives*, Vol.47, N. 2, p. 8-24.

PETROBRAS (PETRÓLEO BRASILEIRO S.A). Plano de Negócios 2007-2011. 19 jul. 2006. Disponível em: https://pt.slideshare.net/petrobrasri/pn-200plano-de-negcios-20072011-firjan. Acesso em: 3 de mar. de 2021.

PETROBRAS. *Relatório da Administração 2014*. Disponível em: https://www.investidorpetrobras.com.br/resultados-e-comunicados/relatorios-anuais/. Acesso em 3 de março de 2021.

PETROBRAS. *Relatório da Administração 2015*. Disponível em: https://www.investidorpetrobras.com.br/resultados-e-comunicados/relatorios-anuais/. Acesso em 4 de março de 2021.

PETROBRAS. Plano estratégico e Plano de Negócios e Gestão 2017-2021. Slidesharel.net, 2021. Disponível em: https://www.slideshare.net/petrobrasri/plano-estratgico-e-plano-de-negocios-e-gesto-20172021. Acesso em: 22 abr. 2021.

PINDYCK, R.; RUBINFELD, D. *Microeconomia*. São Paulo: Makron Books, 1994.

PINTO, E. C. Financeirização e desintegração vertical da Petrobras: quem ganha com isso. In: LEÃO, R.; NOZAKI, W. (org.). *Geopolítica, Estratégia e Petróleo: transformações internacionais e nacionais*. Rio de Janeiro: Ineep/FLACSO, 2019. p. 41-44.

PINTO, E. C. Nacionalismo energético, Petrobras e desenvolvimento brasileiro: a retomada interditada. *Revista Oikos*, v. 19, n. 1, p.142-163, 2020a.

PINTO, E. C. Privatizações das refinarias, regulação e Estado: a tragédia brasileira". *Le Monde Diplomatique Brasil*, 22 de outubro de 2020b. Disponível em: https://diplomatique.org.br/privatizacoes-das-refinarias-regulacao-e-estado-a-tragedia--brasileira/ . Acesso em: 2 de fev. 2021.

PINTO, E. C.; DWECK, E. Redução dos investimentos da Petrobras: um balanço das perdas. *In:* LEÃO, R.; NOZAKI, W.. (org.). *Geopolítica, Estratégia e Petróleo: transformações internacionais e nacionais.* Rio de Janeiro: Ineep/FLACSO, 2019. p.111-113.

PODER 360. *Petrobras reduz em 2,4% quadro de funcionários no 1º ano de governo Bolsonaro.* 17 de janeiro de 2020. Disponível em: https://www.poder360.com.br/economia/petrobras-reduz-em-24-quadro-de-funcionarios-no-1o-ano-de--governo-bolsonaro/ . Acesso em 5 de março de 2021.

QUAIN, S. *The Definitions of "Upstream" and "Downstream" in the Production Process.* Chron [Small business], 20 fev. 2019. Disponível em: https://smallbusiness.chron.com/definitions-upstream-downstream-production-process-30971.html#:~:text=It's%20not%20unusual%20to%20hear,products%20get%20produced%20and%20distributed. Acesso em: 3 mar. 2021.

QUEIROZ GALVÃO. Relatórios anuais de sustentabilidade, 2021. Disponível em: https://construtoraqueirozgalvao.com.br/sutentabilidade/relatorios-anuais/. Acesso em: 22 abr. 2021.

ROSSI, J. Luís *et al.* Oportunidades e desafios do desenvolvimento de APLs e territórios no setor de petróleo, gás e naval. *In*: LEAL, Cláudio Figueiredo *et al.* (org.). *Um Olhar Territorial para o Desenvolvimento – Sudeste.* Rio de Janeiro: BNDES, 2015. p. 346-367.

RÜHL, Christof. The five global implications of shale oil and gas. *Energy Post*, 10 jan. 2014. Disponível em: https://energypost.eu/five-global-implications-shale--revolution/. Acesso em: 4 mar. 2021.

SANTOS, F; MOURA, R. "¿Camino al fracaso? La Economía Política de la Crisis Brasileña". *Desarrollo Económico*, v. 58, n. 226, p. 341-372, 2019.

VALOR ECONÔMICO. Petrobras reforça plano para fortalecer fornecedores locais. 7 dez. 2012. Disponível em: https://valor.globo.com/empresas/coluna/petrobras--reforca-plano-para-fortalecer-fornecedores-locais.ghtml. Acesso em: 3 mar. 2021.

VALOR ECONÔMICO. "O efeito da Lava Jato no PIB se confirmou", diz Gesner Oliveira. 15 de agosto de 2016. Disponível em: https://valor.globo.com/financas/casa-das-caldeiras/post/2016/08/o-efeito-da-lava-jato-no-pib-se-confirmou-diz--gesner-oliveira.ghtml. Acesso em: 21 abr. 2021.

VALOR ECONÔMICO. Construtoras encolhem 85% em três anos. 1 de julho de 2019. Valor Econômico [Empresas], 29 mar. 2019. Disponível em: https://valor.globo.com/empresas/noticia/2019/07/01/construtoras-encolhem-85-em-3-anos.ghtml. Acesso em: 04 mar. 2021.

VALOR ECONÔMICO. *Valor 1000 – Rankings 2020. Valor Econômico* (edição especial). Disponível em: https://especial.valor.com.br/valor1000/2020/ranking-1000maiores. Acesso em: 17 fev. 2021.

VALOR ECONÔMICO. Castello Branco deixa Petrobras mais enxuta. Valor Econômico [Empresa], 09/03/2021. Disponível em: https://valor.globo.com/empresas/noticia/2021/03/01/castello-branco-deixa-petrobras-mais-enxuta.ghtml. Acesso em: 04 de mar. de 2021.

WORLD BANK. World Development Indicators. Disponível em: https://data.worldbank.org/indicator/PA.NUS.FCRF?locations=BR . Acesso em 28 de abril de 2021.

Operação Lava Jato: o impacto da politização de escândalos de corrupção no sistema partidário

Fábio Kerche[1]
Talita Tanscheit[2]

Com o que a Lava Jato não contava?

Em 9 de junho de 2019, o site de notícias *The Intercept Brasil* lançou uma série de reportagens baseadas em conversas privadas entre o então ministro da Justiça de Jair Bolsonaro, o ex-juiz federal Sergio Moro, e integrantes da força-tarefa da Operação Lava Jato em Curitiba, coordenada pelo procurador Deltan Dallagnol (ver Demori, 2020). "As conversas secretas da Lava Jato" confirmaram o que já era apontado por algumas pessoas: a despeito da legislação brasileira, havia uma colaboração, para dizer o mínimo, entre o Judiciário e o Ministério Público Federal na elaboração das peças de acusação, especialmente contra o ex-presidente Luiz Inácio Lula da Silva. Não há mais dúvidas de que o intuito era impedir a possível vitória do Partido dos Trabalhadores (PT) nas eleições presidenciais de 2018.

Iniciada oficialmente em 17 de março de 2014, a Operação Lava Jato teve como protagonistas a Polícia Federal, o Ministério Público Federal e o Poder Judiciário, com vistas a investigar crimes de corrupção envolvendo servidores públicos, empresários e políticos. A operação simbolizou o ápice do "ativismo judicial" no país, redesenhando, em certa medida, a política brasileira por meio da deslegitimação e criminalização do sistema partidário (Korner; Schilling, 2015). A investigação tomou proporções inéditas no combate à corrupção no Brasil: até 2021, somente em Curitiba, foram 79 fases, 1.450 mandatos de busca e apreensão, 211 conduções coercitivas, 132 mandados de prisão preventiva e

---

[1] Doutor em Ciência Política pela Universidade de São Paulo (USP) e professor da Universidade Federal do Estado do Rio de Janeiro (Unirio). Foi secretário-adjunto e secretário de imprensa da Presidência da República no primeiro governo Lula.
[2] Doutora em Ciência Política pelo Instituto de Estudos Sociais e Políticos da Universidade do Estado do Rio de Janeiro (IESP-UERJ) e professora substituta da Universidade Federal do Rio de Janeiro (UFRJ).

163 de temporárias, 130 denúncias contra 553 acusados, 278 condenações, em um total de 2.611 anos de pena (Betim, 2021).

A Operação Lava Jato abalou o sistema partidário, embora, neste momento, não exista clareza se de forma definitiva. O padrão de competição política e eleitoral das duas últimas décadas foi alterado nas eleições recentes e contribuiu diretamente para a vitória de Jair Bolsonaro em 2018. O PT, embora resiliente, como iremos mostrar, foi impactado eleitoralmente. Houve perdas nas eleições de 2016 e 2018, incluindo a condenação e prisão de Lula, o que gerou o indeferimento de sua candidatura. Outras duas das principais legendas na Nova República, que são também pilares do sistema partidário da redemocratização, foram atingidas fortemente: o Partido da Social Democracia Brasileira (PSDB) e o Movimento Democrático Brasileiro (MDB).

Dois acontecimentos destacam-se nesse período marcado pela Lava Jato. Por um lado, a ruptura com as bases do sistema partidário que estiveram em funcionamento por mais de duas décadas no país. Por outro, a "troca de guarda" na direita brasileira, em que os moderados foram substituídos pelos radicais. Diferentemente das eleições presidenciais entre 1994 e 2014, não ocorreu a tradicional polarização entre PSDB e PT. Ademais, houve uma perda significativa no número de parlamentares dos três maiores partidos com representação no Congresso Nacional, o PT, o PSDB e o MDB. Tudo isso expressa uma rejeição aos partidos tradicionais que organizaram a competição política e eleitoral desde a redemocratização (Santos; Tanscheit, 2019).

Em que pese a diminuição de sua bancada em 2018, o PT elegeu novamente o maior número de deputados federais e continuou a ser a principal organização de esquerda na Câmara dos Deputados. Mesmo com Lula impedido de concorrer, Fernando Haddad foi para o segundo turno nas eleições de 2018, e perdeu para Bolsonaro na segunda menor diferença de votos em todas as eleições presidenciais. Em contrapartida, o PSDB amargou uma derrota vergonhosa com Geraldo Alckmin e diminuiu sua força em quase 50% na Câmara. Ou seja, perdeu quase a metade de seus deputados, caindo da terceira para a nona maior bancada. Embora o MDB, agremiação "governista" por excelência, que vinha progressivamente deslocando-se à direita (Power; Rodrigues-Silveira, 2018), tenha perdido parcela considerável de seus parlamentares, a sua derrota foi mais branda, caindo da segunda para a quarta posição. Em sentido semelhante às eleições presidenciais, o Partido Social Liberal (PSL) substituiu o PSDB e tornou-se o principal partido de direita na Câmara dos Deputados.

Este capítulo tem como objetivo analisar o impacto da Operação Lava Jato na desestruturação do sistema partidário brasileiro e, consequentemente, na vitória de Bolsonaro e na ascensão do PSL no Congresso Nacional, inaugurando o primeiro governo da direita radical no país em um período democrático. Mesmo Bolsonaro sendo um fenômeno multicausal, sem dúvida Moro e a força-tarefa de Curitiba exerceram um papel fundamental em sua eleição. Nosso ponto, contudo, é que apesar desse cenário sombrio, o PT ainda conseguiu se manter como uma alternativa partidária viável, balizando o debate político e sustentando aspectos positivos do sistema partidário brasileiro. A Lava Jato talvez não contasse com a resiliência do PT.

A Lava Jato e a Mãos Limpas: uma história que quase se repetiu

O então juiz Sergio Moro não escondia sua admiração pela Operação Mãos Limpas na Itália. Em artigo que ficou famoso – não por suas qualidades acadêmicas, mas por revelar um método que foi seguido na Lava Jato –, Moro apresentou os detalhes da grande operação de combate à corrupção que teve início em 1992, em Milão (Moro, 2004). Naquele ano, um administrador de um hospital público, membro do Partido Socialista, foi pego recebendo US$ 5 mil em propina. Esse foi o ponto de partida da operação que mudou a realidade da Itália e teve profundas consequências políticas. Em seus quatro anos de existência, foram 5 mil pessoas investigadas, entre elas seis ex-primeiros-ministros e 200 parlamentares (Guarnieri, 2015; Sberna; Vannucci, 2013).

Moro aparentemente conhecia o sistema judicial italiano e deveria saber, portanto, que a Itália possui um desenho institucional diverso do brasileiro. Naquele país, juízes e promotores fazem parte da mesma instituição e as carreiras são, inclusive, cambiáveis. O italiano médio nem "percebe mais a diferença entre os dois papéis" (Di Federico, 1995, p. 235). A polícia, que pela Constituição de 1948 não fazia parte dessa instituição, ao longo do tempo também passou a responder aos magistrados italianos. A partir de 1989, um novo Código Criminal foi aprovado, prevendo, entre outras coisas, que o poder de dirigir a polícia na fase de investigação passaria a ser responsabilidade dos promotores (Pederzoli; Guarnieri, 2008). Pelo sistema italiano, portanto, o mesmo órgão controla a investigação, acusa e julga. Colegas de instituição, que frequentaram a mesma escola de magistratura e que pertencem praticamente à mesma carreira, se "confrontavam" nos tribunais. Há ao menos um relato de uma acusação feita por um promotor que, depois de ser promovido a juiz, julgou sua própria ação (Burnett; Mantovani, 1998).

Essa estrutura, como qualquer desenho institucional, pode ser lida em seus aspectos positivos e negativos, vantagens e desvantagens. Essa "quase-fusão institucional" (Kerche; Marona, 2021) entre Polícia, Ministério Público e

Judiciário diminui os custos de transação, facilitando o trabalho dos atores do sistema de Justiça. São colegas e subordinados atuando em uma mesma direção, perseguindo um mesmo objetivo. Por outro lado, contudo, esse desenho elimina uma das poucas barreiras ao poder desses atores não eleitos do Estado: uma divisão de trabalho (Kerche, 2009) em que instituições independentes entre si se autolimitam, em um modelo que foi descrito como "competitivo" (Arantes, 2014). Neste caso, o órgão que investiga é diferente daquele que acusa, que por sua vez é diverso do que julga. Obviamente, essa necessidade de um processo baseado em três diferentes e autônomas instituições gera mais custos de transação, exige mais tempo e aumenta as chances de discordâncias ao longo do processo. Em tese, essa exigência de múltiplos atores diminuiria a chance de erro, visto que policiais, promotores e juízes atuariam com maior independência entre si nas diversas fases judiciais, aumentando a possibilidade de que um réu obtivesse um julgamento justo.

Esses modelos institucionais mais ou menos unificados dos sistemas de Justiça eram uma diferença importante entre os desenhos italiano e brasileiro. Ou melhor, foram significativamente diversos até a força-tarefa de Curitiba. Nessa oportunidade, o modelo foi adaptado. Aproveitando-se de novas leis, as fronteiras entre os órgãos de investigação, acusação e julgamento foram fragilizadas, independentemente do modelo previsto para a Justiça criminal brasileira e de mudanças legislativas autorizando mudanças nesse sentido. Se essa quase fusão institucional em Curitiba já era perceptível por meio de outros indicadores (Kerche, 2018), com a Vaza Jato e os áudios da Operação Spoofing não há mais dúvidas de que as barreiras entre os três atores da Justiça brasileira foram abandonadas à revelia de qualquer decisão dos poderes legitimados para criar leis (Oliveira, 2021). As gravações divulgadas demonstram que juízes, procuradores e agentes policiais mantinham uma relação de proximidade e de quase subordinação a Sergio Moro. A necessidade de um juiz equidistante das partes somente valia para a defesa dos réus, desequilibrando o processo e impossibilitando um julgamento justo e imparcial, como se espera em uma democracia.

O processo de fragilização das barreiras entre as três instituições do sistema de Justiça, entretanto, não se deram somente por iniciativas ilegais da força-tarefa de Curitiba. Embora não tenham tido esse objetivo, o processo foi facilitado por ao menos duas iniciativas, uma ainda no primeiro governo Lula, outra com origem no Supremo Tribunal Federal (STF). Em 2003, por iniciativa do Ministério da Justiça, organizou-se um enorme esforço de agrupar as diferentes instituições de controle do Estado brasileiro para que estas trabalhassem de forma mais integrada. Foi no âmbito da Estratégia Nacional de Combate à Corrupção e Lavagem de Dinheiro (Encla), que se incentivou a criação de forças-tarefas, com a expectativa de que a cooperação dos órgãos de controle, entre eles a Polícia Federal e o Ministério Público Federal, gerasse maior eficiência (Kerche; Marona, 2021).

A segunda inovação que gerou impacto nesse modelo de fragilização da divisão de trabalho entre os órgãos do sistema de Justiça foi a decisão do STF, em 2015, de decidir como constitucional, contrariamente ao desejo do constituinte (Kerche, 2014), que promotores e procuradores pudessem conduzir investigações criminais, independentemente da polícia e do inquérito policial. A divisão entre uma instituição autônoma que investiga e outra que acusa, portanto, foi mitigada: ora por poderem trabalhar em conjunto (Encla), ora porque promotores e procuradores podiam prescindir dos policiais (STF).

Embora uma das barreiras tivesse sido fragilizada, restava, ainda, o Poder Judiciário como um ator independente para limitar esse bloco permitido pelo governo e pelo STF e que confundia investigação/acusação. Caberia ao juiz, ouvindo equanimemente o Ministério Público e a defesa do acusado, tomar a decisão final sobre um caso criminal, baseado nas evidências apresentadas. Moro, que admirava o modelo italiano baseado em órgãos judiciais trabalhando com frágeis limitações institucionais, derrubou esta última contenção – ao menos em relação à Lava Jato de Curitiba. Ele, como o juiz titular da Vara que decidia sobre os mais diversos casos remotamente ligados à Petrobras, se incorporou e, baseado nas gravações divulgadas, parece liderar a força-tarefa expandida, formada pela Polícia Federal, Ministério Público Federal e pelo futuro ministro da Justiça do governo Bolsonaro.

A defesa dos acusados/réus, especialmente do ex-presidente Luiz Inácio Lula da Silva, isolada, precisava enfrentar essa quase fusão institucional entre o juiz do caso, procuradores do Ministério Público Federal e agentes da Polícia Federal. Pode ser apenas uma coincidência, mas somente as forças-tarefas de Curitiba e do Rio de Janeiro, que tinham juízes dedicados à Lava Jato, Sergio Moro e Marcelo Bretas, foram realmente efetivas, tomando como base o número de prisões, buscas e apreensões etc. A força-tarefa de São Paulo, por exemplo, responsável por potenciais escândalos que envolveriam lideranças do PSDB, distribuía os casos para diferentes juízes e teve resultados relativamente pífios (Kerche; Marona, 2021). O modelo brasileiro, pelo menos na capital paranaense, se assemelhava informalmente com o desenho do sistema de Justiça italiano, em que magistrados e policiais se confundiam e atuavam em bloco. Tudo isso com a complacência, pelo menos em um primeiro momento, dos tribunais superiores.

Se o quadro institucional se resolvia com a aproximação de atores pensados para serem autônomos entre si, se podia agora também emular os dois pilares da estratégia italiana, segundo o próprio Sergio Moro em seu famoso artigo: delações dos investigados e busca por apoio da opinião pública.

A Operação Mãos Limpas utilizou largamente das delações entre os acusados incentivadas graças a acordos de leniência, acertados com vistas a evitar "detenções antes dos julgamentos" (Guarnieri, 2015, p. 125).[3] Segundo estudiosos da operação italiana, os primeiros políticos e empresários suspeitos começaram a colaborar com os juízes, apontando para outros nomes supostamente envolvidos em corrupção (Sberna; Vannucci, 2013, p. 576). Na busca por obter vantagens para si, como não ir preso antes do julgamento, o investigado colaborava, o que garantia a sequência das investigações. No Brasil, a adoção de estratégia similar foi amplamente utilizada. As delações premiadas foram facilitadas pela nova Lei das Organizações Criminosas, aprovada durante o governo Dilma Rousseff, em 2013. A nova legislação assegurava, entre outros pontos, ampla discricionariedade aos procuradores, e até aos delegados, para negociar benefícios para acusados que apontassem outros nomes. O resultado é que, entre 2014 e 2018, em média, as penas privativas de liberdade para aqueles que denunciavam e serviam de escada para que as investigações continuassem foram reduzidas em 81% (Kerche; Marona, 2018). Esse expediente foi utilizado 209 vezes na primeira instância em Curitiba, 37 em São Paulo e dez no Rio de Janeiro, entre 2014 e 2020. O Supremo Tribunal Federal, por sua vez, autorizou 183 acordos de colaboração no mesmo período (Kerche; Marona, 2021). Muitas das condenações foram embasadas quase que exclusivamente na palavra de acusados que buscavam minimizar suas sentenças.

Outra parte da estratégia italiana conhecida por Sergio Moro era obter o apoio da opinião pública utilizando a imprensa. Os magistrados italianos

> [...] algumas vezes fizeram uso estratégico de suas habilidades para tornar públicas informações sobre acusações criminais, às vezes (ilegalmente) vazando a história para um jornalista aliado. Essa oferta não apenas era uma oportunidade para aumentar o prestígio, mas também possíveis vantagens para as investigações que eles estavam conduzindo. (Nelken, 1996, p. 101)

Os "jornalistas eram 'usados' pelos magistrados para levantar apoio para sua investigação" (Sberna; Vannucci, 2013). As afirmações deste parágrafo poderiam ser facilmente transpostas para a Lava Jato.

---

[3] Todas as citações em inglês no original foram traduzidas por um dos dois autores.

A imprensa brasileira é chave para entender a Lava Jato. Os três maiores jornais brasileiros (*Folha de S.Paulo*, *Estado de S.Paulo* e *O Globo*), entre meados 2014 e 2017, publicaram 7.820 textos negativos em relação ao sistema político. A operação era destaque, sendo que representava um quarto de tudo que se publicava sobre política, "uma média de quase dois textos por dia por meio, ao longo de três anos" (Feres Jr.; Barbarela; Bachini, 2018, p. 216). As mais importantes revistas semanais (*Veja*, *Época*, *IstoÉ* e *Carta Capital*), também cobriram fortemente a Lava Jato. Entre 2014 e 2016, 40,3% das 186 edições analisadas traziam capas que tratavam de algum aspecto relacionado com a operação (Baptista; Telles, 2018). A revista *Veja* chegou a imprimir somente sua capa, estampando a foto de Lula e Dilma, com a manchete de que eles sabiam de todo o esquema da Lava Jato, distribuindo-a na véspera da eleição presidencial em 2014.

Em uma análise somente das manchetes sobre a Lava Jato, a parte mais visível das notícias nos jornais, expostas ao longo do dia nas bancas, e incluindo o Jornal Nacional, o telejornal de maior audiência da TV brasileira, o nome mais citado nesse período foi o de Dilma e de Lula, independentemente de acusações formais na Justiça (Feres Jr., Barbarela; Cachini, 2018). Havia uma confusão, deliberada, de transformar denúncias feitas pelos integrantes da operação em malfeitos do próprio governo federal.

Se para os políticos, em especial do PT, as críticas superavam em muito as matérias consideradas neutras, a imprensa era bastante condescendente com Sergio Moro e procuradores da força-tarefa, mesmo frente a questões polêmicas, para dizer o mínimo, como o vazamento do grampo telefônico de uma conversa entre a presidenta com um ex-presidente ou de uma coletiva na qual procuradores apresentaram um *PowerPoint* quase infantil que pretendia indicar que Lula era o chefe de uma quadrilha.

Foi de interesse dos atores do sistema de Justiça brasileiro, assim como fizeram os magistrados italianos, manter uma estreita relação com os jornalistas, utilizando-se da mídia para a ampliação de suas posições (Avritzer; Marona, 2017). Para isso, valia estratégias que iam além de simples compromisso com a transparência. Um exemplo é que, "após levantar o sigilo dos autos de um processo, Sergio Moro segurou a divulgação da chave numérica para permitir que os procuradores a fornecessem primeiro a repórteres de sua escolha, que assim teriam acesso à informação antes de outros veículos" (Balthazar, 2019).

Essa divulgação maciça da Lava Jato, ao que tudo indica, teve impacto na opinião pública (Instituto de Pesquisa Datafolha, 2021). A corrupção, que desde o governo Fernando Henrique Cardoso, passando por Lula e o chamado Mensalão, o primeiro mandato Dilma e as manifestações de 2013, nunca foi apontada como o principal problema do país nas pesquisas de opinião, passou a ser considerada durante todo o segundo mandato de Dilma e manteve-se em patamares bastante elevados durante o período Temer. Esse era um cenário inédito. Em todas as 31 pesquisas realizadas pela Datafolha entre junho de 2006 e novembro de 2010, quando perguntado "qual é o principal problema do país", a corrupção nunca passou de um dígito, e sempre ficou bem atrás da saúde e da violência. A partir da pesquisa de fevereiro de 2015 e nas outras três realizadas em abril, junho e novembro daquele ano, a corrupção tornou-se a maior preocupação entre os entrevistados em resposta espontânea. No governo de Michel Temer, a corrupção, que vinha caindo após o afastamento de Dilma, dá um pico na crise da gravação do empresário Joesley Batista, mas volta a cair novamente, trocando de posição com saúde e segurança, como mostra o gráfico 1.

Gráfico 1 – Preocupação dos brasileiros com corrupção durante o tempo recorte entre 2012 e 2018 visto pelos escândalos de corrupção

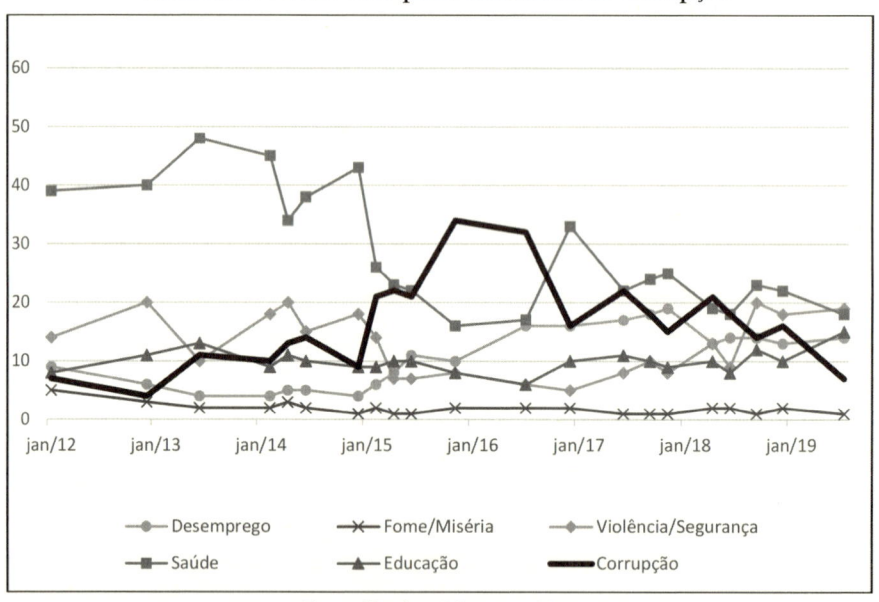

Fonte: Kerche e Marona, 2021

O cenário que começava a se reverter no governo Temer, se consolida no governo Bolsonaro. Quando perguntado sobre qual deveria ser a prioridade do próximo presidente em 2018, os entrevistados pela Datafolha não dão grande destaque à corrupção, demonstrando estar mais preocupados com a saúde e educação, como mostra a Tabela 1.

Tabela 1 – Qual deveria ser a prioridade do governo Bolsonaro
(resposta espontânea e única em %)

Principais Categorias	06/2018	09/2018	12/2018
Saúde	41	40	40
Educação	20	20	18
Violência/segurança	7	15	16
Desemprego	8	8	7
Economia	5	3	2
Corrupção	2	2	3
Outros/não sabe	17	12	13

Fonte: Kerche e Marona, 2021; Datafolha.

Em pesquisa espontânea e com resposta única, de julho de 2019, assim como as demais apresentadas no Gráfico 1, o tema da corrupção volta para um dígito e perde para violência, saúde, educação, desemprego e economia. Na pesquisa dezembro de 2019, mas agora com resposta estimulada, a corrupção fica atrás da saúde, educação, violência e desemprego. Assim como ocorreu na Mãos Limpas italiana, o interesse pela corrupção perde prioridade na agenda pública e diminui a preocupação da população ao longo do tempo. Nada indica, entretanto, que a corrupção tenha diminuído após as grandes e midiáticas operações da Lava Jato (Kerche, 2018).

O que Moro não revela em seu artigo são as consequências da Operação Mãos Limpas. Como reflexo do combate à corrupção pela via judicial, o sistema partidário italiano sofreu mudanças dramáticas e o antigo equilíbrio político construído no pós-guerra se desmanchou (Pederzoli; Guarnieri, 1997). Entre 1992 e 1994, os cinco partidos políticos mais importantes "colapsaram de 53,1% para 13,8%. Democratas Cristãos – renomeados como Partido Popular – caíram de 29,6% para 11,1%; o Partido Socialista, de 13,6% para 2,2%" (Pederzoli; Guarnieri, 1997, p. 326). Mesmo as agremiações que não participavam das coalizões que governavam a Itália após a Segunda Guerra Mundial, como o Partido Comunista e os grupos pós-fascistas, derreteram (Sberna; Vannucci, 2013). Enquanto isso, novos atores surgem e ocupam "o vácuo político que foi deixado pela desintegração do velho" (Sberna; Vannucci, 2013, p. 575). É nesse contexto que o neófito Silvio Berlusconi, o milionário italiano proprietário de vários veículos de comunicação que apoiaram a Mãos Limpas, cria um novo partido de centro-direita, *Forza Italia*, e se torna primeiro-ministro do país (Sberna; Vannucci, 2013).

No Brasil, tivemos a tragédia que se repetiu da farsa. Bolsonaro se beneficiou diretamente da Lava Jato, não somente porque o favorito na corrida presidencial estava preso e impedido até de conceder entrevistas, mas também por ter se beneficiado da cruzada contra a política promovida pelo sistema de Justiça que transformou corrupção em um problema maior do que saúde, desemprego ou desigualdade. Mas nem tudo foi igual no Brasil e na Itália após suas midiáticas e espetaculosas operações. O sistema partidário, que foi completamente devastado na Itália, respondeu de forma diversa no Brasil. E é isso que veremos nas próximas seções.

O Brasil não é a Itália: o PT preserva algo do sistema partidário

Os primeiros indícios de que as grandes operações contra a corrupção podem ter tido impacto no processo eleitoral – o "Mensalão", em um primeiro momento, e a Lava Jato, depois –, ocorreram ainda nas eleições presidenciais de 2014. Na ocasião, Dilma Rousseff venceu Aécio Neves em segundo turno pela menor margem entre os dois primeiros candidatos em todas as eleições presidenciais desde a redemocratização. A presidenta recebeu 51,64% dos votos contra 48,36% de Aécio Neves, que questionou a derrota, colocando em xeque todo o processo eleitoral e a democracia brasileira (Przeworski, 2020). Além disso, o PT perdeu cadeiras na Câmara dos Deputados, caindo de 86 para 68 deputados federais. Com o maior partido de esquerda, e um dos balizadores do jogo político, relativamente enfraquecido e altamente associado a escândalos de corrupção, o Brasil inicia uma séria crise política e institucional, cujas consequências ainda estão em aberto. Enquanto isso, e sem que quase ninguém prestasse atenção, o então deputado Jair Bolsonaro era reeleito pela sétima vez, com quatro vezes mais votos em comparação às eleições anteriores, saltando de 120.646 para 464.572 eleitores (Último Segundo, 2014).

Os eventos que vieram a seguir atingiram o PT, mas não com força suficiente para liquidá-lo, aos moldes do que ocorreu com todos os partidos italianos pós-Mãos Limpas. Em 2016, Dilma foi acusada de crime de responsabilidade em razão da abertura de créditos suplementares por decreto presidencial sem a autorização do Congresso Nacional e da contratação ilegal de operações de crédito, as chamadas "pedaladas fiscais", a despeito das frágeis evidências. O seu *impeachment*, considerado por muitos um verdadeiro golpe parlamentar, foi aprovado na Câmara dos Deputados em 17 de abril de 2016 por 367 votos favoráveis, contando com 137 deputados contrários, sete abstenções e duas ausências. No Senado Federal, em 11 de maio de 2016, o afastamento ocorreu de forma definitiva, com 55 votos favoráveis, 22 contrários, uma abstenção e duas ausências. Sem que os eleitores se manifestassem, Michel Temer e o PSDB, que foi votado para ser oposição, passam a governar o país.

Gráfico 2 – Resultado do 1º turno das eleições presidenciais no Brasil (1994-2014)

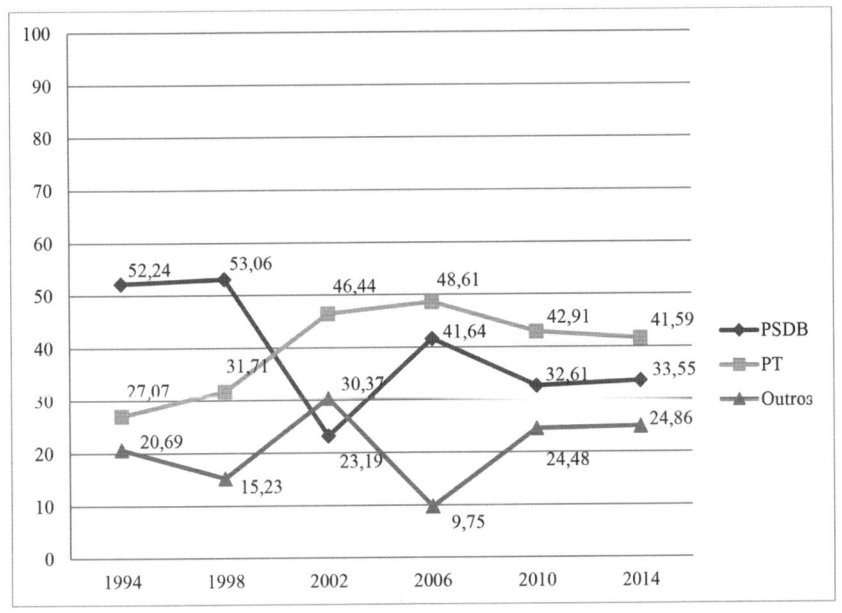

Fonte: Santos e Tanscheit, 2019; Tribunal Superior Eleitoral (TSE

Gráfico 3 – Resultado do 2º turno das eleições presidenciais no Brasil (2002-2014)

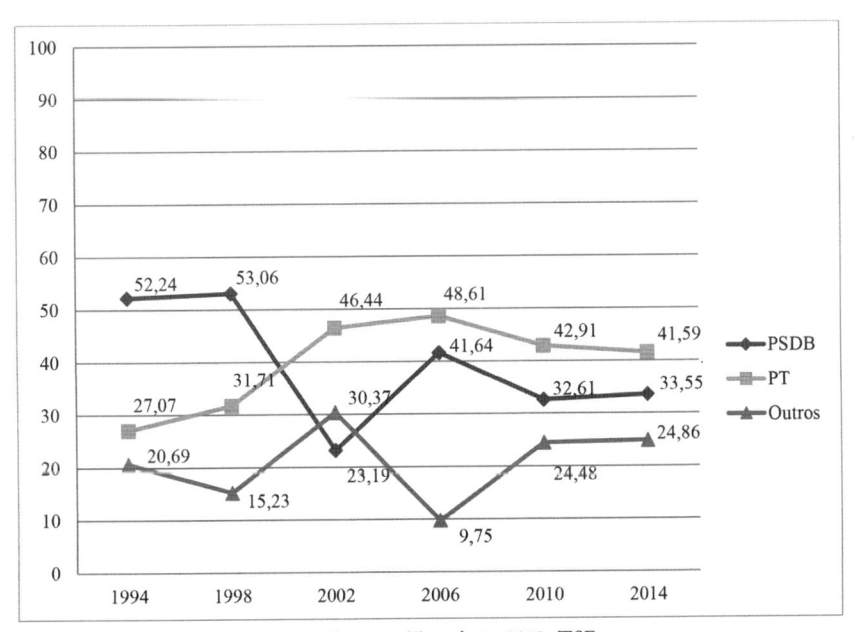

Fonte: Santos e Tanscheit, 2019; TSE

Neste mesmo ano, pouco tempo após o afastamento de Dilma, ocorrem eleições para prefeitos e vereadores em mais de 5 mil munícipios brasileiros. Eleições municipais nem sempre são "nacionalizáveis". Ou seja, o eleitor não prioriza necessariamente questões que estão em pauta nacionalmente para escolher seus representantes em nível local. A eleição de 2016, contudo, parece ser um dos exemplos de um pleito municipal em que temas que extrapolam a cidade influenciaram a decisão dos eleitores: o PT perde mais de 60% das prefeituras que contavam com petistas como prefeito e ganha apenas uma capital, Rio Branco (AC). Somando todos os votos dados para vereador no Brasil, o partido, que nas eleições municipais de 2004, 2008 e 2012 obteve mais de 10% dos votos, cai para pouco mais de 5% em 2016, uma queda de quase 50%. Para além dessa contaminação do PT por denúncias de corrupção e do *impeachment* de Dilma, dois outros elementos já se faziam sentir naquele momento e que ganharam força no pleito presidencial de 2018: o antipartidarismo e o *antiestablishment*. E, justiça seja feita, fenômenos não exclusivos do Brasil, mas que se espalham entre as democracias e intrigam diversos pesquisadores (Meléndez; Rovira; Kaltwasser, 2017; Levitsky e Ziblatt, 2019; Przeworski, 2020). Exemplo disto é que o número de votos em branco e nulo para vereadores dispara: em municípios com mais de 500 mil eleitores, o que ficava na faixa dos 6% em 2004, saltou para mais de 14% em 2016.[4]

As eleições presidenciais de 2018 impactaram em definitivo o sistema partidário brasileiro, atingindo não somente o PT, mas os principais partidos nacionais, modificando aquilo que estava consolidado no sistema partidário brasileiro. O agora MDB, que abandonou o P para tentar se "reposicionar" eleitoralmente, e o PSDB, protegido durante muito tempo de acusações contra seus quadros pela força-tarefa de São Paulo que não possuía um juiz para chamar de seu, acabaram tendo importantes lideranças atingidas em operações desdobradas. No caso do MDB, além de seu envolvimento em questões nacionais, escândalos e condenação de políticos no Rio de Janeiro abundaram: o ex-governador Sérgio Cabral, o ex-presidente da Câmara dos Deputados, Eduardo Cunha, o ex-presidente da Assembleia Legislativa, Jorge Picciani, e o ex-governador "Pezão". Se, à primeira vista, o coração do PSDB não teria sido afetado pela Lava Jato, a investigação que envolvia Aécio Neves, senador e ex-governador pelo estado de Minas Gerais e candidato do partido

---

[4] Estes dados foram apresentados por Jairo Nicolau em apresentação no 44º Encontro da Associação Nacional de Pós-Graduação em Pesquisa em Ciências Sociais (Anpocs) em 12/2020.

às eleições presidenciais de 2014, expôs a agremiação de forma decisiva. A revelação de conversas com o empresário Joesley Batista, nas quais Neves afirma querer interromper a operação e anistiar o crime de desvio de recursos financeiros não contabilizados e não declarados aos órgãos competentes, o "Caixa 2", serviu de estopim para a crise atualmente vivida no interior da organização partidária (Nicolau, 2018). As previsões da direita moderada de que a Lava Jato atingiria apenas o PT, especialmente devido à prisão de Lula, demonstrar-se-iam equivocadas, tendo seus efeitos se espraiado por todo o sistema partidário.

É óbvio que o Mensalão e, em especial, a Lava Jato não são os únicos eventos de incidência na política brasileira. Nosso ponto, entretanto, é que a transformação da corrupção em pauta prioritária, que teve papel fundamental o sistema de Justiça brasileiro, criminalizou a política, atingindo o sistema partidário e abrindo espaço para a ascensão da nova direita.

Nesse sentido, chama a atenção a resiliência do PT em comparação ao PSDB. Os tucanos eram considerados por muitos como favoritos na eleição de 2018. Esperava-se, assim, pela vitória da candidatura eleitoral do PSDB na disputa presidencial. Geraldo Alckmin conformou a maior coligação eleitoral do país a partir da união de dez organizações partidárias, dispondo de cerca de 50% do horário gratuito de propaganda eleitoral, tendo ao seu lado mais da metade dos parlamentares e dos prefeitos e contando com R$ 852,8 milhões do fundo partidário. Entretanto, não foi isso que aconteceu. A estratégia de apoiar o *impeachment*, fazer parte da base de Temer e apoiar a Lava Jato se mostrou equivocada. Ao contrário das previsões, e da torcida de muitos analistas da imprensa, a candidatura de Alckmin não decolou, levando o ex-governador à obtenção de um melancólico quarto lugar, o pior resultado eleitoral do PSDB desde 1989 (Santos; Tanscheit, 2019). Jair Bolsonaro, por sua vez, apresentou crescimento contínuo, sendo quase vitorioso em primeiro turno. Fernando Haddad obteve rápido crescimento – creditado à impressionante transferência dos votos de Lula ao candidato. Ciro Gomes obteve a mesma média de votos das outras eleições de que participou, em 1998 e 2002.

No Congresso, o resultado não foi diferente. A eleição foi marcada pela perda de peso dos três maiores partidos na Câmara dos Deputados e no Senado Federal, resultando em uma mudança na composição política no Congresso Nacional. O PT foi o único partido que se manteve entre os três principais nos últimos anos. O PSDB e o MDB foram substituídos pelo PSL e pelo Partido Progressista (PP).

Gráfico 4 – Resultado do 1º turno das eleições presidenciais no Brasil (2018)

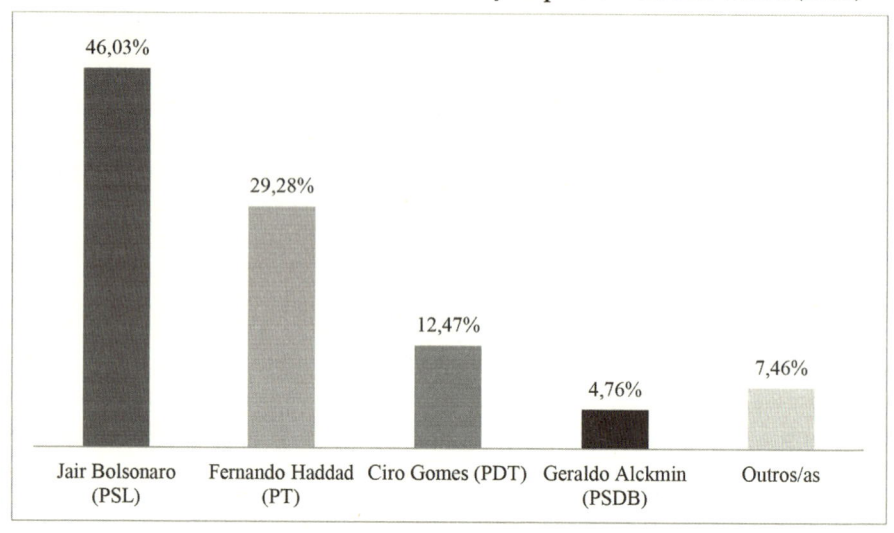

- Jair Bolsonaro (PSL): 46,03%
- Fernando Haddad (PT): 29,28%
- Ciro Gomes (PDT): 12,47%
- Geraldo Alckmin (PSDB): 4,76%
- Outros/as: 7,46%

Fonte: Santos e Tanscheit, 2019; TSE.

Tabela 2 – Peso dos maiores partidos na Câmara dos Deputados por tamanho de bancada

Eleição	Partidos	n. de deputados	% Total
2002	PT, PFL, PMDB	250	49%
2006	PMDB, PT, PSDB	238	46%
2010	PT, PMDB, PSDB	218	42%
2014	PT, PMDB, PSDB	187	36%
2018	PT, PSL, PP	147	29%

Fonte: Necon e Barbosa (2018)

No mesmo sentido, houve uma substituição das principais maiorias parlamentares. Além do crescimento do PSL de um para 52 deputados, o MDB deixou de ser o "fiador do regime" e imprescindível para a formação de governos, com um número de parlamentares marginalmente acima ou abaixo do Partido Progressista (PP), do Partido Social Democrático (PSD), do Partido da República (PR) e do Partido Socialista Brasileiro (PSB).

Tabela 3 – Bancada eleita 2010

Partido	PT	PMDB	PSDB	DEM	PR	PP	PSB	PDT	PTB	PSB	PCdoB
Bancada	88	79	53	43	41	41	34	28	21	17	15

Fonte: Elaboração própria.

Tabela 4 – Bancada eleita 2014

Partido	PT	PMDB	PSDB	PP	PSD	PSB	PR	PTB	PRB	DEM	PDT
Bancada	68	65	54	38	36	34	34	25	21	21	20

Fonte: Necon e Barbosa (2018).

Tabela 5 – Bancada eleita 2018

Partido	PT	PSL	PP	PSD	MDB	PR	PSB	PRB	DEM	PSDB	PDT
Bancada	56	52	37	34	34	33	32	30	29	29	28

Fonte: Necon e Barbosa (2018).

Por fim, os maiores perdedores e ganhadores da Câmara dos Deputados:

Tabela 6 – Maiores perdedores e ganhadores na Câmara dos Deputados (2018)

Partido	PSL	PRB	PDT	PODE	PT	PTB	PSDB	MDB
2014	1	21	20	4	68	25	54	65
2018	52	30	28	11	56	10	29	34
Variação	51	9	8	7	-12	-15	-25	-31

Fonte: Necon e Barbosa (2018).

Em relação à eleição de 2018, é possível destacar três elementos que prevaleceram nesta eleição. Em primeiro lugar, e com contribuição inequívoca da Lava Jato, a existência de duas identidades políticas negativas: o antipetismo e o *antiestablishment*, que significa "uma repulsa emocional e racional para cada partido político estabelecido em um determinado país" (Meléndez e Rovira Kaltwasser, 2017, p. 10). Se a rejeição ao PT na faixa de 30% chama a atenção, a rejeição a dois ou mais partidos saltou de 9,9% em 2002 para 34% em 2019 (Fuks, Ribeiro; Borba, 2020). Em segundo lugar, a existência de um alinhamento entre o programa de governo de Bolsonaro e as posições políticas de seus eleitores, em uma correspondência até então desconhecida na história brasileira recente (Rennó, 2020). Em terceiro lugar, a persistência de clivagens demográficas – raça, gênero e religião – que, possivelmente articuladas a posições políticas conservadoras, demonstram novamente uma forte correlação entre visões do atual presidente e seus eleitores, contrariando a noção de que a sua eleição apenas refletiu uma rejeição ao PT (Layton, Smith, Moseley e Cohen, 2021).

Como sugere Amaral (2020), o candidato que melhor soube articular identidades políticas negativas ao conservadorismo seria o vencedor, ainda mais em um pleito que o favorito foi retirado da disputa. A eleição de 2018 e a vitória de Bolsonaro é a culminação de cinco anos de turbulências políticas que destruiu um arranjo político de longa duração, trazendo também novos nomes para governar os estados, como o caso de Wilson Witzel no Rio de

Janeiro e Romeu Zema em Minas Gerais, que venceram em seus estados as poderosas candidaturas de Eduardo Paes, já no Democratas (DEM), e Antonio Anastasia, do PSDB (Almeida; Guarnieri, 2020).

As eleições municipais de 2020, por outro lado, indicam uma recuperação, ainda que tímida, do PT e um declínio do PSDB e do MDB em comparação à 2016. Bolsonaro, que não coletou assinaturas suficientes para a legalização do Aliança pelo Brasil – projeto já abandonado de partido – foi o grande derrotado, perdendo especialmente em São Paulo e no Rio de Janeiro, e "a onda que o elegeu em 2018 virou marola em 2020" (Ranulfo, 2020a). Em número de prefeituras, o MDB caiu de 1.038 para 784 e o PSDB de 803 para 520, enquanto o PP subiu de 492 para 685, o PSD de 640 para 654 e o DEM de 266 para 464. O PT caiu de 254 para 183, mas em cidades com mais de 200 mil eleitores subiu de um para quatro.

Tabela 7 – Prefeitos/as eleitos/as 2012

Partido	PMDB	PSDB	PT	PSD	PP	PSB	PDT	PTB	DEM	PR
Prefeitos/as	1022	701	632	490	469	443	314	297	278	276

Fonte: Elaboração própria.

Tabela 8 – Prefeitos/as eleitos/as 2016

Partido	PMDB	PSDB	PSD	PP	PSB	PDT	PR	DEM	PTB	PT
Prefeitos/as	1038	803	540	492	415	335	299	266	261	254

Fonte: Elaboração própria.

Tabela 9 – Prefeitos/as eleitos/as 2020

Partido	MDB	PP	PSD	PSDB	DEM	PL	PDT	PSB	PTB	Republicanos
Prefeitos/as	784	685	654	520	464	345	314	252	212	211

Fonte: Elaboração própria.

Tendo em vista o peso de dinâmicas regionais ou estaduais sobre o desempenho de um partido (por exemplo, 20% das prefeituras do PDT são no Ceará), bem como a variação na *performance* partidária a depender do tamanho do município (por exemplo, um partido pode ir bem em grandes cidades e mal em pequenas cidades), a votação obtida pelos partidos nas Câmaras Municipais é uma boa alternativa para dimensionar a força e a capilaridade dos partidos em todo o Brasil (Nicolau, 2020a). Nesta, todas as organizações apresentam candidatos onde existem diretórios municipais. É também melhor do que observar o número de vereadores, uma vez que o partido pode obter uma boa votação e não eleger ninguém. Em uma divisão em cidades com até 50 mil habitantes, com mais de 50 mil até 150 mil, mais de 150 mil até 500 mil e mais de 500 mil habitantes, o DEM e o PP cresceram em todos os segmentos, enquanto o PSDB e o MDB declinaram em todos. O PT, por sua vez, manteve o seu número de votos, sendo, no entanto, o partido mais bem votado no segmento com mais de 500 mil habitantes (Nicolau, 2020b). Em números de vereadores, os partidos que mais elegeram parlamentares nas capitais foram Republicanos, PT e DEM, com destaque para o fraco crescimento do PSL (Ranulfo, 2020b). De uma forma geral, é possível afirmar que o PSDB e o MDB permaneceram em declínio constante e o PT se recuperou com relação à eleição anterior. Os maiores beneficiados, no entanto, foram o DEM e o PP. As maiores quedas, novamente, foram do PSDB e do MDB.

No que toca ao PT, é notável a sua recuperação em sua principal base social e eleitoral, os centros urbanos. Em São Paulo, por exemplo, o partido obteve o maior número de assentos no Legislativo em conjunto com o PSDB, que mantém uma presença forte na capital e no estado, a despeito de sua decadência no resto do país. O PT também foi o partido com maior presença no segundo turno e o único entre a esquerda a disputar nas cinco regiões, perdendo, contudo, em 11 das 15 cidades, indicando uma dificuldade de obter maiorias.

Um outro dado importante é que o PT é atualmente o partido com o maior número de Diretórios Municipais do país, com 3.187. O indicador é fundamental para ver a penetração da sigla pelo território nacional (ver Caesar, 2019). Como o PT logrou se estabilizar em meio à maior crise de sua história será analisado na próxima seção.

Por que o PT resiste?

Se a Lava Jato começa agindo contra a corrupção, ela transborda para além da fronteira do sistema de Justiça e invade a política, interferindo no desenho do sistema partidário no Brasil, "constituindo com a imprensa uma sociedade de interesse comum: a liquidação da legitimidade política do Partido dos Trabalhadores" (Santos, 2017). Os resultados mais tangíveis foram a perda de espaço de dois dos mais tradicionais partidos e a ascensão de outros até então inexpressivos. O PT, contudo, resiste. Como explicar isso?

Um amplo volume de dissertações, teses, livros e artigos têm gerado explicações para a emergência do partidarismo no Brasil, encarnado no PT, visto como uma singularidade no sistema político brasileiro. É possível afirmar que o partido representou uma novidade e algo diferenciado no cenário político institucional do país, sempre escasso de agremiações partidárias sólidas, enraizadas e dotadas de clara identidade frente à população (Keck, 1992; Meneguello, 1989). A eficácia do PT repousaria em sua capacidade de vocalizar e reforçar pautas de bases sociais historicamente excluídas pelos partidos que dominavam a competição política e eleitoral, em um cenário em que nenhuma outra organização teria conseguido consolidar uma "marca" partidária capaz de atrair a adesão mais duradoura de eleitores e grupos sociais (Santos, Tanscheit; Ventura, 2020).

Esta singularidade pode ser explicada pela própria origem do PT como partido de esquerda e *outsider* do sistema político tradicional, em que as organizações de direita têm origem no próprio *establishment* brasileiro. O seu nascimento no mundo do trabalho e o seu vínculo à sociedade civil e ao sindicalismo são elementos centrais de sua formação, e tiveram forte incidência sobre o seu desenvolvimento (Santos; Barbosa, 2019).

Amaral e Power (2016) organizam as interpretações sobre a história do PT em quatro ondas. A primeira é a origem e consolidação, na década de 1980, em que o partido é destacado como uma novidade ou uma exceção na política brasileira, especialmente devido à forma pela qual foi fundado, seu programa político e seu nível de coesão interna. A segunda é a de suas experiências no Executivo e no Legislativo locais e regionais, no decorrer das décadas de 1980 e 1990. Inicialmente, era o desafio de ser governo e, posteriormente, do "modo petista de governar", marca pela qual suas administrações passaram a ser reconhecidas e que está alicerçada nos pilares da promoção da participação e da inversão de prioridades. A terceira é a transformação e moderação do PT no decorrer da década de 1990, buscando a ampliação do seu apelo eleitoral e do seu arco de alianças com o objetivo de conquistar o governo federal. A quarta é a análise da atuação do PT no Governo Federal a partir de 2003, sempre vinculada às mudanças realizadas pelo próprio partido.

Parafraseando Gramsci, é possível afirmar que, se "escrever a história de um partido significa de fato escrever a história geral de um país de um ponto de vista monográfico", a trajetória do PT é um registro da política brasileira nas últimas quatro décadas. Está em aberto, contudo, esse novo momento do partido, após a Lava Jato, a prisão do ex-presidente Lula e o *impeachment* de Dilma Rousseff.

Outra importante análise sobre o partido é a de Singer (2012). Escrevendo da origem à chegada ao governo federal, o autor expõe o aparente contraste entre o passado e o presente do partido, marcados entre o "espírito do Sion" – colégio em São Paulo onde o PT foi fundado e expressão de um partido de claras inspirações socialistas e de insatisfação com o mundo organizado e moldado pelo capital – e o "espírito do Anhembi" –, inaugurado a partir da divulgação da "Carta ao Povo Brasileiro", em 22 de junho de 2002. Naquele momento, argumenta, o partido teria se afastado de setores anticapitalistas e se dispôs a aceitar a ordem do capital, demonstrando disposições pragmáticas opostas ao antigo "purismo" do Sion (Singer, 2012). Fato é que mesmo passando por diversas transformações, em especial devido ao seu crescimento eleitoral e aos desafios de governar sob o presidencialismo de coalizão, ou seja, em um sistema multipartidário e com alta fragmentação, é possível afirmar que o PT, além de permanecer com um enraizamento social significativo, maior do que qualquer outro partido do Brasil, mantém em suas resoluções internas e aplica em suas administrações princípios programáticos que remetem a esta sua origem social. Como observa Singer, em um balanço da experiência do PT no governo federal,

> Pode-se dizer que, a grosso modo, que a presença do PT no Governo Federal organizou-se ao redor de dar materialidade aos preceitos da Constituição de 1988. Em última análise, o partido tem sido um instrumento de avanços na direção de um Estado de bem-estar social, com aumento do emprego, transferência de renda para os mais pobres, e progresso na construção de sistemas públicos de saúde e de educação. (Singer, 2012, p. 122)

Esta trajetória diferencia o PT dos outros dois partidos que estruturaram a democracia brasileira nas últimas três décadas, o PSDB e MDB, uma vez que eles têm uma origem no *establishment*, ou seja, na política tradicional. A principal divergência entre o PT, o PSDB e o MDB estaria centrada entre soluções pela via do Estado ou de mercado (liberais) para a economia e para o problema da distribuição da riqueza nacional, origem da polarização entre o PT e o PSDB e em que o MDB seria o "fiador do regime". De acordo com Singer (2018) esta polarização expressaria e orientaria o conflito entre "elites" e "massas" e entre "ricos" e "pobres" no centro do conflito político no país (Singer 2018, p. 131).

Assim, a análise do PT é fundamental para a compreensão do desenvolvimento do sistema partidário no país. Grosso modo, a sua origem como *outsider*, mas com fortes vínculos com a sociedade, definiu a forma pela qual a competição política ocorre no Brasil. A esse processo, acompanhamos a definição de "integração defensiva" de Santos; Barbosa (2019) em que a inserção do PT é marcada por um conflito desigual em relação aos demais partidos políticos que emergem na democratização e que são integrados desde o início pelas elites políticas do país, contando com diversas lideranças parlamentares em suas fileiras. Contudo, foi a sua origem social, e em especial o seu destacado vínculo com o sindicalismo, que propiciou ao partido ser paulatinamente reconhecido como o partido social-democrata no Brasil, ocupando a posição à esquerda do sistema partidário, que em seu início também foi almejada pelo

PMDB, rapidamente convertido em partido da ordem, e pelo PSDB, que se desloca rapidamente para a direita (Santos e Tanscheit, 2019).

Não é à toa, como demonstrado por Samuels e Zucco (2018), que metade do eleitorado no Brasil define o seu voto com base na sua simpatia ou antipatia pelo PT, o que o faz continuar como um fenômeno único no país e o mais expressivo representante do eleitorado de esquerda, cabendo aos demais partidos competirem pelos votos da direita. Se o antipetismo é um dado importante, o fenômeno em si é a sua antípoda: o petismo. Esta inserção é distinta da almejada entre PSDB e MDB, integrantes do *establishment*. Se isso faz o PT ser alvo, faz também com que ele consiga estabelecer uma defesa mais efetiva do partido, diferentemente dos outros dois grandes partidos do período democrático brasileiro. O MDB se fragiliza porque está apartado do governo que sempre lhe garantiu recursos e a possibilidade de ocupação de setores estratégicos do Estado (Singer, 2018; Nobre, 2013). O PSDB, por sua vez, distante dos partidos social-democratas tanto pela ausência de vínculos com o sindicalismo e por sua atuação favorável à economia de mercado, representa interesses tradicionais da direita e dos conservadores, perdendo espaço para uma nova direita expressa em Bolsonaro e aqueles que giram em seu redor.

Em 2018, o sistema partidário brasileiro completou três décadas e ingressou na fase em que os partidos são consolidados perante o eleitorado. Contrariamente ao esperado, é exatamente nesse ano que a hegemonia das principais organizações partidárias é posta em xeque. O partido que melhor se saiu desses três foi o PT, mesmo sendo o principal alvo de Curitiba. O indício é que não basta ser competitivo eleitoralmente, já que isso pode até variar pela conjuntura. O importante é ser enraizado socialmente.

Ainda alguns apontamentos

O que seria uma operação de combate à corrupção se tornou um instrumento de perseguição de representantes eleitos, distorcendo procedimentos jurídicos e colocando em risco não apenas o sistema de Justiça, mas o próprio Estado democrático de direito, visando a criminalização seletiva do sistema partidário (Avritzer, 2018). A morte do PT, mais uma vez anunciada na imprensa brasileira, não se realizou, e o principal alvo da Lava Jato se mostrou resiliente, dando sinais de que o pior já teria passado. O partido ficou em segundo lugar na disputa presidencial e fez a maior bancada (ainda que relativamente menor) da Câmara dos Deputados, em uma eleição completamente atípica como a de 2018, estancando esta sangria nas eleições municipais de 2020. PSDB e MDB, por outro lado, tem enfrentado maiores dificuldades de se reposicionar, tendo em vista o espaço ocupado por Bolsonaro e pelos "radicais" entre a direita brasileira.

São muitas as semelhanças entre a Mãos Limpas e a Lava Jato, não somente em relação à estratégia do Ministério Público Federal e do Poder Judiciário, como também em seus resultados. Tanto no Brasil quanto na Itália a deslegitimação e criminalização do sistema partidário teve como consequência a eleição de figuras controversas, para dizer o mínimo, para o Executivo. Contudo, o sistema partidário, destroçado no país da Europa, dá sinais de ser mais resistente por aqui, em grande medida devido ao PT. O desafio para a esquerda parece ser a recuperação de sua base social e eleitoral nas regiões Sul e Sudeste – onde estiveram concentradas as principais forças-tarefas da Lava Jato –, feito que, a princípio, ocorreu parcialmente em 2020. Ainda é cedo para dizermos se Bolsonaro e tudo aquilo que o envolve foi um "ponto fora da curva" ou uma tendência de caráter mais permanente. Mas, a verdade é que o PT, muito provavelmente por sua trajetória ímpar, ainda é um ator fundamental para a política e para a sobrevivência da democracia brasileira. O partido deve ter um papel importante nas eleições de 2022. Quem viver, verá.

Referências

ALMEIDA, MARIA HERMÍNIA E GUARNIERI, FERNANDO. The unlikely president: the populist captain and his voters. *Revista Euro Latinoamericana de Estudios Sociales y Políticos*, v. 1, n. 1, p. 139-159, 2020.

Amaral, Oswaldo (2020). The Victory of Jair Bolsonaro According to the Brazilian Electoral Study of 2018. Brazilian Political Science Review, 14(1), pp. 1-13

AMARAL, O; POWER, T. J. The PT at 35: revisiting scholarly interpretations of the brazilian workers' party. *Journal of Latin American Studies* v. 48, n. 1, p. 147-71, 2016.

ARANTES, R. Maluf x Genoino: (des)caminhos da Justiça no combate à corrupção no Brasil. Trabalho apresentado no *IX Encontro da Associação Brasileira de Ciência Política*, Brasília, 4 a 7 de agosto, 2014.

AVRITZER, L. Operação Lava Jato, Judiciário e degradação institucional. *In*: KERCHE, F.; FERES JR., J. *Operação Lava Jato e a democracia brasileira*. São Paulo: Contracorrente, 2018. p.199-228,

AVRITZER, L.; MARONA, M. A Tensão entre soberania e instituições de controle na democracia brasileira. *Dados*, v. 60, n. 2, p. 359-393, 2017.

BALTHAZAR, R. Mensagens vazadas da Lava Jato indicam favorecimento a jornalistas aliados. *Folha de S. Paulo* [Ilustríssima], 9 dez. 2019.

BARBOSA, Leonardo. O Congresso entre a fracionalização e a polarização. *Painel do NECON*, 2018. Disponível em: http://necon.iesp.uerj.br/wp-content/uploads/2018/11/Analise_Eleicoes2018_NECON_versao3.pdf. Acesso em 04/03/2021

Baptista, Érica Anita; Telles, Helcimara de Souza. "Lava Jato: escândalo político e opinião publica". In: Fabio Kerche; João Feres Jr. Operação Lava Jato e a Democracia Brasileira. SP: Contracorrente, 2018, p. 229-255.

BETIM, F. Lava Jato sai de cena sob um Brasil em silêncio. *El Pais* [Brasil], 4 fev 2021. Disponível em : https://brasil.elpais.com/brasil/2021-02-04/lava-jato-sai-de-cena-sob-um-brasil-em-silencio.html. Acesso em: 22 abr. 2021.

BURNETT, S. H.; MANTOVANI, L. *The Italian Guillotine*. Lanham: Rowman & Littlefield Publishers, 1998.

CAESAR, G. Três em cada quatro partidos do país têm mais da metade da estrutura formada por comissões provisórias. *Globo/G1* [Política], 23 jun. 2019.

DEMORI, L. Um ano de Vaza Jato. *The Intercept Brasil*, 9 jun. 2020. Disponível em: https://theintercept.com/2020/06/09/vaza-jato-um-ano/. Acesso em: 22 abr. 2021.

DI FEDERICO, G. Italy: a peculiar case. *In*: TATE, C. N.; VALLIDER, T. (ed.). *The global expansion of judicial power*. Nova York: NYU Press, 1995. p. 233-241.

FERES JR, J.; BARBARELA, E.; BACHINI, N. A Lava Jato e a Mídia. *In*: KERCHE, F.; FERES JR., J. (coord.). *Operação Lava Jato e a democracia brasileira*. São Paulo: Contracorrente, 2018. p. 199-228.

FUKS, M.; RIBEIRO, E.; BORBA, J. From antipetismo to generalized antipartisanship: The Impact of rejection of political parties on the 2018 vote for Bolsonaro. *Brazilian Political Science Review* v.15, n. 1, p. 1-28, 2020.

GUARNIERI, C. The courts. *In*: JONES, E; Pasquino, G (ed.). *The Oxford handbook of Italian politics*. Oxford: Oxford University Press, 2015. p. 120-132.

INSTITUTO DE PESQUISAS DATAFOLHA. Divulgação de pesquisas (Uol). Disponível em: https://datafolha.folha.uol.com.br/. Acesso em: 22 abr. 2021.

KECK, M. *The workers' party and democratization in Brazil*. New Haven: Yale University Press, 1992.

KERCHE, F; MARONA, M. *Operação Lava Jato: poder de mais, juízo de menos* (título provisório). São Paulo: Autêntica, 2021. (no prelo).

KERCHE, F.; MARONA, M. O Ministério Público na Operação Lava Jato: como eles chegaram até aqui? In: KERCHE, Fábio, FERES Jr., João. (coords.) Operação Lava Jato e a democracia brasileira. São Paulo: Editora Contracorrente, p. 69-100, 2018.

KERCHE, F. Ministério Público, Lava Jato e Mãos Limpas: uma abordagem institucional. *Lua Nova*, n. 105, p. 255-286, 2018.

KERCHE, F. O Ministério Público no Brasil: relevância, características e uma agenda para o futuro. *Revista USP* n. 101, p. 114-120, 2014.

KERCHE, F. *Virtude e limites:* autonomia e atribuições do Ministério Público no Brasil. São Paulo: Edusp, 2009.

KOERNER, A.; SCHILLING, F. O direito regenerará a República? Notas sobre política e racionalidade jurídica na atual ofensiva conservadora. *In*: Velasco; Cruz, S.; Kaysel, A.; Codas, G. *Direita, volver! O retorno da direita e o ciclo político brasileiro*. São Paulo: Fundação Perseu Abramo, 2015. p. 75-90.

LAYTON, M. L., SMITH; A. E., MOSELEY, M. W.; COHEN, M. J. Demographic polarization and the rise of the far right: Brazil's 2018 presidential election. *Research and Politics* jan.-mar., p. 1-7, 2021.

LEVITSKY, S. E ZIBLATT, D. *Como as democracias morrem*. Rio de Janeiro: Zahar, 2019.

MELÉNDEZ, C.; ROVIRA, KALTWASSER. Political identities: the missing link in the study of populism. *Party Politics*, n. 3, p. 1-14, 2017.

MENEGUELLO, R. *PT*: a formação de um partido, 1979-1982. Editora Paz e Terra, 1989.

MORO, S. F. Considerações sobre a operação *mani pulite*. R. CEJ, n. 26, p. 56-62, 2004.

NELKEN, D. The judges and political corruption in Italy. *Journal of Law and Society*, v. 23, n. 1, p. 95-112, 1996.

NICOLAU, JAIRO. Afinal, quais partidos cresceram nessas eleições municipais?. *Observatório das eleições*, 1 dez. 2020. Disponível em: https://observatoriodaseleicoes.com.br/afinal-quais-partidos-cresceram-nessas-eleicoes-municipais/. Acesso em: 03 mar. 2021.

NICOLAU, J. O triunfo do bolsonarismo. Como os eleitores criaram o maior partido de extrema-direita da história do país. *Revista Piauí*, 2020b. Disponível em: https://piaui.folha.uol.com.br/materia/o-triunfo-do-bolsonarismo/. Acesso em: 04 mar. 2021.

NOBRE, M. *Imobilismo em movimento* – Da abertura democrática ao governo Dilma. São Paulo: Companhia das Letras, 2013.

OLIVEIRA, T. M. S. de. Spoofing: o tiro no pé de Moro e no coração da Lava Jato. *Brasil de Fato* [Coluna], 10 fev. 2021. Disponível em: https://www.brasildefato.com.br/2021/02/10/spoofing-o-tiro-no-pe-de-moro-e-no-coracao-da-lava-jato. Acesso em: 22 abr. 2021.

PEDERZOLI, Patrizia; GUARNIERI, Carlo.The judicialization of politics, Italian style. Journal of Modern Italian Studies, v. 2, n. 3, 1997, p. 321-336.

POWER, T. J.; RODRIGUES-SILVEIRA, R.. The political right and party politics. *In*: AMES, B. *Routledge handbook of Brazilian politics*, New York: Routledge Press, 2018. p. 251-68.

PRZEWORSKI, A. *Crises da democracia*. Rio de Janeiro: Zahar, 2020.

RANULFO, C. Três perguntas de 2020 para 2022. *Observatório das Eleições*, 2 dez. 2020a. Disponível em: https://observatoriodaseleicoes.com.br/tres-perguntas--de-2020-para-2022/. Acesso em: 02 mar. 2021.

RANULFO, C. Vereadores nas capitais: os desempenhos dos partidos em um quadro de fluidez, *Observatório das eleições*, 20 nov. 2020b. Disponível em: https://observatoriodaseleicoes.com.br/vereadores-nas-capitais-o-desempenho-dos-partidos-em-um-quadro-de-fluidez/. Acesso em: 02 mar. 2021.

RENNÓ, L. The Bolsonaro voter: issue positions and vote choice in the 2018 Brazilian presidential elections. *Latin American Politics and Society*, v. 62, n.4, p. 1-23, 2020.

Ribeiro, Pedro Floriano. *Dos sindicatos ao governo: a organização nacional do PT de 1980 a 2005*. São Carlos: EDUFSCAR/FAPESP, 2010.

SAMUELS, D.; ZUCCO, C. *Partisans, antipartisans, and nonpartisans.* Voting behavior in Brazil. Cambridge: University Press, 2018.

SANTOS, W. G. DOS. *A democracia impedida. O Brasil no século XXI.* Rio de Janeiro: FGV, 2017.

SANTOS, F.; BARBOSA, L. O Partido dos Trabalhadores no Brasil e a integração defensiva. *Revista Uruguaya de Ciencia Política*, v. 28, n. 2, p. 117-142, 2019.

SANTOS, F.; TANSCHEIT, T.; VENTURA, T. O Partido dos Trabalhadores e as instituições participativas: a influência da dinâmica intrapartidária na adoção do Orçamento Participativo. *DADOS* v. 63, n. 3, p.1-37, 2020.

SANTOS, F.; TANSCHEIT, T. Quando velhos atores saem de cena: a ascensão da nova direita política no Brasil. *Colombia Internacional* n. 99, jul./set. , p. 151-186, 2019.

SBERNA, S.; VANNUCCI, A. 'It's the politics, stupid!': the politicization of anti-corruption in Italy". *Crime Law Soc. Change* n. 60, 2013. p. 565-593.

SINGER, A. *Os sentidos do lulismo.* São Paulo: Companhia das Letras, 2012.

SINGER, A. *O lulismo em crise*: um quebra-cabeça do período Dilma (2011-2016). São Paulo: Companhia das Letras, 2018.

ÚLTIMO SEGUNDO (IG). Reeleito deputado pelo Rio, Bolsonaro quase quadruplicou votos em relação a 2010. IG, São Paulo, 5 out. 2014.

Operação Lava Jato e relações externas

Carol Proner[1]

Lawfare vai além da perseguição a líderes e partidos

Palavra nova no vocabulário jurídico e político brasileiro, *lawfare* passou a ser considerado como sinônimo de injustiça processual contra o ex-presidente Lula ou, em termos mais gerais, de perseguição política pelo Direito, mas a expressão vai muito além.

No livro *Lawfare, uma introdução*, de autoria de Cristiano Zanin Martins e Valeska Teixeira Zanin Martins (Martins, et al., 2019), ambos, que representam a defesa técnica de Lula, sustentam a releitura do fenômeno conhecido como *lawfare*, entendendo-o como o uso estratégico do Direito para fins políticos, geopolíticos, militares e comerciais. Foram estes mesmos advogados que desvendaram, pela primeira vez, a incidência da estratégia do *lawfare* no contexto jurídico e político brasileiro. Eles intuíram algo estranho nos ritos processuais contra o seu cliente e contra eles próprios, como advogados, episódios completamente anômalos ao devido processo legal, distantes de qualquer parâmetro válido no processo penal e que revelaram uma verdadeira guerra jurídica para eliminar um forte concorrente do mapa político do país.

Com o tempo, e com as revelações de mensagens secretas entre integrantes da megaoperação Lava Jato e o célebre ex-juiz Sergio Moro, restou visível a existência de um conluio entre membros do Poder Judiciário, do Ministério Público, da Polícia Federal e de setores da mídia corporativa com o fim de perseguir e condenar seletivamente alvos políticos, ao mesmo tempo em que atingiram as empresas mais importantes da economia do país.

Não é possível afirmar se todos os integrantes das diferentes instituições que participaram da trama tinham consciência do poder destrutivo que a operação teria para a soberania econômica e política do país. Isso a história dirá com o tempo. O que se sabe até o momento é que o conluio incluiu compromissos

---

[1] Carol Proner é advogada, doutora em direito, professora da Universidade Federal do Rio de Janeiro – UFRJ, membro da Associação Brasileira de Juristas pela Democracia (ABJD).

clandestinos com agentes e entidades de outros países, em especial dos Estados Unidos, e foi responsável pela desestruturação do modelo produtivo que vinha sendo adotado pelo país nas últimas décadas, em especial quanto à cadeia de construção pesada e de energia do país.

Enganam-se, portanto, os que entendem que o alvo do *lawfare* se limita à perseguição seletiva a líderes e partidos. A guerra jurídica tem se mostrado estrategicamente ampla, flexível a cada contexto em que é empreendida e capaz de atingir objetivos de interesse geoestratégicos na América Latina e no mundo.

No Brasil, os impactos do desmonte e do desinvestimento provocados pela Operação Lava Jato começam a ser dimensionados por institutos como o Departamento Intersindical de Estatísticas e Estudos Socioeconômicos (Dieese), e os números são espantosos: em poucos anos, os efeitos atingiram mais de 4,4 milhões de empregos na área da construção civil e no setor de energia, a retração representou 3,6% do PIB e a redução da massa salarial foi de aproximadamente R$ 85,8 bilhões, entre outras perdas ou renúncias que vêm sendo divulgadas pela Fundação Perseu Abramo e por outros centros de pesquisa com vocação de defesa nacional.

Em capítulo específico do presente livro, o estudo apresenta as implicações econômicas intersetoriais da Lava Jato, em especial as implicações da redução drástica do programa de investimentos da Petrobras previsto para o quinquênio de 2014-2018 nos diversos setores e na economia.

No cenário considerado pelo estudo do Dieese, com a retirada de investimentos que somaram R$ 172,2 bilhões no período, o país deixou de realizar um incremento do PIB de 3,6%, de gerar mais de 4,4 milhões de empregos, de garantir um aumento da massa salarial de R$ 85,8 bilhões e de arrecadação da previdenciária e do FGTS de mais de R$ 20,3 bilhões, além de outros R$ 47,4 bilhões de arrecadação de impostos.

A presença da Petrobras na economia priorizou o atendimento do mercado financeiro e das demandas por privatização de segmentos operados pela Petrobras, reduzindo investimentos produtivos. Esse movimento também resultou em efeitos negativos em outros setores, como o da construção civil. A economia perdeu essa importante alavanca de gasto e investimento, e isso em um período de forte recessão e posterior estagnação.

Em suma, em nome do combate à corrupção, desejável em qualquer democracia, o estudo reconhece que a Operação Lava Jato foi utilizada como "janela de oportunidade" para promover a mudança no perfil de investimentos e de atuação da Petrobras.

Trata-se de uma estratégia assumidamente militar e de economia de guerra

As regras jurídicas são comumente usadas como meio de dominação e não há novidade nisso. Poderíamos discorrer aqui, sem muito esforço, no uso da *lex mercatória* como forma de expansão do poder econômico mundial ou mesmo na racionalidade dominante nas normas e princípios de Direito Internacional, e isso em praticamente todas as áreas, de normas da Organização Internacional do Trabalho (OIT) às regras da Organização Mundial do Comércio (OMC), passando pelas disputas mais recentes em torno da pandemia e das vacinas na Organização Mundial da Saúde (OMS).

Tudo isso é fato, mas o *lawfare* tal qual vem sendo estudado contemporaneamente não pode ser alocado na mesma categoria de disputa instrumental ou de hegemonia pelo Direito. Da forma como vem sendo justificado pelos estrategistas militares, trata-se, antes de tudo, da assunção do antijurídico como recurso válido. Trata-se de admitir uma racionalidade pragmática e cínica para afirmar que até mesmo a distorção do sentido das normas e princípios é artifício válido em uma guerra jurídica.

A justificativa do uso das normas jurídicas como armas em uma guerra contra um adversário supõe, portanto, romper uma regra de contenção pelo Direito, uma barreira hermenêutico-filosófica de compromissos históricos plasmados em regras convencionais e constitucionais. A contenção pelo Direito, reguladora do comportamento excessivo, lesivo, incivilizado, passa a ser flexibilizada ou até suspensa diante da justificativa de atender a um fim maior, as razões de Estado.

Em outras palavras, para admitir-se o uso das normas internacionais no cálculo supostamente válido do esforço de guerra, torna-se necessário descartar a validade dos acordos normativos que limitam o uso do poder e da força em âmbito internacional.[2] Para tal, sacrifica-se o acúmulo da filosofia política e dos ajustes constitucionais do pós-guerra, além de acordos basilares na seara da diplomacia entre países, desacreditados frente a uma racionalidade pragmática que desrespeita qualquer contenção. Sacrificam-se, em última instância,

---

[2] O professor de Direito e Filosofia da Universidade de Georgetown, David Luban, em um artigo em que discute a crítica ao *lawfare* e associa esse modo de pensar ao pensamento de Carl Schmitt (filósofo conservador, especialista em direito público para o partido nazista) a respeito do "político", trabalhado no ano de 1932, defende um Poder Executivo sem limites diante de uma emergência está na base do autoritarismo que emana do lawfare, mas atualizado e aplicado ao uso do Direito (Luban, 2011).

princípios estruturantes do Direito Internacional, como o da não interferência em assuntos internos.

Não é de se estranhar que, antes de ser uma estratégia ofensiva das grandes potências, o *lawfare* foi denunciado justamente pelas potências que agora o aplicam como sendo uma arma ardilosa dos humanitaristas falsamente humanitários. O Direito Humanitário e as entidades de regulação das normas, como o Comitê Internacional da Cruz Vermelha (CICV), passaram a ser considerados como praticantes do *lawfare* por meio do uso instrumental das normas humanitárias (normas de contenção de meios e métodos de combate) sempre em proveito de alguém, de alguma das partes de um conflito ou querela internacional.

Os críticos desse suposto *lawfare* humanitarista consideram possível o uso abusivo do Direito Internacional Humanitário e do Direito Penal Internacional e que, como tal, sempre favoreceriam um dos lados em um conflito internacional. E quem foram os principais críticos? Os principais difusores – ou quem vulgarizou essa forma de entendimento – foram especialmente dois países: Estados Unidos (durante o governo Bush, entendendo que a velha Europa e organizações como a CICV buscavam enfraquecer a estratégia da guerra contra o terror) e Israel (relatório GoldStone sobre Israel e os crimes de guerra na Faixa de Gaza – armas químicas/fósforo branco). Para esses países, os advogados humanitaristas e suas entidades de direitos humanos politizam intencionalmente o Direito para a vantagem militar de alguém.[3]

Sendo o próprio Direito Internacional Humanitário considerado passível de instrumentalização e politização para inibir o estado de guerra – tomado pelos estrategistas como natural e inevitável –, então o que dizer de todas as demais normas jurídicas? O que dizer de toda a doutrina dos crimes transnacionais, que avança e se aperfeiçoa em combinação com acordos de cooperação igualmente transnacionais entre entidades públicas e privadas?

E o *lawfare* como técnica de guerra legal foi precisamente descrito pelo general estadunidense Charles Dunlap como um método de guerra não convencional pelo qual a lei é usada como meio para atingir um objetivo militar (Dunlap Jr., 2001). O sucesso do mecanismo é evidente, porque utiliza a legitimidade da lei e dos atores do sistema de Justiça (a lei, a jurisprudência, a legitimidade de juízes, promotores, policiais como detentores de violência legítima) para prosseguir com a perseguição política do inimigo por meios judiciais.

A estratégia consiste, finalmente, em utilizar processos judiciais para criar impedimentos a adversários por meio da prática do SLAPP – *strategic lawsuit*

---

[3] Disponível em: https://www.thelawfareproject.org

against public participation – processos jurídicos estratégicos contra a participação popular (Kittrie, 2016). O que é realçado nesse tipo de método não convencional é o objetivo final da guerra indireta: a desestabilização política, um golpe, a mudança de um regime político.

As vantagens desse tipo de guerra em relação aos métodos tradicionais são evidentes, tanto em custos humanos quanto financeiros. Sob certos aspectos, os resultados, sob o ponto de vista político e institucional, são quase tão devastadores quanto os de uma guerra, podendo contribuir ou conduzir à destruição do Estado Democrático de Direito e afetando, no limite, o próprio *status* do país como nação soberana.

No plano econômico, a "guerra híbrida" busca também reduzir o jogo de pressões e contrapressões de grupos sociais, facilitando, dessa forma, a implantação do "ultraneoliberalismo", que dificilmente prevaleceria em circunstâncias normais.

Lawfare na América Latina e os contornos da judicialização seletiva da política[4]

No contexto de erosão das conquistas democráticas na América Latina, após mais de uma década caracterizada por históricos avanços na efetividade de direitos econômicos e sociais, eis que, paulatinamente, rupturas e recuos ocorreram com ofensiva contra líderes, partidos e forças progressistas, que passaram a ser alvo de processos judiciais seletivos com ampla cobertura midiática. Esses processos têm muito a ver com o uso dos aparatos jurídicos como estratégias não convencionais para desestabilizar e atingir opositores e adversários políticos.

O *lawfare* envolve, frequentemente, a relação entre Estados e, dessa forma, a própria geopolítica, e não deve, assim, ser compreendido como um processo jurídico limitado aos Estados nacionais.

Não por acaso, processos até certo ponto similares, com o protagonismo de setores do sistema de Justiça, têm ocorrido em vários países da América Latina. Podemos recordar os eventos que abreviaram o mandato de Manuel Zelaya em 2009, em Honduras, e a destituição de Fernando Lugo, no Paraguai, em 2012. À época, os contornos da judicialização seletiva da política ainda não estavam tão claros. Os processos mais ofensivos ainda estavam em elaboração e muitos deles estão ativos até os dias de hoje. Citem-se a perseguição judicial

---

[4] Este apartado aproveita algumas reflexões já publicadas nos artigos em coautoria com o embaixador Celso Amorim, ex-ministro da Defesa e ex-ministro das Relações Exteriores do Brasil (ver Amorim, C.; Proner, C. 2020, 2021).

contra Cristina Fernández de Kirchner, na Argentina, contra Rafael Correa e os integrantes do movimento Revolução Cidadã, no Equador e, mais recentemente, o explícito uso da Justiça Eleitoral para perseguir Evo Morales e os membros do Movimento ao Socialismo (MAS) em face das iminentes eleições na Bolívia. Em todos esses casos, estão combinadas desestabilização e judicialização seletiva contra líderes e movimentos voltados à reforma social. Ao mesmo tempo, procuram-se formas de estabelecer bloqueios institucionais à participação política desses líderes.

O caso brasileiro é um dos mais amplos e completos. Em poucos anos, ocorrem, de forma encadeada, a destituição de Dilma Rousseff, a prisão de Lula e o impedimento da candidatura deste último nas eleições de 2018. Paralelamente, essas ações contribuíram à estigmatização do campo da esquerda e da luta política em geral, sem falar na desestruturação de importantes setores produtivos.

A existência de um sistema jurídico articulado, capaz de potencializar os objetivos estratégicos de desestabilizar, inviabilizar ou substituir um governo hostil, constitui, como ocorreu no caso brasileiro, uma forma eficiente de dar concretude às chamadas guerras indiretas ou híbridas.

O *lawfare*, como praticado na América Latina e Caribe, para nos atermos a essa vasta região do nosso planeta, não é um processo politicamente neutro, como o decantado lema do "combate à corrupção" poderia indicar. O objetivo estratégico comum à ofensiva do *lawfare* tem sido, invariavelmente, a desestabilização de governos que têm como projeto duas características: trabalhar pela justiça social e buscar a afirmação da soberania. Essas duas marcas, evidentes no exercício responsável do poder nos países atingidos pelo *lawfare*, têm se revelado suficientes para provocar a reação de poderosos interesses externos (econômicos e estratégicos), normalmente em alianças que incluem as classes conservadoras locais. O objetivo último, que se verificou nos casos do Brasil e de outros países, é manter a região como um espaço territorial sob controle da potência hegemônica do continente, os Estados Unidos da América.

Podemos dizer que, do ponto de vista geopolítico, o *lawfare* é uma nova forma de promover a antiga prática de intervir na política interna dos países com o fim de garantir governos mais amigáveis aos interesses econômicos e estratégicos da principal potência.

O combate à corrupção como estratégia de *lawfare*

Não é novidade afirmar que a corrupção, por atribuição genérica e desconectada de causas reais, é um argumento recorrente contra as esquerdas, como parte das ofensivas políticas conservadoras. Contudo, parece haver algo distinto no uso contemporâneo desse procedimento. Como bem identificado pelo Papa Francisco, a aliança entre setores do sistema de justiça e da mídia hegemônica produz um processo de condenação implacável contra certos indivíduos muito antes de que se inicie qualquer processo investigatório.

A corrupção, por seu forte apelo, se encaixa perfeitamente na estratégia de atrair o clamor popular. O combate à "corrupção sistêmica transnacional" passa a ser um elemento central do *lawfare*, uma espécie de discurso unificador para incidir na opinião pública, ao mesmo tempo que propicia o acionamento de mecanismos de cooperação transnacional, envolvendo ingerência externa.

Não é de estranhar, portanto, que a corrupção venha sendo tratada, por especialistas de *think tanks*, certas ONGs e meios de comunicação, como um câncer do século XXI, a corroer os alicerces da democracia. Dadas as características próprias de crimes de grande complexidade e com capacidade de transcender as fronteiras do Estado, estes mesmos grupos justificam a flexibilização das garantias processuais para que a sociedade possa ter respostas imediatas, capazes de contrastar o desencanto com a política.

Essa fórmula punitivista, em maior ou menor grau, tem sido adotada nos processos de perseguição jurídica contra líderes e movimentos em países da região, servindo perfeitamente aos planos de interferência que têm assumido contornos cada vez mais explícitos.

No âmbito da estratégia militar dos Estados Unidos, a corrupção vem sendo considerada como uma das principais ameaças à segurança nacional. Já em 2010, o Pentágono assumiu a desestabilização política e o apoio de forças internas como estratégias a serem exploradas. No *Manual de treinamento das forças especiais americanas preparadas para guerras não convencionais*, aparece a seguinte afirmação: "o objetivo dos EUA nesse tipo de guerra (guerra híbrida) é explorar as vulnerabilidades políticas, militares, econômicas e psicológicas de potências hostis, desenvolvendo e apoiando forças internas de resistência para atingir objetivos estratégicos dos Estados Unidos". O documento ressalta que, "em um futuro não muito distante, as forças dos EUA se engajarão predominantemente em operações de guerra irregulares." (U.S. Department of the Army, 2010)[5]

---

[5] Luiz Alberto Moniz Bandeira, na obra *A desordem mundial*, publicada em 2016, citando o referido *Manual de treinamento*, fez o alerta da utilização dos conflitos não tradicionais pelos Estados Unidos, descrevendo as novas formas de ingerência passando por diversos meios, incluindo o uso espraiado da guerra contra o terror e outros de combate a crimes transnacionais (ver Moniz Bandeira, L. A., 2016).

Em dezembro de 2017, já no governo Donald Trump, o documento que definiu a nova estratégia de segurança nacional dos EUA assumiu claramente o combate à corrupção como forma de desestabilizar governos dos países que sejam "competidores" ou "inimigos" dos Estados Unidos (U.S. Department of Defense, 2018).[6]

Tudo leva a crer que, ao tempo em que as estratégias vinham sendo detalhadas, já vinham também sendo testadas. No caso do Brasil, a Operação Lava Jato, a maior operação contra a corrupção do país, iniciou publicamente em 2015. Trata-se de exemplo da nefasta desestabilização que pode ser provocada com o protagonismo do sistema de Justiça. A flexibilização de regras do processo penal e a ampliação de competências de magistrados e procuradores do Ministério Público conformaram o cenário favorável para a crise que comprometeu até mesmo a regularidade do processo eleitoral de 2018.

O modelo vivido no Brasil possui vários dos elementos descritos pelos estrategistas militares dos Estados Unidos como uma guerra não convencional. Até certo ponto, pode ser considerada uma "guerra" bem-sucedida, haja vista o desgaste provocado nas forças políticas e a fragilização da capacidade econômica e empresarial do país. O alcance da megaoperação só não foi mais amplo porque as ilegalidades e anomalias na condução dos processos vieram a público por meio de revelações jornalísticas, cujo conjunto ficou conhecido como "Vaza Jato".[7]

Métodos similares foram utilizados em outros países da região. Setores do sistema de Justiça, unidos aos interesses das elites locais – permeados por inteligência e ingerência estrangeira –, têm atuado para bloquear a participação política e a candidatura de líderes e movimentos de tendências mais à esquerda. Equador e Bolívia são os exemplos mais eloquentes.

A existência de elementos similares nas estratégias de guerra jurídica em diferentes países não significa que seja simples compreender as características próprias em cada experiência. Não raro, existem elementos específicos de cada

---

[6] Conforme destacam Luiz Fiori e William Nozaki, a estratégia foi exposta documento sobre a Estratégia de Defesa Nacional dos EUA, publicado em 2018. O documento aponta que uma nova modalidade de conflito não armado tem tido presença cada vez mais intensa no cenário internacional, com o uso de práticas econômicas predatórias, rebeliões sociais, *cyber*-ataques, *fake news* e métodos anticorrupção, ver Nozaki, W; Fiori, J. L. (2019).

[7] Uma série de publicações de documentos e diálogos entre os integrantes da força-tarefa Lava Jato, deslindando um escandaloso esquema de fraude jurídica, com graves consequências para a democracia brasileira. Site contendo todas as reportagens publicadas pelo *The Intercept Brasil* e pelos veículos parceiros da Vaza Jato. Disponível em: https://theintercept.com/2020/01/20/linha-do-tempo-vaza-jato/

situação que desautorizam conclusões definitivas de caráter genérico. Ainda assim, pode-se dizer com segurança que a América Latina passa por uma ofensiva jurídica desestabilizadora e que esta ofensiva tem um forte componente internacional.

Não é exagero afirmar que o *lawfare* é hoje um dos maiores perigos para a democracia, especialmente em países e regiões em que os sistemas políticos são frágeis e as instituições não se encontram totalmente consolidadas Uma das formas eficazes de reagir ao uso pérfido do Direito está em revelar as artimanhas e fraudes utilizados em cada situação, diferenciando-as do saudável e necessário combate à corrupção, compromisso essencial em qualquer democracia.

O *lawfare* no caso brasileiro só pode ser compreendido a partir da armadilha estadunidense da extraterritorialidade

Conforme já mencionado, *lawfare*, no contexto brasileiro, costuma ser sinônimo de injustiça processual contra o ex-presidente Lula ou, em termos mais gerais, de perseguição política a líderes e partidos, mas está claro que a estratégia é mais abrangente.

Os processos contra o ex-presidente Lula são apenas parte de uma nova forma de abordar o processo penal e a condução das investigações criminais, inauguradas com as chamadas "forças-tarefas para o combate à corrupção". Aqui, a corrupção é entendida como "sistêmica transnacional" e, inspirada nas "*task forces*" dos Estados Unidos, utiliza-se da linguagem das forças-tarefas operacionais militares da Segunda Guerra Mundial que, após a Guerra Fria, passam a ser adaptadas ao sistema de investigação criminal naquele país.

A Operação Lava Jato, neste sentido, guarda absoluta correlação com as práticas elaboradas e respaldadas pela extraterritorialidade estadunidense, que têm feito estragos mundo afora. Desde os anos 1970, uma complexa teia de legislação vem sendo aprimorada com o fim de eliminar concorrentes, absorver empresas e expandir mercados por meio do combate à corrupção. A extraterritorialidade – como parte das guerras híbridas empreendidas por meio do Direito – passa a ser um trunfo, assim estudada nas academias militares.

No caso do Brasil, mais que correlação, a Lava Jato estabeleceu efetiva colaboração, em franca violação ao tratado internacional.[8] Desta forma, a

---

[8] Tanto as revelações do *The Intercept Brasil* (2020) como as trazidas pela revista *Veja* (2019) demonstram a relação clandestina estabelecida tanto pelo então juiz Sergio Moro como pelos Procuradores integrante da Operação Lava Jato, em particular Deltan Dallagnol. Ver Viana, N.; Fishman, A.; Saleh, M. (2020) e GREENWALD, G. *et al.*, 2019).

legislação estadunidense passou a ser exercida para o deslinde dos casos, para o estabelecimento das delações, para a consecução dos acordos de leniência e as consequentes cláusulas de confidencialidade. Isso só foi possível dado o extremo zelo que agentes públicos brasileiros tiveram para garantir os interesses alheios, agravando a já impositiva extraterritorialidade por meio de uma atuação duvidosa, posto que feita por intermédio de intercâmbio informal e atencioso aos interesses de outro país.

Não foi só no Brasil que a extraterritorialidade impositiva foi percebida tardiamente. Na França, as multas bilionárias infligidas ao BNP Paribas (US$ 8,9 bilhões) e à Alstom (US$ 772 milhões), abriram os olhos dos franceses e motivaram a urgência de estabelecer um novo projeto de lei para combater a corrupção e evitar estes problemas.[9] De acordo com o deputado francês, "estamos diante de um painel de legislações estadunidenses extremamente complexo, com uma intenção precisa, que é utilizar o direito para fins de *imperium* econômico e político a fim de obter vantagens econômicas e estratégicas" (France, 2021).

O deputado francês apresentou às Comissões de Relações Exteriores e das Finanças, da Assembleia Nacional de Paris, um relatório da missão de informação sobre a extraterritorialidade do direito estadunidense, que pode ser acessado no site da Assembleia Nacional e que pode servir de subsídio para estudos comparados na discussão de um novo marco para o Brasil, um novo marco normativo para prevenir, detectar e combater a corrupção, evitando a aplicação da extraterritorialidade, restringindo os métodos de combate à corrupção à legislação francesa invocando o princípio do *non bis in idem* e, por outro lado, guardando os valores de multa e sanções econômicas para o Tesouro francês. Esse projeto de lei, "Sapin 2", relativo à transparência, à luta contra a corrupção e à modernização da vida econômica" é um bom exemplo que deveria ser seguido pelo Brasil.

Eis a razão de uma preocupação adicional a respeito do papel exercido pelo juiz dos processos contra o ex-presidente Lula, que, para além da absoluta flexibilização ou mesmo suspensão das garantias processuais, para além

---

[9] De acordo com a reportagem de Jean-Michel Quatrepoint, publicado em 13 de abril de 2017, no *Le Monde Diplomatique*, em alguns anos, as companhias europeias transferiram cerca de US$ 25 bilhões às diversas administrações estadunidenses: mais de US$ 8 bilhões em razão do FCPA e US$ 16 bilhões pelo não respeito às sanções econômicas. Desse total, a conta da França ultrapassa US$ 12 bilhões. Somando-se as multas pagas a título de outros procedimentos, principalmente para os bancos, o total chega a mais de US$ 40 bilhões. Isso evidentemente repercute na balança das transações correntes. Jean-Michel Quatrepoint, jornalista, é autor, entre outros livros, de Alstom, scandale d'État [Alstom, escândalo de Estado], Paris: Fayard, 2015.

de como tratou a licitude das provas e o contraditório, também procurou, a todo o momento, apoiar a construção do conjunto de "convicção" a partir do envolvimento do ex-mandatário e da corrupção da empresa de petróleo.

O papel de Sergio Moro, desde 2008, quando prevaleciam os escândalos do caso Banestado e as delações do doleiro Alberto Youssef, estão muito associadas à evolução do que veio a ser a Operação Lava Jato. De lá pra cá, passando pelo Projeto Pontes,[10] revelado pelo *Wikileaks*, o sistema de ferramentas e de colaboração para o combate à corrupção, recomendado pelos agentes estadunidenses, efetivamente se aprimorou muito, entendendo até mesmo desnecessário cumprir tratados internacionais à risca.

Vejamos a seguir a evolução da extraterritorialidade pelo aprimoramento da legislação nos Estados Unidos e como esta teia de controle afeta indiscriminada e perigosamente a soberania de qualquer país que transacione com eles.

Foreign Corrupt Practices Act, de 1977: o início

Tudo começa com o *Foreign Corrupt Practices Act* (FCPA), ou Lei de Práticas de Corrupção no Exterior, uma lei federal dos Estados Unidos datada do ano de 1977 e aprovada com o fim de combater o suborno de funcionários públicos estadunidenses no exterior. Essa legislação, com alterações subsequentes, passou a ser a espinha dorsal da extraterritorialidade do Direito estadunidense, submetendo empresas e Estados à jurisdição daquele país e chamando a atenção do mundo a respeito dos riscos de transformar boas práticas de combate à corrupção em armas normativas para absorver ou eliminar concorrentes e estender mercados.

Conforme escopo definido oficialmente pela FCPA, a legislação proíbe, por exemplo,

> [...] o uso internacional dos correios eletrônicos ou qualquer meio que possa instrumentalizar o comercio interestatal de modo corrupto a promover qualquer tipo de pagamento, promessa de pagamento ou autorização de pagamento de valores ou qualquer coisa de valor para qualquer pessoa, sabendo-se que no todo ou em parte este dinheiro ou coisa de valor será oferecida, entregue ou prometida, direta

---

[10] Seminário realizado em 2009, no Rio de Janeiro, dedicado a consolidar a aplicação bilateral de leis e habilidades práticas de contraterrorismo, e contou com a participação de juízes federais e promotores dos 26 estados brasileiros, além de 50 policiais federais. Também estavam presentes representantes do México, Costa Rica, Panamá, Argentina, Uruguai e Paraguai. Summary: An S/CT funded regional conference entitled "Illicit Financial Crimes" held in Rio de Janeiro during October 4-9, 2009, successfully brought together representatives from Brazil's federal and state law enforcement community and countries from throughout Latin America. Íntegra do documento: https://wikileaks.org/plusd/cables/09BRASILIA1282_a.html.

ou indiretamente, a um funcionário estrangeiro com o fim de influenciá-lo na sua capacidade oficial, ou induzi-lo a fazer ou deixar de fazer um ato em violação a uma obrigação legal, ou assegurar qualquer vantagem inadequada para ajudar a obter ou reter negócios, ou direcionar negócios a qualquer pessoa.[11]

Se, no início, o FCPA se destinava a companhias nacionais estadunidenses, com o tempo recebe emendas que permitem alcançar as empresas estrangeiras. A principal alteração se deu em 1998, quando as disposições anticorrupção também passaram a ser aplicadas às empresas e às pessoas estrangeiras que causem, diretamente ou por meio de agentes, atos de corrupção no território dos Estados Unidos ou por empresas cujos valores forem administrados pelas bolsas de valores operadas nos Estados Unidos ou que venham a participar, direta ou indiretamente, de operações indevidas com efeitos no território estadunidense.

Patriot Act ou Lei Patriótica e a corrupção terrorista

A partir de 11 de setembro de 2001, as alterações e ampliações à FCPA recebem um segundo enfoque ideológico-normativo que abre a possibilidade do uso combinado de legislação e instituições contra os considerados Estados "párias", definidos estrategicamente como alvos para a imputação de sanções coercitivas unilaterais de amplo espectro e com fundamento na prevenção a ataques terroristas – como é o caso do Irã, da Venezuela, do Sudão.[12] Pois bem,

---

[11] https://www.justice.gov/criminal-fraud/foreign-corrupt-practices-act. The Foreign Corrupt Practices Act of 1977, as amended, 15 U.S.C. §§ 78dd-1, et seq. (FCPA), was enacted for the purpose of making it unlawful for certain classes of persons and entities to make payments to foreign government officials to assist in obtaining or retaining business. Specifically, the anti-bribery provisions of the FCPA prohibit the willful use of the mails or any means of instrumentality of interstate commerce corruptly in furtherance of any offer, payment, promise to pay, or authorization of the payment of money or anything of value to any person, while knowing that all or a portion of such money or thing of value will be offered, given or promised, directly or indirectly, to a foreign official to influence the foreign official in his or her official capacity, induce the foreign official to do or omit to do an act in violation of his or her lawful duty, or to secure any improper advantage in order to assist in obtaining or retaining business for or with, or directing business to, any person.

[12] Um Estado pária ou Estado vilão, segundo o Direito Internacional, é considerado como sendo aquele que atua ou se comporta de modo alheio ou contrário às normas convencionadas entre Nações e essa condição poderia fundamentar a adoção de medidas coercitivas como o isolamento internacional, embargos e sanções diversas e, no limite, até mesmo uma ingerência militar. Mas a consideração de um "Estado pária" depende de um consenso da comunidade internacional ou mesmo de potencias representativas, especialmente os membros permanentes do Conselho de Segurança da ONU, e por meio de processos institucionais próprios. É o oposto da conduta unilateral, cada vez mais frequentemente adotada pelos Estados Unidos em absoluta contrariedade ao direito internacional.

logo após os atentados, George W. Bush aprova por decreto o *Patriot Act* ou Lei Patriótica (assinado em 26 de outubro de 2001) que permite medidas extremas conferidas aos órgãos de segurança dos Estados Unidos, como interceptações telefônicas e acesso a *e-mails* de organizações e pessoas supostamente envolvidas com o terrorismo internacional, sejam elas estadunidenses ou estrangeiras, sem a necessidade de autorização especial da Justiça.[13]

O título 3º do *Patriot Act*, "*International Money Laudering Abatement and Financial Anti-Terrorism Act of 2001*", dedica-se a regular a prevenção, a detecção e a acusação de lavagem de dinheiro internacional e do financiamento ao terrorismo. A partir dessa prerrogativa excepcional, o sistema bancário passou a ser acionado por meio de procedimentos preventivos de identificação e solicitação para o fornecimento de dados. Métodos para identificação de beneficiários, como "*beneficial owner*" e "*payable-trhough accounts*", passaram a ser utilizados, bem como a requisição de comunicação entre agências e instituições financeiras, o controle de dados, de registros e requerimentos de relatórios das instituições que transitam valores, podendo ser autorizado até mesmo o bloqueio de bens e valores de pessoas físicas ou jurídicas no exterior acusadas de práticas de corrupção ou lavagem de dinheiro associadas ao terrorismo.

Entre as agências que receberam poderes estendidos pela Lei Patriótica, a principal foi a *National Security Agency* (*NSA*), Agência Nacional de Segurança dos Estados Unidos, entidade cujo histórico de atividades sempre fora discreto, mas que, após junho de 2013, com as denúncias de Eduard Snowden, revelou-se como a maior agência de espionagem do mundo.[14]

Dodd-Frank Act. Arrancar a declaração de culpa para fazer incidir a responsabilização extraterritorial

Ainda, na ampliação do escopo da FCPA entre normas e entidades, é importante conhecer a "*Dodd-Frank Wall Street Reform and Consumer Protection Act*", ou "*Dodd-Frank Act*", legislação federal aprovada após a crise do

---

[13] Após várias prorrogações durante o governo de George Bush, em 27 de julho de 2011, o presidente Barack Obama sancionou a extensão do U.S. Patriot Act, ("Lei Patriótica", nos jornais de língua portuguesa), por mais quatro anos – até 27 de julho de 2015. Em junho de 2015, várias provisões desta lei expirariam. O congresso então aprovou o *USA Freedom Act*, para substituir o Ato Patriota. Apesar de manter algumas provisões da antiga lei, o *Freedom Act* traz diversas mudanças, como de manuseamento de dados e quem pode guardar informações obtidas pela NSA.

[14] O plano de Vigilância Global e as Operações de Fonte Especial (SSO) foram realizadas em parcerias com empresas e agentes para empreender interceptação de dados contra empresas e governos, tendo como alvo também o Brasil.

subprime, em 2007-2008, e que visa melhorar as normas e os padrões para o funcionamento do mercado financeiro estadunidense. Com 16 títulos, 1.500 seções e mais de 2.300 páginas, a lei regula minúcias do mercado financeiro e tem como proposta central a diminuição da dependência dos bancos da esfera federal. No que nos interessa para o tema da extraterritorialidade, a nova legislação amplia as funções e os departamentos da *"Securities and Exchange Commission (SEC)"*, órgão semelhante à Comissão de Valores Mobiliários no Brasil, e cria o *"Consumer Financial Protection Bureau (CFPB)"*, o *Bureau* de Proteção Financeira ao Consumidor.

Ambas as ampliações contribuíram, a partir de 2010, para a possibilidade de sanção de condutas que, nos Estados Unidos, fossem consideradas ilegais, atos de corrupção ou lavagem de dinheiro, mesmo que suas transações fossem realizadas fora do seu territórios e por agentes estrangeiros. As implicações avaliadas pela SEC, com impactos eventuais a consumidores, permitiram a construção de teses jurídicas de responsabilização de empresas de grande porte por atos cometidos e confessados por seus funcionários, legando ao acionamento, muitas vezes abusivo, da extraterritorialidade construída na teia imbricada de legislação e agências.

FATCA, JASTA e Swift, o sistema bancário a serviço da prevenção ao terrorismo

Em 2013 surge a Lei de Conformidade Tributária de Contas Estrangeiras, ou *"Foreign Account Tax Compliance Act (FATCA)"*, lei federal estadunidense que prevê a obrigatoriedade de instituições bancárias estrangeiras fornecerem dados de seus correntistas às autoridades estadunidenses, desde que esses correntistas sejam também cidadãos.[15] Na prática, a FATCA deu ao fisco poderes extraterritoriais, de exigir de bancos estrangeiros a entrega de todas as informações sobre as contas e posses dos cidadãos estadunidenses, dos residentes fiscais estadunidenses e daqueles com dupla nacionalidade.

Para completar a trama de legislação federal da extraterritorialidade impositiva e sancionatória, em setembro de 2016 surge a lei Justiça Contra Patrocinadores do Terrorismo ou *"Justice Against Sponsors for Terrorism Act (JASTA)"*, que, conforme se autodefine, limita a imunidade soberana estrangeira, altera a Lei de Imunidades Soberanas Estrangeiras e a Lei Antiterrorismo, abrindo a possibilidade de pena de morte com relação a ações civis contra um estado estrangeiro por ferimentos, morte ou danos causados por

---

[15] Disponível em: Foreign Account Tax Compliance Act (FATCA). *www.treasury.gov*.

um ato de terrorismo internacional. A JASTA autoriza os tribunais federais a exercer jurisdição sobre o apoio de qualquer Estado estrangeiro a atos de terrorismo internacional contra um cidadão ou propriedade dos Estados Unidos, independentemente de esse Estado ser designado como promotor ou patrocinador estatal do terrorismo.[16]

Por trás deste arsenal complexo e complementar, aparece uma legislação extraterritorial extremamente impositiva, que se vale de uma economia lastreada em dólar, do idioma contratual hegemônico, de um direito contratual com prevalência do *common law* em oposição ao direito escrito continental europeu e, como elemento estratégico de logística, de um sistema financeiro construído por intermédio de amarras e intercâmbios sob controle dos Estados Unidos e da prevenção ao terrorismo.

Vale mencionar o papel desempenhado pela utilização do Código Swift ou BIC (Bank Identifier Code) conectado à Sociedade de Telecomunicações Financeiras Interbancárias Mundiais, em inglês *Society for Worldwide Interbank Financial Telecommunication* (Swift). Criada em 1973, a sociedade abarca 239 bancos de 15 países com o objetivo de interligar participantes e padronizar transações financeiras internacionais. O papel dos Estados Unidos no manejo do código Swift já foi e segue sendo fortemente questionado por governos europeus dado que, em 2006, descobriu-se a existência do chamado "*Terrorist Finance Tracking Program*", criado no âmbito da política de Guerra ao Terror" com a finalidade de rastrear terroristas. Um *software* ligado ao programa permitia ao governo estadunidense acessar quaisquer informações sobre transferências bancárias na base de dados e de rede Swift num acordo conhecido como "acordo Swift", resultado de um acordo direto entre o governo estadunidense e a instituição.[17] Em 11 de fevereiro de 2010,

---

[16] A legislação, aprovada em 28 de setembro de 2016, sem oposição no Senado e por unanimidade na Câmara (anulando um veto do presidente Obama), teve como objetivo de permitir a continuação das demandas civis apresentadas por famílias de vítimas dos ataques de 11 de setembro contra a Arábia Saudita pelo suposto papel do governo no ocorrido, mas os efeitos práticos são amplíssimos, permitindo a extraterritorialidade contra governos párias, como é o caso das sanções unilaterais atribuídas por, com cada vez mais frequente, menção ao terrorismo internacional, tráfico de drogas e crimes transnacionais supostamente cometidos por funcionários públicos e até mesmo acusações contra o governante Nicolás Maduro.

[17] A rede permite a troca de mensagens eletrônicas em um meio altamente seguro, onde cada banco possui um endereço próprio (código Swift) ou Bank Identifier Code (BIC). Entretanto, para a efetivação destas transações, é necessário que cada participante tenha um relacionamento bancário com outro, já que a rede permite apenas a troca de informações e não dos valores em espécie. Em 11 de fevereiro de 2010 o Parlamento Europeu rejeitou o "acordo Swift" em

o Parlamento Europeu rejeitou o "acordo Swift" em virtude dos direitos à privacidade dos cidadãos europeus.[18] Com esta decisão, o acordo não pode produzir efeitos jurídicos na Europa, mas tem sido usado em outras partes do mundo, entre os Estados mais desavisados.

Agências e agentes para tornar possível a extraterritorialidade coercitiva unilateral

Não é difícil perceber que a política da extraterritorialidade impositiva demanda arguta atenção de governos e empresas, visto que mobiliza legislações cumulativas, entidades do poder público, entidades e agências especializadas, passando pela CIA, pela NSA e pelo FBI e seus agentes instalados em embaixadas e em países alvo, um complexo logístico que busca informações utilizando-se de colaboradores, fontes remuneradas e facilitadores diversos em cada país e em cada situação.

As informações coletadas por essa trama de informação são tratadas por diversos órgãos do Estado, o Departamento de Justiça (DoJ; *United States Department of Justice*, ou *Justice Department*),[19] o Tesouro, o *Federal Reserve*,[20] a Comissão de Títulos e Câmbios dos Estados Unidos (*Securities and Exchange Commission, ou SEC*),[21] o Escritório de Controle de Ativos Estrangeiros, e a agência de inteligência e aplicação financeira ligada ao Tesouro (*Office of Foreign Asset Control*, OFAC), que vigia aplicações de sanções internacionais estadunidenses.

Também entram no processo de monitoramento, quando é o caso, a Divisão de Operações Especiais (*Drug Enforcement Administration*, DEA), o Centro de Operações de Narcoterrorismo, o Centro Internacional de Operações e Inteligência de Anticrime Organizada (IOC-2), as secretarias de Narcotráfico e Aplicação da Lei Internacional (INL), Contraterrorismo (S/CT), sem contar os procuradores que atuam em departamentos com um imenso grau de autonomia.

---

    virtude dos direitos à privacidade dos cidadãos europeus. Com esta decisão, o acordo não pode produzir efeitos jurídicos na Europa.

[18] Conforme escreveu Paul Albert Iweins, ex-presidente da Ordem dos Advogados da França "Basta que uma operação contestada tenha sido redigida em dólares ou que uma troca de mensagens tenha transitado por um servidor estadunidense para que a jurisdição dos Estados Unidos se reconheça competente" (Quatrepoint, 2017).

[19] Disponível em: https://www.justice.gov.

[20] Disponível em: https://www.federalreserve.gov.

[21] https://www.sec.gov

A atuação dos procuradores e o bote final dos mega escritórios de advocacia

Talvez este seja o ponto mais relevante e que se conecta ao que ocorre no Brasil, embora pouco ainda se saiba. As informações divulgadas pelo *The Intercept Brasil* e a *Agência Pública* corroboram a ampla colaboração entre procuradores da República brasileiros e membros de agências de inteligência dos Estados Unidos (ver Viana, 2020), mas muito ainda permanece encoberto.

Nos Estados Unidos, as competências dos procuradores locais são distintas, muito mais amplas do que os congêneres no Brasil. É importante compreender as competências e atribuições dos *District Attorney* e do *Attorney General of the State* (um para cada um dos 50 estados) e as funções de representar o Estado, chefiar a consultoria jurídica do governo do Estado e chefiar o sistema de aplicação da lei penal.

Os procuradores gozam de amplos poderes de negociação e de discricionariedade incomparáveis aos fiscais de outros países. Em alguns condados, como é o caso da jurisdição do distrito de Nova York, os procuradores têm equipes de trabalho e investigação suplementar à atividade policial, a exemplo do que ocorre em Nova Iorque, onde o departamento é dotado de uma Divisão de Investigação voltada para os crimes de corrupção e do colarinho branco (ver American Bar Association, 1993).

Há muito o que se investigar ainda a respeito dos métodos de atuação, investigação e obtenção da "declaração de culpa por parte do acusado" dentro do procedimento penal estadunidense, mas sem dúvida há certos cuidados para que a legalidade seja estritamente observada, preservando-os de acusação de ilegalidades ou abusos (ver Criminal Procedure). Há regras que envolvem o tempo do fechamento do acordo, a demora em alcançar um acordo e a esperada "confissão", fazendo com que os debates e negociações ocorram premidas pelo tempo, enfraquecendo o cuidado com outros aspectos que deveriam contar, dadas as consequências para além dos diretamente envolvidos.

Os escritórios de advocacia – quatro ou cinco grandes especializados, na cidade Nova York – que atuam nos processos completam a trama inescapável. Com honorários exorbitantes, constroem contratos que oneram as empresas mesmo após pagarem suas dívidas, sendo obrigadas a acolher um monitor que observará o comportamento da empresa durante alguns anos para que sejam consideradas em conformidade com as boas práticas. Esse monitoramento é pago pela própria empresa e implica dezenas de colaboradores, ou seja, a empresa paga para ser vigiada por cinco anos após assumir responsabilidade por atos de corrupção.

As regras de confidencialidade, incluídas nos contratos de leniência, incluem a declaração de culpa e, em geral, a possibilidade de implicação em processos penais de responsabilização individual. Eis a razão pela qual é tão difícil desarmar o esquema de colaboração coercitiva unilateral que representa a extraterritorialidade nesses termos.

Os empresários, já castigados por processos longos, prisões preventivas, exposição pública e ameaças sancionatórias, procuram resolver seus problemas sozinhos, discretamente, caso a caso, sem mobilizar a opinião pública.

Os recursos obtidos pelos acordos são parte do processo de atração e estímulo para a condução das investigações. A repartição dos valores obtidos nos processos de combate à corrupção ocorre entre o DoJ, a SEC, o OFAC, o FED, o Departamento de Serviços Financeiros do Estado de Nova York e os procuradores de Nova York. Essa partilha é motivadora para as equipes e o dinheiro ajuda a alimentar o orçamento das suas agências e departamentos, permitindo que recebam bons salários e empreguem colaboradores.

No Brasil, algo semelhante parece ter sido tentado com a tal Fundação Lava Jato, fundação privada criada por Deltan Dallagnol com o objetivo de gerir US$ 2,5 bilhões destinados pela Petrobras no bojo do acordo de leniência. A tentativa, mesmo homologada por uma juíza de primeiro grau, é escandalosamente ilegal e foi barrada pela própria Procuradoria Geral da República, trazendo à tona o que parece ser apenas a ponta do *iceberg* de uma rede de corrupção funcional e de uso do direito para fins de perseguição de inimigos políticos, destruição de biografias, destruição de empresas e empregos.

Efeitos da extraterritorialidade coercitiva e como defender a soberania jurisdicional

Alguns qualificam este processo de aplicação impositiva da extraterritorialidade como verdadeira extorsão, dada a rede de instituições, legislações, entidades públicas e privadas, agentes, e grandes escritórios de advogados ligados ao mundo das finanças de Wall Street. Eis outra faceta do eficiente *lawfare* como parte de guerras híbridas, com o fim de produzir desestabilização econômica e empresarial, além de desajustes políticos e com imensos ganhos no contexto da política externa regional para os Estados Unidos.

Conforme reconhecem as autoridades francesas, o prejuízo para as companhias europeias em multas e sanções aos Estados Unidos passa de US$ 40 bilhões nas últimas décadas, sem contar a afetação à imagem da empresa, prejuízos aos credores e à viabilidade de funcionamento após o trauma das investigações, efeitos estruturais na cadeia produtiva e nos empregos.[22]

Tal como se apresenta, não há escapatória a essa agressividade jurídica, com pouca confrontação por parte dos poderes públicos de outros Estados e com débil possibilidade de retaliação. Isso quando não há, como no caso vergonhoso da Lava Jato no Brasil, efetiva e dadivosa colaboração por parte de membros do Ministério Público Federal e, conforme parece ser, complacência ou até apoio de setores do judiciário.

São operações de jurisdição extraterritorial manifestamente impositivas e arbitrárias, francamente contrárias aos interesses de qualquer Estado e que muitas vezes passam despercebidas pelos poderes públicos responsáveis por acordos internacionais com cláusulas de proteção soberana, como foi o caso do Brasil.

O mais grave ainda é a combinação dessa plêiade normativa e institucional com as acusações de narcoterrorismo de países-alvo, os párias, como é o caso atual dos embargos econômicos contra o Irã e a Venezuela, uma afronta jamais vista ao Direito Internacional Público na subversão do sistema de sanções internacionais, unindo os crimes de combate à corrupção e à lavagem de dinheiro com acusações de terrorismo, por vezes narcoterrorismo, um ataque aos princípios da não intervenção e da autodeterminação dos povos.

Medidas de retaliação eficientes são praticamente impossíveis diante do arsenal que faz dessa estratégia um ativo de novo tipo de guerra contra qualquer país/empresa. É preciso, no lugar, a mobilização do Estado e da comunidade internacional para reconhecer os abusos que são, em parte, frutos de dependência do sistema financeiro a partir de um ente hegemônico no sistema padrão-dólar,

---

[22] Jean-Michel Quatrepoint (2017): "Em um caso de corrupção na Indonésia, a Alstom estava associada a um grupo japonês, o Marubeni. Este tinha feito um acordo em 2012 com o DOJ e foi condenado a uma multa de US$ 88 milhões. A conta para a Alstom, negociada em 2014, foi nove vezes maior. O Marubeni não preocupava os pesos-pesados estadunidenses no setor, enquanto a Alstom já era um alvo para a General Electric. Outro exemplo: a Alcatel. Esse grupo francês de telecomunicações era malvisto do outro lado do Atlântico. Ele tinha equipado a rede iraquiana na época de Saddam Hussein e dispunha de tecnologias superiores às de seus concorrentes estadunidenses, principalmente a Lucent. Em 2005, o DOJ pôs as mãos em um processo de corrupção visando à Alcatel na Costa Rica e Honduras. Cinco anos depois, o grupo foi condenado a pagar US$ 137 milhões de multa. Nesse meio tempo, ele teve de se fundir com a Lucent, que foi condenada por atos de mesma natureza cometidos na China a uma multa de... US$ 2,5 milhões. Depois da fusão, no final de 2006, a Lucent tomou progressivamente o controle da Alcatel – um roteiro precursor do que aconteceu com o ramo de energia da Alstom (três quartos da atividade do grupo), recuperado pela General Electric em 2015. Essas multas enfraquecem consideravelmente as empresas visadas, e não apenas na ótica de fazer prevalecer o direito".

não pode representar um ativo inafastável. Além do Direito Internacional em franco descumprimento, também o sistema de privacidade de dados precisa ser assegurado até que todas as garantias de defesa sejam preservadas, a começar pela presunção de inocência. A mídia e a espetacularização têm responsabilidade nas biografias sacrificadas, assim como o processo penal e investigatório com graves consequências à sociedade pela não observância da presunção de inocência. A generalização da exceção em uma sociedade preventiva e excepcional não pode prosseguir.

Uma das formas de defender-se desse quadro impositivo de extraterritorialidade pode ser o estabelecimento de sistemas estatais próprios de combate à corrupção para que a investigação dos graves crimes de corrupção seja resguardada ao âmbito da jurisdição estatal, para que inclusive as sanções econômicas derivadas de processos de confissão e seus efeitos perversos venham a ser processados e geridos no próprio Estado, ou por órgãos do Estado com capacidade de estabelecer colaboração altiva. O controle dos processos por parte dos poderes públicos, tal como definem os tratados de colaboração da matéria, evitam os riscos de que as investigações sejam simplesmente trasladadas a outra jurisdição. Em suma, a médio prazo e seguindo o exemplo de outros países, o Brasil deveria buscar uma forma autônoma e soberana de investigação e responsabilização dos crimes de suas empresas e de seus funcionários.

O que ocorreu aqui, no entanto, foi o oposto. Agentes públicos do sistema de Justiça promoveram colaboração com a extraterritorialidade impositiva, lesando interesses pátrios. O mais importante, neste momento, é evitar que essa prática prossiga e que fiquem impunes os crimes cometidos por funcionários do sistema de Justiça que violaram tratados internacionais e mesmo a Constituição do país, no que tange às graves consequências ao erário público.

Quando a parcialidade é extraterritorial, tudo se explica

O injustificado adiamento no julgamento do *Habeas Corpus* de n. 164.493/PR, que pretende o reconhecimento da suspeição do ex-juiz federal Sergio Moro em face da violação do devido processo legal nos diversos processos contra o ex-presidente Luís Inácio Lula da Silva talvez se explique pelo alcance da teia de interesses internacionais na manutenção da farsa desta megaoperação. Não sabemos ao certo.

A Constituição Federal assegura a garantia da inadmissibilidade do uso, no processo penal, das provas obtidas por meios ilícitos e também a equidistância das partes. Pois bem, passaram-se três anos desde o julgamento do processo do tríplex e fica cada dia mais claro a relação do então juiz Sergio Moro com os integrantes da força-tarefa da Lava Jato, violando *in totum* o dever de equidistância. Além disso, são fartos os exemplos de abuso do devido processo trazidos pelo conhecimento dos diálogos que revelam conluio e colaboração entre juiz e acusador com o fim de manipular provas, testemunhas e circunstâncias para produzir as condições de condenação e aprisionamento antecipado do réu.

Também resta indiscutível que a Lava Jato operou tendo como instrumento a relação privilegiada e de apoio da imprensa, inundando os noticiários do período com o eco das suspeitas de corrupção, argumento recorrente da defesa para suscitar a falta de imparcialidade durante o processo e antes da sentença.

As consequências do julgamento do caso tríplex e a confirmação do *decisum* pelo Tribunal Regional Federal da 4ª região de forma acelerada e atípica acarretaram inestimáveis consequências para o ex-presidente Lula e mesmo para sociedade, considerando as eleições de 2018 e a real possiblidade de ganhar o pleito e governar o país.

Os vazamentos da agência *The Intercept Brasil* (2020) ao longo de 2019 e 2020 dão conta de uma relação de conluio ilegal entre Dallagnol e a força-tarefa da Lava Jato com o ex-juiz Moro visando a condenação do ex-presidente e a forçando uma relação de corrupção sistêmica com a Petrobras e outras empresas. O mais impressionante, no entanto, conforme revelam os últimos vazamentos, foi a colaboração ilegal dos integrantes do MPF de Curitiba com agente do FBI e do Departamento de Justiça durante os anos de 2015 e 2016, à revelia do Ministério da Justiça e em franca violação de tratados internacionais.

Seria esta uma das razões da parcialidade em juízo? Seria a extraterritorialidade impositiva uma das razões para que a Lava Jato funcionasse fora dos parâmetros legais e violando até mesmo prerrogativas de outros poderes?

Recorde-se que o acordo bilateral entre Brasil e Estados Unidos estabelece que atos de colaboração em matéria judicial entre Brasil e Estados Unidos – tais como pedir evidências como registros bancários, realizar buscas e apreensões, entrevistar suspeitos ou réus e pedir extradições – devem ser feitos por meio de um pedido formal de colaboração, conhecido como MLAT, e tendo o Ministério da Justiça como ponto de contato com o Departamento de Justiça estadunidense.

Este é o espírito de reciprocidade que rege as relações internacionais de qualquer Estado soberano, o estabelecimento de congêneres equivalentes, de mesmo peso estatal, neste caso ligados ao processo diplomático e soberano do Estado, dadas as implicações de investigação judicial de grande porte e que põem em risco a soberania nacional, os interesses e disputas internacionais, o relacionamento político entre nações etc. O que ocorreu, no entanto, foi uma cooperação informal e lesiva aos tratados internacionais, e esta situação de ilegalidade está no âmago da Lava Jato, do *modus operandi* danoso à lisura e à legalidade de toda a operação.

Agentes estadunidenses, incluindo integrantes do FBI, atuaram secretamente no caso, estiveram em território nacional para iniciar diligências de investigação e atuaram na sede do Ministério Público Federal de Curitiba, tudo isso à revelia do Ministério da Justiça do então governo de Dilma Rousseff. Durante uma semana, os agentes estrangeiros foram apresentados aos advogados de delatores e ali teve início um profícuo processo de colaboração, aconselhamento e apoio por parte do MPF para facilitar a instalação da extraterritorialidade.

Muitos elementos da trama ainda não são conhecidos, nem mesmo detalhes da participação do ex-juiz Sergio Moro nestes episódios, mas está claro, considerando a harmonia entre acusação e juiz durante todos estes anos de Lava Jato, bem como a amarração perfeita de acusações contra grandes empresas sob a mesma jurisdição de Curitiba, que o desmonte econômico e empresarial produzido pela Lava Jato foi altamente interessante para os interesses dos Estados Unidos, não só no Brasil como em outros países latino-americanos em que as mesmas empresas são também abatidas juridicamente.

Vale registrar a nada surpreendente e bastante irônica decisão de Sergio Moro, após abandonar o cargo de ministro da Justiça do governo de Jair Bolsonaro, aceitar o convite para tornar-se sócio-diretor da Alvarez & Marsal, uma consultoria estadunidense que, entre outros interesses, também atua na recuperação judicial da Odebrecht, da Queiroz Galvão e de outras empresas que foram devassadas pela Operação Lava Jato.

O acordo de leniência entre a Petrobras, o Departamento de Justiça dos Estados Unidos e a Procuradoria do Distrito Leste da Virgínia também é uma fonte importante para se compreender como foram lesados os interesses nacionais e como resta comprometido o futuro do país como nação soberana.

Portanto, o reconhecimento da parcialidade de um juiz que conduziu, como um maestro de orquestra, a harmonia de todos os instrumentos (agentes públicos e privados, instituições, imprensa) para se chegar a um final perfeito e implacável contra adversários e contra o próprio país é mais que uma questão de justiça. Trata-se do resgate de nossa soberania jurisdicional, de nossos valores constitucionais e da compreensão que, em tempos de guerra jurídica, crimes lesa-pátria podem ser cometidos por atores do sistema de Justiça.

Referências

AMERICAN BAR ASSOCIATION. *Defense function*. 3 ed. Washington, D.C., 1993. Part III, Stardard 3.1, a. Disponível em: <http://www.americanbar.org/

conten/dam/aba/publications/criminal_justice_stand ards/prosecution_defense_function.authcheckdam.pdf.> Acesso em: outubro de 2015.

AMORIM C.; PRONER, C. *Lawfare et géopolitique*: focus sur l'Amérique Latine, 2020.

AMORIM, C.; PRONER, C. Programme Amérique Latine, Caribe. Institut de Relacions Internationales et stratégiques, Analise 2, jan. 2021. Disponível em: https://www.iris-france.org/wp-content/uploads/2021/01/2-Prog-Amerique--Latine-Caraibe-Janvier-2021.pdf. Acesso em: 22 abr. 2021.

BRASIL. Decreto n. 3.810, 02/05/2001. Promulga o Acordo de Assistência Judiciária em Matéria Penal entre o Governo da República Federativa do Brasil e o Governo dos Estados Unidos da América, celebrado em Brasília, em 14 de outubro de 1997, corrigido em sua versão em português, por troca de Notas, em 15 de fevereiro de 2001. Disponível em: http://www.planalto.gov.br/ccivil_03/decreto/2001/D3810.htm. Acesso em: 22 abr. 2021.

CRIMINAL PROCEDURE (PLEA discussion and plea agreement) Disponível em: http://www.ilo.org/dyn/natlex/docs/electronic/81012/128022/f-462051835/bhs81012.pdf. Acesso em: 22 abr. 2021.

DUNLAP JR, C. J. *Law and Military Interventions*: preserving humanitarian values in 21st conflicts presente ed a humanitarian challenges in military interventions conference, 29 nov. 2001.

FRANCE. Assemblée Nationale. Missions d'information comunes, 2021. Disponível em: ttps://www2.assemblee-nationale.fr/15/missions-d-information/missions-d--information-communes. Acesso em: 22/04/2021.

GREENWALD, G. *et al*. Novos diálogos revelam que Moro orientava ilegalmente ações da Lava Jato. *Veja*, 12 jul. 2019. Disponível em: https://veja.abril.com.br/politica/dialogos-veja-capa-intercept-moro-dallagnol/. Acesso em: 22 abr. 2021.

KITTRIE, O. F. *Law as Weapon of War*. New York: Oxford University Press, 2016.

LUBAN, D. *Carl Schmitt and the Critique of Lawfare*. Georgetown Law: Faculty Publications and Other Works,.2011.

MARTINS, C. Z. *et al. Lawfare*: uma introdução. São Paulo: Contracorrente, 2019.

MONIZ BANDEIRA, L. A. *A desordem mundial*. São Paulo, Civilização Brasileira, 2016.

NOZAKI, W.; FIORI, J. L. Conspiração e corrupção: uma hipótese muito provável. *Le Monde Diplomatique Brasil*, 30 jul. 2019. Disponível em: https://diplomatique.org.br/conspiracao-e-corrupcao-uma-hipotese-muito-provavel/. Acesso em: 22 abr. 2021.

QUATREPOINT, J. M. Estados Unidos e unilateralismo: em nome da lei americana... *Le Monde Diplomatique Brasil*, ed. 115, 17 abr. 2017. Disponível em: https://diplomatique.org.br/em-nome-da-lei-americana/. Acesso em: 22 abr. 2022.

QUATREPOINT, J. M. Alstom, scandale d'État [Alstom, escândalo de Estado]. Paris: Fayard, 20015

THE INTECEPT BRASIL. Leia todas as reportagens que o Intercept e parceiros produziram para a Vaza Jato. *Intercept Brasil*, 20 jan. 2020. Disponível em:

https://theintercept.com/2020/01/20/linha-do-tempo-vaza-jato/. Acesso em: 22 abr. 2021.

THE FEDERAL RESERV. Disponível em: https://www.federalreserve.gov/. Acesso em: 22 abr. 2021.

THE LAW PROJECT. Advacing Justice: the Lawfare Project provides pro bono legal, 2021. Disponível em: https://www.thelawfareproject.org/. Acesso em: 22 abr. 2021.

THE UNITED STATES. Department of Justice. Disponível em: https://www.justice.gov/. Acesso em: 22 abr. 2021.

U.S. DEPARTMENT OF THE ARMY. U.S. Army Special Forces Unconventional Warfare Training Manual. Headquarters, Washington D.C., 2010.

U.S. DEPARTMENT OF DEFENSE. National Defense Strategy, Washington D.C., 2018

U. S. Drug Enforcement Administration. Disponível em: https://ndiastorage.blob.core.usgovcloudapi.net/ndia/2010/homeland/Dodd.pdf. Acesso em: 22 abr. 2021.

U. S. Securities and Exchange Commission (Sec). Disponível em: https://www.sec.gov/. Acesso em 22 abr. 2021.

VIANA, N. A.; SALEM, M. FISHMAN, A. *Como a Lava Jato escondeu do governo federal visita do FBI e procuradores americanos. Agência Pública / The Intercept Brasil*, 12 mar. 2020. Disponível em: https://apublica.org/2020/03/como-a-lava-jato-escondeu-do-governo-federal-visita-do-fbi-e-procuradores-americanos/. Acesso em: 22 abr. 2021.

WIKILEAKS. Public Library of US Diplomacy. Brazil: illicit finance conference uses the T word, successfully. 30 out. 2009.

A economia política da Lava Jato

Fernando Sarti Ferreira[1]
Gabriel Rocha Gaspar[2]

Não é possível compreender o conteúdo concreto e o sentido histórico da Operação Lava Jato, sem se afastar da retórica moralista que a embalou. Tosca até no nome, que contém um erro de português (a expressão correta seria "lava a jato"), autoritária da forma ao objetivo, a Lava Jato é a face jurídica de um projeto de reorganização socioeconômica, que resulta, de maneira quase colateral, mas inexoravelmente relacionada, na ascensão do bolsonarismo ao governo federal. São fenômenos indissociáveis. Ao desestruturar a já frágil estrutura político-jurídica brasileira, a Lava Jato criou condições para que o milicianismo se espalhasse pela vida nacional. Insuflada por uma mídia mais interessada em servir ao grande capital financeiro que ao público, a Lava Jato conseguiu transformar antigas práticas de uma cultura neoliberal mafiosa, como a chantagem, a barganha, a caça às bruxas e o uso da toga para fins políticos e econômicos em valores socialmente aceitos. É impossível "salvar" qualquer aspecto do lavajatismo sem passar a mão na cabeça do bolsonarismo. Dizer que a Lava Jato contribuiu para o combate à corrupção é um erro de análise, facilmente desmentido pelos inúmeros exemplos de aprofundamento e diversificação da corrupção observados na esteira da operação.

Desde o golpe de 2016 – que, da pior maneira possível,[3] conferiu palanque nacional ao estridente, mas até então inexpressivo, deputado Jair Bolsonaro

---

[1] Fernando Sarti Ferreira é historiador, doutor em História Econômica pela Universidade de São Paulo, pesquisador associado do Laboratório de Economia Política e História Econômica da USP (LEPHE-USP) e do Grupo de Estudos de História e Economia Política (GMARX-USP).

[2] Gabriel Rocha Gaspar é jornalista, especializado em política externa. Por cinco anos, foi correspondente em Paris para diversos veículos de mídia no Brasil, além de repórter, apresentador e editor na principal rádio pública francesa, a RFI. É mestre em Literatura Comparada pela Sorbonne Nouvelle Paris 3, colunista da Mídia Ninja e coapresentador do podcast FRONTeiras.

[3] O feito político mais notável da extensa carreira de Bolsonaro como deputado foi justamente a criminosa apologia ao torturador Carlos Alberto Brilhante Ustra, vomitada junto com o voto favorável à deposição de Dilma Rousseff – ela própria, vítima da crueldade de Ustra, quando era presa política durante a ditadura militar.

–, a corrupção alçou novos voos no Brasil. O primeiro sintoma de que algo fedia na cruzada moralizante da elite brasileira foi o fato de que, dos 48 deputados que eram réus em ações penais por corrupção, 40 votaram a favor do *impeachment* de Dilma Rousseff. Grande parte deles se abrigou sob a bandeira da anticorrupção ou declarou voto em expressa defesa da Lava Jato (ver Sardinha, 2016). Quem presidiu a sessão na Câmara foi o ex-deputado da direita do MDB, Eduardo Cunha, que seria preso ainda em 2016 pela própria Lava Jato, por improbidade administrativa (ver Dionisio *et al.*, 2016). E antes mesmo do "Centrão" (bloco político conservador, mas de afiliação ideológica fluida e oportunista) assumir o palco principal da política nacional, já se iniciou a "operação abafa". Como revelaram áudios de conversas entre políticos do primeiro escalão do governo Michel Temer, o objetivo primeiro do golpe era "estancar a sangria" (ver Valente, 2016).

Pode-se argumentar que a Lava Jato, como operação policial, não teria ingerência sobre o processo político corrupto que desencadeou. Mas ela não ofereceu apenas uma oportunidade para que o fisiologismo mais inescrupuloso do Congresso e mesmo a ala miliciana da política nacional chegassem ao poder, trazendo uma nova safra de criminalidade para dentro das instituições – suspeitas de envolvimento em assassinatos, nepotismo explícito, interferência nas instituições por motivos pessoais duvidosos etc. A operação construiu mecanismos para, ela própria, se apropriar do poder e patrimônio do Estado. Dois episódios, envolvendo as mais célebres figuras da Lava Jato, são particularmente reveladores: a adesão de Sergio Moro ao corpo ministerial de Bolsonaro e a tentativa do ex-procurador do Ministério Público de Curitiba, Deltan Dallagnol, de simplesmente se apropriar de R$ 2,5 bilhões de dinheiro recuperado de supostos desvios na Petrobras. Não tendo sido jamais eleito, que jurisdição teria Dallagnol para determinar o destino de dinheiro público? (ver Bergamo, 2019) Também digno de nota, ainda que insuficiente para abarcar todo o leque de corrupção desencadeado pela operação, é o novo mercado de advogados do Paraná, que construíram fortunas ao se especializarem na particular metodologia lavajatista, baseada na espetacularização, na delação e na coerção (ver Audi, 2018).

Em suma, o que a Lava Jato buscou, e os governos pós-golpe radicalizaram ao ocupar o Estado, foi o desmonte de um conjunto de regras – não apenas na área do Direito, mas também na economia e no corpo da sociedade como um todo – que, basicamente, sustentam a viabilidade das mais elementares conquistas civilizacionais da sociedade brasileira, por mais incompletas que sejam.⁴ Seu punitivismo ostensivo, azeitado pela espetacularização das delações e condenações; seu objetivo, antes velado, mas hoje escancarado pelas revelações da chamada Vaza Jato, de desmontar o setor produtivo nacional, ao mesmo tempo em que poupava o financeiro; seu alinhamento incondicional com o projeto de retomada de hegemonia de Washington em um mundo que se multipolarizava; a substituição de uma filosofia estruturalista do Direito pelo punitivismo moralista; seu esforço de aprofundamento de uma dicotomia entre o "bem privado" e o "mal público"; sua exposição performática dos "inimigos da pátria"... Tudo isso montou a base para a desconstrução não apenas da produção nacional, mas do Estado brasileiro e da própria política como arena de disputa.

A Lava Jato soltou os freios a um antigo projeto de nação das mais vulgares elites entreguistas e rentistas do Brasil (que tem raízes profundas na cultura política brasileira, principalmente depois de 1945),⁵ foi impulsionada e se articulou com uma série de processos políticos e econômicos ocorridos em escala global nos últimos 20 anos. Este artigo pretende indicar a origem da concepção autoritária e antipopular sobre o Brasil da qual a operação é tributária, além de identificar como esta visão conseguiu ganhar força nos últimos anos, a ponto de penetrar até a esquerda, dentro e fora do PT. O legado maior da Lava Jato, enterrada sem cerimônia no início de 2021, é a destruição formal das salvaguardas do Direito e o consequente aprofundamento do milicianismo como método de controle em um ambiente de "livre-mercado". É nossa missão histórica combater não apenas seus métodos, mas suas bases ideológicas.

Eugênio Gudin e a "conspiração dos ineficientes"

Desde 1930, mas principalmente 1945, o capitalismo brasileiro vive uma desventura estrutural que, em grande medida, baliza as principais discussões

---

⁴ Entre essas conquistas, estão o amplo reconhecimento, pela Constituição de 1988 de direitos sociais fundamentais, a promoção da igualdade racial e de gênero, a proteção ao meio ambiente, de populações indígenas, quilombolas, ribeirinhas etc. Ainda que a implementação dessas aspirações civilizacionais tenha sido parcial – quando não letra-morta –, a força dos movimentos sociais e sua influência sobre a Carta de 1988 tornou esse rol de questões um horizonte desejável para a sociedade que floresceria nos estertores das quase três décadas de autoritarismo.

⁵ Os limites históricos do PT foram escrutinados por uma profícua produção acadêmica e teve ampla divulgação pela grande imprensa, elevando ao estrelato muitas figuras do pensamento radical até então desconhecidas do grande público. Contudo, desde 2015, temos conhecido os limites que o PT impunha às novas e velhas forças do conservadorismo e reacionarismo nacional.

sobre o desenvolvimento econômico do país.⁶ Por um lado, há a crescente necessidade de investimentos e insumos para dar conta do estabelecimento de bases técnicas e de um padrão de produção e consumo entendidos como modernos; por outro, a completa dependência e subordinação da economia nacional às instabilidades e caprichos dos mercados internacionais de *commodities* e capitais. À espreita, ora alijados violentamente dos centros de decisão, ora batalhando em defesa de seus interesses, trabalhadores urbanos e rurais (e o estado deplorável de miséria e violência ao qual estão submetidos) compõem outra variável deste equilíbrio catastrófico que caracterizou a política brasileira do pós-1945.⁷

A sorte do desenvolvimento e da modernização capitalista brasileira "polarizava", e ainda "polariza", duas principais posições. O campo *desenvolvimentista* defende políticas voltadas ao crescimento industrial, à maior nacionalização da economia por meio da ação do Estado e à adoção de medidas sociais mais ou menos distributivistas (legislação social, valorização do salário mínimo e reforma agrária), que, amparadas na expansão do mercado interno, impulsionariam o crescimento econômico do país. Grosso modo, essa perspectiva surgiu como projeto econômico nacional nos anos 1930, não apenas por vontade política do governo Vargas, mas também porque a crise financeira de 1929 inviabilizou a estrutura de acumulação e os arranjos políticos que haviam caracterizado as primeiras décadas do pós-abolição da escravatura.⁸ Sob o varguismo e na

---

6   Para a caracterização do período, nos remetemos às seguintes referências: Carone (1985); Mello, J.M.C.; Novais, F. (2009); Bastos, P.P.Z. (2009; 2012).

7   O equilíbrio catastrófico seria uma situação em que as forças sociais em luta se encontram em tal condição de paridade que "[...] a continuação da luta só pode levar à destruição recíproca. Quando a força progressista A luta contra a força reacionária B, não só pode ocorrer que A vença B ou B vença A, mas também pode suceder que nem A nem B vençam, porém se aniquilem mutuamente e uma terceira força, C, intervenha de fora submetendo o que resta de A e de B". Contudo, como o próprio Gramsci nos alerta, esta é apenas uma hipótese genérica, "[...] um esquema sociológico (conveniente para a arte política". É preciso dar maior concretude, observando a prevalência em um ou outro momento de equilíbrio de aspectos revolucionários (ou seja, de transformação histórica) ou reacionários, mas sem cair na ilusão de que "[...] qualquer novo fenômeno histórico derive do equilíbrio entre forças 'fundamentais'; também é necessário examinar as relações supervenientes entre os grupos principais (de gênero diferente, social-econômico e técnico econômico) das classes fundamentais e as forças guiadas ou submetidas à influência hegemônica" (Gramsci, 1976, p. 63-67).

8   Atrasado por quase quatro séculos de brutalidade escravista, enfrentando seu primeiro grande êxodo do campo para a cidade, a explosão populacional decorrente da imigração europeia, e com um setor produtivo dedicado quase exclusivamente à exportação de bens primários agrícolas, o Brasil apoiou fortemente em capital estrangeiro o desenvolvimento urbano das primeiras décadas do século XX. Até o princípio dos anos 1930, do transporte urbano à

esteira dele, foram fundadas grandes empreiteiras nacionais, alvos prediletos da Operação Lava Jato, como a Odebrecht (1944), a Camargo Correa (1939) e a Andrade Gutierrez (1948), assim como as empresas estatais de recursos estratégicos, como Vale do Rio Doce (1942), privatizada em 1997, Eletrobras (1962), atual alvo da sanha privatista, e a Petrobras (1953). O crescimento industrial se aprofundou a partir de 1956 sob Juscelino Kubitschek – com a formação de grandes grupos multinacionais associados, a construção de Brasília e a proliferação de obras de infraestrutura – e manteve algum fôlego durante a ditadura militar (1964-1985), que combinou industrialização nacionalizante a subordinação aos mercados financeiros internacionais.

O outro polo, *neoliberal*, defende uma maior integração do Brasil ao mercado mundial. Nossas "vantagens naturais" seriam o passaporte para o progresso. Há quase oitenta anos, aquele que pode ser considerado o pai do neoliberalismo brasileiro, Eugênio Gudin, contestava a defesa da industrialização e do planejamento econômico nos seguintes termos: "Precisamos é de aumentar nossa produtividade agrícola, em vez de menosprezar a única atividade econômica que demonstramos capacidade para produzir vantajosamente, isto é, capacidade de exportar" (Gudin, 1945, p. 116) – claro que ele fala de exportar matéria-prima e alimentos, como se subentende pela restrição das possibilidades econômicas nacionais aos setores extrativista e agrícola.

De Gudin à Lava Jato, há uma ideia constante: a vilanização do chamado "estatismo", que seria o resultado perverso de um amálgama entre o dirigismo econômico do Estado, a ameaça socializante e comunista, a ineficiência e a corrupção. Conforme os diferentes contextos e a temperatura do conflito político no país, ganham maior peso a ameaça comunista ou ineficiência econômica e corrupção. Mas a tríade é permanente, indissociável e recorrente. Tanto que reaparece nas falas de Fernando Collor no último debate das eleições 1989,[9] no

---

moradia, passando pela rede de telégrafos, quase tudo foi feito por companhias estrangeiras, com mão de obra estrangeira e, em muitos casos, até matéria-prima estrangeira. (Campos, 2018)

[9] A título de exemplo, vale a pena destacar dois trechos da participação de Collor no derradeiro debate de 1989. Em sua fala de abertura, o então presidenciável diz: "[...] não há como se discutir entre os candidatos suas propostas para saúde ou para educação sem que, antes, posicionemos de forma muito clara as grandes diferenças [...] que existem entre uma candidatura e outra. De um lado, está a candidatura do centro democrático, por mim representada. Do outro lado, está uma candidatura que esposa teses estranhas ao nosso meio; teses marxistas, teses estatizantes, teses que não primam pelos princípios democráticos consagrados na nova Carta Constitucional. [... Com a queda do Muro de Berlim] derrubamos essas teses atrasadas, que não dizem respeito ao nosso dia-a-dia; essas teses que são contra a livre iniciativa, que são contra a liberdade, que sufocam, que oprimem o povo. Lá no leste europeu não havia liberdade

discurso de despedida do Senado do recém-eleito presidente da República nas eleições de 1994,[10] Fernando Henrique Cardoso, no famigerado *PowerPoint* de Dallagnol, em *lives* escatológicas de Olavo de Carvalho, nos cadernos de

---

[10]
[...] mas a presença do Estado enorme, maciço, corrupto e interventor. Lá não há liberdade de se comprar aquilo que se deseja, lá não há liberdade de salário, não há competição; lá não há eficiência... Lá, não há felicidade".
Já em seu fervoroso encerramento, Collor diz que "vamos dar um 'não' definitivo à bagunça, à baderna, ao caos, à intolerância, à intransigência, ao totalitarismo; à bandeira vermelha. Vamos dar 'sim' a nossa bandeira, essa que está aqui [aponta para a lapela]: a bandeira do Brasil, a bandeira verde, amarela, azul e branca. Vamos cantar o nosso hino nacional e não a internacional socialista. Vamos fazer deste Brasil um país digno dos seus filhos, que trabalham, que querem prosperar, que querem a justiça social, que nós iremos alcançar, minha gente. Eu quero agradecer a todos vocês por esta manifestação de apoio a um jovem; um jovem que saiu de um estado pequeno e sofrido do Nordeste, mas que nunca curvou sua cabeça a esses ditadores de plantão, que tomaram de assalto o palácio do planalto... E que se lançando na política nacional, hoje recebe o reconhecimento da imensa maioria. E nós somos a maioria, minha gente, deste querido Brasil. Vamos juntos para a vitória. Já vencemos uma vez, vamos vencer a segunda. A partir de amanhã, até o dia 17, todo mundo nas ruas! Cantando! Gritando! Vibrando! Falando do nosso programa, falando das nossas propostas! Vamos todos à rua, para levantar a bandeira do Brasil, cantando nosso hino nacional e dando o grito da vitória." Como se vê, o candidato ataca, em dois curtos trechos, absolutamente todos os componentes do que Gudin chamava de conspiração dos ineficientes.
"Eu acredito firmemente que o autoritarismo é uma página virada na história do Brasil. Resta, contudo, um pedaço do nosso político que ainda atravanca o presente e retarda o avanço da sociedade. Refiro-me ao legado da Era Vargas – ao seu modelo de desenvolvimento autárquico e ao seu Estado intervencionista. [...] Atravessamos a década de 1980 às cegas, sem perceber que os problemas conjunturais que nos atormentavam [...] mascaravam os sintomas de esgotamento estrutural do modelo varguista de desenvolvimento.
No final da 'década perdida', os analistas políticos e econômicos mais lúcidos, das mais diversas tendências, já convergiam na percepção de que o Brasil vivia, não apenas um somatório de crises conjunturais, mas o fim de um ciclo econômico de desenvolvimento de longo prazo. Que a própria complexidade da matriz produtiva implantada excluía novos avanços da industrialização por substituição de importações. Que a manutenção dos mesmos padrões de protecionismo e intervencionismo estatal sufocava a concorrência necessária à eficiência econômica e distanciaria cada vez mais o Brasil do fluxo das inovações tecnológicas e gerenciais que revolucionavam a economia mundial. E que a abertura de um novo ciclo de desenvolvimento colocaria necessariamente na ordem do dia os temas da reforma do Estado e de um novo modo de inserção do País na economia internacional." (Cardoso, 1995, p. 10-11, aspas no original)
Mais adiante, pouco depois de prometer "resgatar o Estado da pilhagem dos 'interesses estratégicos', das 'conquistas sociais' exclusivistas, do corporativismo" (Cardoso, 1995, p. 13, aspas no original), FHC faz uma piada, que se baseia na cínica assimilação entre economia estatal e doméstica: "A imprensa, ultimamente, deu curso à versão de que eu seria, digamos, excessivamente contido nos gastos pessoais. Os senadores que convivem comigo sabem que a fama é imerecida. Intriga da oposição... Pois bem: creiam que farei por merecer essa fama em tudo que diz respeito ao controle do gasto público". (Cardoso, 1995, p. 14)

economia da imprensa corporativa e na grotesca reunião ministerial do governo Bolsonaro (ver Folha de S.Paulo, 2020).

Nas palavras de Gudin, o "estatismo" seria a sequela da "conspiração dos ineficientes": socialistas-comunistas, que veriam na planificação econômica e no dirigismo estatal um "[...] excelente instrumento [...] para a invasão pelo Estado, do campo, da economia e da iniciativa privada e portanto para o caminho da socialização"; burocratas do Estado, que concentrariam em suas mãos poder político, mas sobretudo, poderiam enriquecer, beneficiando-se da corrupção; e, por fim, os grandes grupos econômicos já estabelecidos, que poderiam aproveitar a junção de sua posição já adquirida com o dirigismo estatal para eliminar a liberdade de concorrência. O último conspirador seria a legislação social, caminho para a socialização da economia, da ineficiência e da corrupção. Em texto de 1950, Gudin afirmava que as leis trabalhistas, por exemplo, "[...] davam aos operários da cidade todos os direitos, inclusive o da indisciplina e o da vadiagem, companheiros inseparáveis da inflação [...]". (Gudin *apud* Borges, 1997, p. 42). Em 1954, ano em que assumiria o Ministério da Fazenda depois do suicídio de Vargas, afirmava, em relação ao salário-mínimo, que "[...] o Estado intervém para declarar que o preço do trabalho humano não pode ser o preço do mercado. Há de obedecer a outros imperativos, qual o das necessidades mínimas do indivíduo" (Gudin *apud* Borges, 1997, p. 151). O absurdo era que as necessidades humanas se sobrepusessem aos caprichos da acumulação de capital.

As "distorções" promovidas pelo aumento dos salários por questões "políticas" perturbavam o economista e se transformavam em outro sólido pilar do pensamento *neoliberal*. Para Gudin (1953, p. 6), "[...] o problema capital do Brasil é um problema político que domina o social e o econômico", ou seja, a interferência da política na economia. Mas, se em 1944 ele afirmava que o estatismo seria incompatível com a democracia, em 1953, era a democracia que atrapalhava o mercado. A "demagogia salarial", para o economista, era responsabilidade do "[...] advento do sufrágio universal em 1930, em substituição ao regime oligárquico que prevalecia até então e que, aliás, não funcionava mal".

A cruzada lacerdista contra o "estatismo"

Não por acaso, Gudin seria reverenciado por Carlos Lacerda. Figura constante nas páginas do *Tribuna da Imprensa*, o "professor" teve em Lacerda e seus colegas de redação os maiores difusores da "conspiração dos ineficientes", sempre identificada nos governos *desenvolvimentistas* de Vargas, JK e Jango, independentemente das enormes diferenças entre eles. Qualquer política que visasse o aprofundamento da industrialização, a ampliação da participação do Estado na economia e/ou a distribuição de renda era vista como elemento conspirador. Para não nos alongarmos muito, vamos circunscrever a atuação de Lacerda no segundo governo de Getúlio Vargas (1951-1954).

Uma das ações fundamentais para a materialização da política econômica *desenvolvimentista* de Vargas era a sustentação, pelo Estado, dos altos preços das principais *commodities* brasileiras (café, algodão e cacau), uma vez que as exportações eram uma forma de obter as divisas necessárias para importação de insumos e equipamentos para a industrialização. Essa política, defendida em mensagem enviada ao Congresso em 15 de março de 1951 (ver Vargas, 1951), era combatida diariamente pelo *Tribuna da Imprensa* – taxada de "artificial" e promotora de "lucros abusivos" aos grandes grupos financeiros e intermediadores. O controle sobre remessas ao exterior foi outro ponto essencial da política varguista de industrialização. Quando, em dezembro 1951, o presidente anunciou sua intenção de restringir a exportação de lucros (ver Vargas, 2011), Lacerda evocou a "conspiração dos ineficientes". Para ele, esse "confisco do capital" punia e afastava investidores estrangeiros: "É um ajuntamento que vai desde os comunistas, enrustidos e profissionais que não têm, como outros comunistas, a atenuante do idealismo e do sacrifício, aos fascistas vitalícios, passando pelos arrivistas e carreiristas que exploram o Poder como um sindicato de rufiões" (Lacerda, 1953, p. 4). Para salvar o Brasil, além de uma reforma política, que implementasse o parlamentarismo,[11] Lacerda defendia uma reforma na ordem econômica que promovesse "[...] o restabelecimento da confiança na iniciativa privada, pela abolição do estatismo crescente que aqui se adota, e que é um socialismo sem grandeza, nefasto e idiota, com todos os inconvenientes do capitalismo sem as vantagens cada dia mais evidentes, da confiança na capacidade criadora dos cidadãos" (Lacerda, 1952, p. 4).

Por fim, havia também a política social – na perspectiva lacerdista, esteio do apoio popular à "conspiração dos ineficientes" e forma de manipulação do sufrágio universal. Desde o programa da Aliança Liberal para as eleições de 1930, Vargas enxergava na legislação social e trabalhista, além de um estímulo

---

[11] O parlamentarismo surge no pós-1945 como a panaceia para moderar o Executivo quando este escapa do controle das forças políticas mais reacionárias. Foi assim durante o segundo governo Vargas e se tornaria pauta recorrente na agenda da direita brasileira. Chegou a ser implementado após tentativa de golpe contra João Goulart em agosto de 1961, como uma última cartada "legal" da oposição aos *desenvolvimentistas*, antes da solução de força de abril de 1964. Rechaçado por duas vezes pelo voto popular (nos plebiscitos de 1963 e 1993), sua implementação voltou a ser sugerida no contexto do golpe de 2016.

para a expansão do mercado interno, uma forma de combater a própria ameaça comunista, como fica evidente em discurso proferido a 5 de janeiro de 1952:

> [...] são igualmente necessárias novas leis sociais capazes de cortar pela raiz as origens do mal e reparar as injustiças causadoras de revoluções. O governo tem a firme convicção de que se impõe o aperfeiçoamento constante de uma justiça social e de uma ordem social onde sejam eficazmente eliminados os argumentos de uma propaganda e de um credo que só prosperam onde há miséria, fome, padecimentos e desigualdades chocantes na condição dos homens. Os processos de exploração do trabalho, que não cogitam da justa repartição dos seus frutos, também constituem séria ameaça à segurança nacional. Esta exige, para sua plena garantia, um combate sem tréguas à ignorância, ao sofrimento e à opressão. (Vargas, 2011, p. 699)

Para Lacerda, a política social de Vargas sairia pela culatra:

> Pois, que melhor estímulo pode ter o comunismo do que a conceituação que o sr. Vargas adota e seu governo promove constantemente, de capital e trabalho como termos necessária e eternamente antagônicos? A luta de classes, eis a base da legislação do sr. Vargas. A ideia do antagonismo, de luta, está impressa em todas as leis, em todas as palavras do governo atual. O estatismo termina necessariamente na ditadura. Haverá melhor roteiro para o comunismo? (Lacerda, 1952, p. 4)

Na ótica lacerdista, a legislação social estabeleceria o comunismo, aprofundaria a corrupção e perpetuaria o poder varguista. Não obstante o conservadorismo de Vargas, para Lacerda, "[...] a atmosfera dissolvente que a seu redor se cria, faz proliferar um certo tipo comunizante, de natureza burocratoide, cujo principal instrumento é o 'dirigismo' e cujas armas eficacíssimas são a intriga e a corrupção".

Apesar da "polarização" que descrevemos, não se pode dizer que *desenvolvimentismo* e *neoliberalismo* tenham representado ou ainda representem uma divisão estrutural da classe dominante nacional, erro que a esquerda brasileira insiste em cometer. São duas perspectivas de gestão capitalista da economia, que não questionam a hierarquia social, a propriedade privada, o crescimento econômico ou o lucro como motor da atividade humana. Não está em questão nessa dicotomia *qual* modelo econômico seguir, mas *como* gerir o atual. Como as bases da exploração sistêmica são ponto pacífico, defensores dos dois polos compuseram e compõem alianças, incorporando-se uns e outros em arranjos políticos específicos. Com a exceção de trabalhistas, nacionalistas e comunistas, cuja luta política se ampara no proletariado urbano e rural, parte substancial dos adeptos ao polo *desenvolvimentista* integrava os mesmos grupos dominantes que se organizavam em torno da perspectiva *neoliberal*. A expressão maior desta acomodação foi o monstro surgido do cruzamento entre os dois campos durante a ditadura militar, principalmente entre 1968 e 1982. A política econômica milagreira do ministro da Fazenda Antonio Delfim Netto (1967-1974) conseguiu a proeza de ampliar de maneira inédita a participação do Estado na economia, mas também as desigualdades sociais e regionais, além da subordinação do desenvolvimento brasileiro aos humores das finanças internacionais. De "competência administrativa" ou "visão estratégica" esse misto de entreguismo e desenvolvimentismo não tem nada. O período militar não apenas gerou fiascos infraestruturais – a nunca concluída rodovia Transamazônica (que agravou a historicamente precária situação dos povos da floresta), a BR-210, o "Minhocão", o projeto nuclear de Angra e a ferrovia do Aço –, como deixou uma fatura aberta de mais de 100 mil cadáveres, entre camponeses, indígenas, sindicalistas, além de outros milhares de trabalhadores assassinados e mutilados em acidentes de trabalho.

Lava Jato como expressão do neoliberalismo nacional

É inescapável a similaridade entre os discursos de Gudin e Lacerda e o debate moralista ensejado pela e em torno da Lava Jato. Mas as relações entre essas duas perspectivas neoliberais vão além do moralismo. Ambas são expressões, em diferentes tempos históricos, de um mesmo projeto econômico e social para o Brasil. Sua relevância e potência mobilizadora ganham força conforme as crises econômicas internacionais aceleram as disputas em torno da hegemonia no mercado mundial e a reorganização da divisão internacional do trabalho, como ocorreu durante o segundo governo Vargas (Guerra da Coreia e consolidação da geopolítica da Guerra Fria) ou durante os governos petistas e os que seguiram ao golpe de 2016, impactados respectivamente pela crise de 2008, a ascensão da China e a corona-crise. Nesses momentos, a desregulamentação da economia e a promoção do "livre mercado" se transformam não apenas em objetivo econômico para reajustar a taxa de lucro aos novos arranjos da acumulação de capitais, impulsionados a partir do mercado mundial, mas também na estrada imaginária para o reino da virtude, onde não há corrupção.

Não é à toa que, em seu famoso artigo sobre a Operação *Mani Pulite*, o ex-juiz e político de extrema-direita Sergio Moro recorra com frequência ao léxico neoliberal para elencar as mazelas provocadas pela corrupção. Por exemplo, o financiamento irregular de campanhas traria "[...] vantagens competitivas no mercado político [para os que dele usufruem] em relação ao honesto" (Moro, 2004). Na retórica do ex-juiz, é o agente público – e nunca empresarial (privado) – o grande operador e responsável pela corrupção; e o "estatismo", a causa estrutural da corrupção.¹² E foi contra a "conspiração dos ineficientes" que a Lava Jato atuou. Em termos gudinianos, a operação destruiu os socialistas--comunistas (um espectro político convertido em bode expiatório, que se amplia para além do bom senso, abarcando, nos confins do bolsonarismo, do Partido da Causa Operária ao próprio Sergio Moro, passando pelo conjunto da mídia corporativa); a burocracia do Estado, representada pela ordem institucional destroçada pelo golpe de 2016; e os grandes grupos econômicos, encarnados no oligopólio das construtoras.

Sob a batuta de Moro e os confetes da mídia corporativa, os cães-de-caça da força-tarefa de Curitiba sepultaram as conquistas do desenvolvimentismo que havia desabrochado, com intervalos (gestões neoliberais Collor e FHC,¹³ além do já citado monstro da ditadura), de Vargas a Rousseff. Pedro Henrique Campos sintetiza o impacto macroscópico da Lava Jato sobre o setor produtivo:

> As eleições de 2014 e a Operação Lava Jato geraram um intenso impasse político no país, levando à paralisia do governo e alimentando a crise econômica em curso. Assim, o PIB brasileiro ficou estagnado em 2014, com elevação de meio ponto percentual. Nos dois anos seguintes, houve recuos consecutivos de 3,55% e 3,31%, em um processo depressivo intenso e inédito na história econômica brasileira recente. O olho do furacão da crise se deu na indústria da construção, na qual houve o resultado conjugado da paralisia dos investimentos estatais com os efeitos da Lava Jato. O advogado Walfrido Warde estimou as perdas da operação para a economia brasileira em torno de R$ 187,2 bilhões, ou 3,4% do PIB, tendo ela gerado algo como um milhão de desempregados. Segundo Eduardo Costa Pinto, na economia brasileira como um todo, houve a elevação do desemprego de 7 para 14 milhões de pessoas entre 2014 e 2017 e a queda da atividade econômica no segmento da indústria da construção nesse mesmo período foi da ordem de 20,1%. O mesmo autor indica que a Operação Lava Jato gerou na economia brasileira perdas de 2% do PIB em 2015 e 2,5% em 2016. De acordo com dados da revista *O Empreiteiro*, as maiores empresas de engenharia do Brasil tiveram em 2016 um faturamento 37% inferior ao de 2015. A receita do segmento de engenharia e construção, que

---

12   Para uma análise mais completa da obra do ex-juiz e político de extrema-direita, ver Venturini, F.C. (2017).
13   É importante destacar, como faz Pedro Henrique Pereira Campos, que políticas liberalizantes, como a suspensão da reserva de mercado às empresas nacionais de engenharia (obtida pelo lobby do oligopólio das grandes construtoras junto ao governo Costa e Silva e posteriormente retirada por Fernando Collor); e as privatizações de FHC não enfraqueceram os conglomerados nacionais. Ao contrário, como o mundo vivia a chamada globalização do capital, o mercado nacional ainda era exíguo e as empresas brasileiras vinham de três décadas de crescimento exponencial – que lhes permitira diversificar as atividades econômicas e mesmo expandir-se pela América Latina, África e Oriente Médio – elas conseguiram entrar competitivamente na disputa e abocanhar parte importante das concessões estatais, principalmente nos setores rodoviário, petroquímico, siderúrgico e de telecomunicações (Campos, 2019).

era de R$ 140 bilhões em 2013, foi para R$ 53 bilhões em 2016, índice similar ao de 2006. Ou melhor, houve um recuo de dez anos no faturamento conjunto das empresas do setor. (Campos, 2019, p. 137-138)

Não haveria símbolo maior da conspiração dos ineficientes do que a Petrobras, uma empresa pública ("estatismo") fundada em bases nacionalistas para o desenvolvimento industrial nacional (grandes grupos econômicos) e cuja supervalorização, impulsionada pela descoberta das reservas do pré-sal, aconteceu sob a administração do "comunista" Luiz Inácio Lula da Silva, em 2006. E a ofensiva contra a companhia foi escandalosa. Após a enxurrada de denúncias e prisões realizada pela Lava Jato durante o segundo semestre de 2014, em novembro daquele ano, *O globo*[14] trouxe em suas páginas a declaração de um dos diretores da Transparência Internacional, Alejandro Salas, afirmando que, apesar da empresa "macular o nome do Brasil no exterior", as investigações poderiam representar um divisor de águas (ver Neto, 2014) Depois de cinco anos, podemos afirmar que Salas estava certo, mas, talvez, pelas razões erradas. Os casos de corrupção serviram de mote para colocar de cabeça para baixo a estratégia que a empresa vinha desenvolvendo de maneira acelerada desde a descoberta do pré-sal.

Um dos principais alvos de ataque foi a política de conteúdo local (PCL) praticada pela empresa – e, com proporções variadas de participação nacional, pelos setores petroleiros de todos os países do mundo. No caso brasileiro, a diretriz busca fazer da Petrobras um catalisador para setores industriais para-petroleiros, ao determinar uma cota de participação nacional não apenas na força de trabalho, mas em toda a cadeia produtiva, desde as compras de equipamentos para extração até o transporte do petróleo. Graças à PCL, de 2004 a 2014, os estaleiros brasileiros produziram cerca de 600 embarcações, entre navios e plataformas, colocando o Brasil entre os dez maiores construtores navais do mundo. O número de trabalhadores empregados diretamente por esta indústria cresceu 183% entre 2007 e 2014 (de 29.124 para 82.472), além dos aproximados 400 mil empregos indiretos gerados pelo setor. O peso dos trabalhadores deste ramo sobre a economia fica ainda mais evidente se pensarmos no impacto que o aumento do consumo dos trabalhadores formais provoca em serviços fornecidos por trabalhadores autônomos e informais (pequenos comerciantes de bairro, vendedores de alimentos nas ruas, pedreiros,

---

[14] Nossa breve exposição irá focar exclusivamente n'*O globo*. Contudo, tal opção se justifica, pois tão certo quanto a existência de importantes diferenças editoriais entre os principais veículos da mídia corporativa brasileira é o sólido e fundamentalista consenso neoliberal destes veículos.

manicures, eletricistas etc.), uma vez que, em 2014, 57% dos trabalhadores da construção naval ganhavam de dois a cinco salários mínimos por mês. Nos quatro anos seguintes aos ataques da Lava Jato contra a Petrobras, o número de trabalhadores empregados caiu 67%, devolvendo o setor, em junho de 2018, ao patamar de 2007 (26.944 empregos diretos) (ver Sinaval, s/d; Nery, 2018; Rocha, 2019; Jesus e Silva, 2017).

Conforme derretia o esforço de industrialização da cadeia de produção e transporte de petróleo e gás (P&G), o que antes era apenas sugerido em artigos de opinião e editoriais da imprensa corporativa, no bojo do lavajatismo virou um tema tão trivial quanto a previsão do tempo. Antes da Lava Jato, os ataques à PCL estavam concentrados principalmente em abstrações características do discurso apologético ao livre mercado ou das comparações descontextualizadas entre políticas econômicas de diferentes países; a partir de 2014, a associação automática entre PCL e corrupção voltou aos clássicos moldes gudinianos-lacerdistas. Adriano Pires, lobista da área de P&G e colunista d'*O Globo*, por exemplo, denunciava em 2012 a "ineficiência" da PCL no ramo por tolher "a livre competição" e impedir a "colaboração" dos capitais estrangeiros (ver Pires, 2012, 2012a, 2012b). Já em 2014, quando bradava pela "refundação da Petrobras", em um artigo sintomaticamente publicado na mesma página de um texto de Paulo Guedes, no qual o atual ministro da Economia alertava os Poderes Executivo e Legislativo de que "A opinião pública informada deposita, portanto, suas expectativas de mudança no Poder Judiciário" (Guedes, 2014), Pires questionava:

> [...] quais seriam as razões que levaram a Petrobras à pior crise desde sua criação? A principal explicação, sem dúvida, foi o fato de o governo do PT – sob o argumento de que estava protegendo o patrimônio do povo brasileiro e, mesmo, reforçando o valor da empresa e seu papel na economia – ter implantado políticas que aumentaram o poder de monopólio e monopsônio da companhia, o que estimulou a ineficiência administrativa e as práticas de corrupção. (Pires, 2014)

A partir de então, a "conspiração dos ineficientes" ganhou força total. Em fevereiro de 2015, Rubem Novaes (ex-presidente do Banco do Brasil e amigo de Paulo Guedes) chegou a evocar Eugenio Gudin para defender a privatização da Petrobras, como forma de acabar com a corrupção (Novaes, 2015). Em junho do mesmo ano, o professor da PUC-Rio Rogério Furquim Werneck, ao comentar a "obsessão" do PT em defender a taxação das "grandes fortunas" (o professor escreve grandes fortunas entre aspas), sugeriu que o partido o fizesse parando de conferir "[...] privilégios injustificáveis a produtores nacionais de bens de capital, ao exigir percentuais absurdamente altos de conteúdo local em equipamentos utilizados na exploração do pré-sal". Além da "ineficiência", a "[...] política do conteúdo local vem engrossando o caldo de cultura em que prolifera a corrupção" (Werneck, 2015; O globo, 2010; 2015).

Contudo, os ataques não se direcionaram apenas ao desenvolvimento da indústria naval especificamente ou à PCL em geral, mas à toda a cadeia produtiva. Em 2013, o fator de utilização do parque de refino nacional atingiu a marca de 94%, despencando para 72% em 2018, bem abaixo de 20 anos antes. Ou seja, além do desmonte das políticas de conteúdo nacional para extração, industrialização e transporte de petróleo, a "moralização" da empresa serviu também para sua especialização na extração e exportação do óleo cru. Não se trata, aqui, de apontar eventuais problemas destas políticas – as chamadas "questões técnicas" – ou a existência ou não de atos de corrupção, mas indicar como a instrumentalização da pauta anticorrupção levou à transformação radical de suas estratégias, obedecendo a um projeto e concepção específica sobre o papel e a inserção da economia brasileira no mercado mundial. Isso tudo, sem que qualquer outro país, tivesse de alocar um cabo e um soldado estrangeiro em qualquer parte do território.

Em direção diametralmente oposta, o setor financeiro viu seus lucros se multiplicarem desde que a Lava Jato começou a atuar na desestruturação da produção nacional. Enquanto a receita conjunta das companhias envolvidas na operação retraiu 85% entre 2015 e 2018 (ver Hirata; Valenti, 2019), o Bradesco, por exemplo, viu seu lucro líquido saltar de R$ 17 bilhões (ver Bronzati, 2017) para R$ 21,6 bilhões (ver Bronzati, 2020) no mesmo período. Ainda que tenha havido uma retração de 12,25% de 2015 para 2016, isso em nada se deve a um esforço da operação em escrutinar a lavagem de dinheiro, que era sabidamente operada por meio da instituição. Em conversas eletrônicas publicadas pelo jornal *El País* (ver Rossi *et al.*, 2019) e pelo site *The Intercept*, o procurador Roberson Pozzobon, da força-tarefa da Lava Jato em Curitiba, comenta a abertura de contas no Bradesco das Bahamas, em nome do lobista Adir Assad, condenado por lavagem de dinheiro. Nas mensagens, Pozzobon faz uma pergunta retórica: "O que o Bradesco fez? Nada." Mesmo assim, a força-tarefa opta por simplesmente não enfrentar os grandes bancos, mas "fazer acordos 'a título de indenização por lavagem de dinheiro e falhas de compliance'. Essa opção, segundo conversa entre os procuradores, levava em conta o chamado 'risco sistêmico', conceito financeiro que supõe um possível efeito dominó para a economia."

A explosão de crescimento no setor não se restringiu aos bancos: a corretagem financeira e os chamados agentes autônomos de investimento (AAI) entraram definitivamente na paisagem econômica nacional. Um estudo realizado pela B3 (antiga BM&F Bovespa) mostra que entre 2016 e 2020, cresceu em 440% o número de pessoas físicas investindo na Bolsa no Brasil (ver Gomes; Zanlorenssi, 2020). Uma empresa de corretagem como a XP Investimentos, que em 2010 era avaliada em R$ 500 milhões, teve 49,9% de suas ações compradas pelo Itaú por R$ 6 bilhões, em 2017 (ver Infomoney, 2020). Apenas dois anos depois, a companhia abriria capital na bolsa nova-iorquina Nasdaq, em uma operação de R$ 78 bilhões (ver Guimarães; Leopoldo, 2019). Hoje, 7 dos 8 mil AAI certificados são ligados à XP (ver Costa; Mendes, 2020).

Um exemplo curioso de substituição do investimento real por especulação financeira na esteira da Lava Jato foi o caso do BTG Pactual. O banco, "um BNDES privado e eficiente", nas palavras de seu fundador, André Esteves, tinha como foco principal os investimentos no setor produtivo (ver Cabral, 2015). Obviamente, a Operação Lava Jato acertou em cheio grandes negócios do banco, como a gestora para a construção de sondas do pré-sal Sete Brasil – da qual era sócio majoritário –; a subsidiária Petro África, que desde 2013, era dona de 50% das operações de petróleo da Petrobras no continente; a rede de postos de combustível DVBR; ou a rede de farmácias Brasil Pharma, cujo potencial apostava na continuidade do aumento do poder aquisitivo das classes C e D (ver Cabral, 2015). Essa última acabou vendida à WTorre por R$ 1 em 2017, entrou em recuperação judicial em 2018 e acabou por decretar falência no ano seguinte, minguando junto com o poder aquisitivo das classes menos abastadas (ver Jornal do Comércio, 2019). A participação do BTG na Petro África segue igual. Mas as operações do setor petrolífero nacional no continente desapareceram e a sócia do banco não é mais a Petrobras, que vendeu seus 50% à canadense Africa Oil Corp (Abdala, 2020). Citada em delação premiada como beneficiária de propinas, a Sete viu secar suas fontes de financiamento externo, deixou de pagar os estaleiros e não entregou a maior parte das sondas. Em 2016, entrou em recuperação judicial. Três anos depois, quatro sondas operadas pela empresa foram vendidas a um grupo de investimentos britânico (ver Alves, 2019). Já o BTG processou a Petrobras em um tribunal privado de arbitragem, exigindo da estatal R$ 3,5 bilhões de ressarcimento pelos investimentos de 2010 – valor maior inclusive, do que o "recuperado" à companhia pela Lava Jato (ver Konchinski, 2019). Um acordo em benefício do banco foi atingido em 2020, mas os valores não foram divulgados (ver Goulart, 2020).

Era de se supor que o BTG Pactual, tendo perdido a maior parte de seus ativos no setor produtivo, tivesse visto retrair seu faturamento no período da Lava Jato. Mas não: em 2019, o BTG teve lucro ajustado de R$ 3,833 bilhões, crescimento de 39,8% em relação a 2018 (ver Bertão; Campos, 2020). E talvez isso se deva ao fato de ter sido apenas tangencialmente atingido pela Lava Jato, quando foi citado na desastrosa delação do ex-ministro petista Antônio Palocci. Sem apresentar provas, Palocci acusou o ex-presidente Lula de ocultar valores em contas do BTG, além de citar irregularidades na aquisição de parte da operação da Petrobras na África. André Esteves chegou a passar um mês preso. Em agosto de 2020, os inquéritos decorrentes da delação de Palocci foram suspensos pelo ministro do STF Gilmar Mendes (ver Jornal de Brasília, 2020). Mas o anedotário judicial pouco agrega a nossa análise. O interessante é observar como, ao desestruturar o setor produtivo, a Lava Jato fez um banco privado reorientar seus investimentos para fora da economia real.

A julgar pelas vítimas objetivas da operação – ainda não estamos considerando prejudicados indiretos, como a classe trabalhadora, que se viu ainda mais alijada de direitos fundamentais, ou as minorias políticas, que tiveram sua condição de opressão aprofundada pela carta branca ao ódio concedida pelo bolsonarismo, filho legítimo da Lava Jato –, podemos afirmar que é nesta disputa de projetos de país, entre o *desenvolvimentismo* e o *neoliberalismo*, que se insere a Lava Jato. Por consequência, reiteramos que ela não tem nada a ver com combate à corrupção. No contexto do lavajatismo, "corrupção" é o que, na política eleitoral estadunidense, costuma-se chamar *dog-whistle* (apito de cachorro): uma palavra de ordem capaz de despertar a sanha vingativa da parcela mais reacionária e ressentida da população. O combate à corrupção é a cortina de fumaça que torna inteligível e justifica moralmente a ofensiva das classes dominantes contra o projeto desenvolvimentista que, de forma moderada, previa algum tipo de integração das populações oprimidas ao bolo da produção nacional. Por se tratar de uma operação que se apoia na opinião pública para esticar os limites da legalidade e do rito processual, a Lava Jato tem na cortina de fumaça seu principal trunfo. Ela não pode apelar à razão. Pelo contrário, ela depende da substituição do cérebro pelo fígado. Ela tem que construir sua narrativa amparada em uma lógica binária infantil, em que se identifica o "bem" de um lado e o "mal", a ser destruído, do outro. Um expediente neoliberal clássico.

A esquerda também aderiu à economia política do lavajatismo

Não bastasse, somam-se ao repertório ideológico neoliberal camadas de metáforas desinformativas, como a batida comparação entre as finanças públicas e privadas. É aquele discurso: "quem economiza tem mais", uma verdade autoverificável para um assalariado. Se o trabalhador guardar parte de seu salário, no mês seguinte, a parte guardada se somará ao salário integral. Só que o Estado funciona em outra lógica, já que a arrecadação é atrelada à atividade econômica. Um Estado que gasta menos reduz a atividade da economia real e arrecada menos. Ou seja, o aperto de cintos do Estado, diferentemente da poupança doméstica, reduz a entrada de dinheiro no exercício seguinte, gerando um ciclo vicioso.

E é incrível como a própria esquerda cai na armadilha da associação enganosa entre as poupanças pública e privada, especialmente quando busca apaziguar o lado de lá da luta de classes e se vender como "responsável" durante períodos eleitorais ou de tensão política. Por exemplo, um pouco antes de anunciar a revogação do aumento da tarifa de ônibus, em 19 de junho de 2013, o então prefeito de São Paulo, Fernando Haddad, afirmou que a medida seria "populista" e que a única forma de fazê-lo seria desonerar o imposto ao óleo diesel (ver Lima; Monteiro, 2013), ou retirar recursos da educação e da saúde (ver Balza, 2013) – qualquer outra forma de tributação que incidisse sobre os mais ricos ou o transporte individual já estava obliterada pelo equilíbrio fiscal.[15] "Responsável", o prefeito revogou o aumento em conjunto e consonância com Geraldo Alckmin. Ambos falaram sobre democracia em abstrato, não dedicaram uma palavra à violência policial e dispararam ameaças de vingança pelo fato de o protesto social ter profanado a sacralidade do deus-orçamento. Ao abrir mão de comandar uma resposta progressista e alternativa a Alckmin, Haddad perdeu as oportunidades de: 1) capturar a demanda das ruas antes que a direita o fizesse; 2) com a população ao seu lado, colocar em xeque o modelo privatista do transporte público na cidade e talvez até nacionalizar a pauta; 3) questionar a desastrosa política

---

[15] Em 2017, em texto publicado pela revista *Piauí*, Haddad afirmou que em sua primeira reunião de trabalho com Dilma após ser eleito, discutiu com a presidenta o congelamento do preço das passagens para tentar frear a inflação. Como alternativa, o então prefeito apresentou um plano elaborado por Samuel Pessoa, economista neoliberal ultrarradical e admirador confesso de Eugenio Gudin, pelo qual o congelamento das tarifas seria obtido por meio da municipalização da CIDE combustíveis. Ou seja, a manutenção do preço das passagens teria de ser patrocinado sem aumento de carga tributária ou a criação de tributos sobre os mais ricos. Haddad afirmou no texto que a tributação seria um imposto sobre o transporte individual destinado ao financiamento do transporte público. Resta saber que tipo de distribuição seria essa em que os motociclistas e trabalhadores donos de automóveis de São Paulo, por exemplo, iriam contribuir para a manutenção das taxas de lucro das empresas que sequestraram o transporte público na cidade desde a privatização da CMTC em 1993-1995.

de transportes na Região Metropolitana a cargo do governo tucano há mais de vinte anos; e 4) pautar o aprofundamento das políticas sociais do PT. Pena que Haddad abriu mão da política para administrar as coisas. Aquele desfecho, com o prefeito abraçado ao governador tucano falando sobre "responsabilidade fiscal", instigou a antipolítica, oferecendo um prato cheio para quem prometia acabar com "tudo que está aí". Deixada órfã, a insatisfação foi adotada pela mídia corporativa e pelo antipetismo.

Sem ter aprendido nem esquecido nada, Haddad usou como uma das cartas na manga a sua reeleição para a prefeitura em 2016 o "trunfo" de ter concluído o primeiro mandato com mais de R$ 5 bilhões em caixa (ver Becker; Dal Piva; Resende, 2017). Isso não apenas não implica qualquer melhoria na vida da população, como engrossa o caldo ideológico neoliberal, ao justamente assimilar a gestão da coisa pública à gestão corporativa, sob o pressuposto de que a cidade deve ser superavitária; ou seja, deve dar lucro. Ironicamente, foi com o argumento da eficiência empresarial da gestão pública, que o adversário de Haddad no pleito, o empresário João Doria Junior, abocanhou a prefeitura.

Um ano depois, a própria gestão Doria espalhava notícias falsas (ver Monnerat; Sartori, 2019) de que o petista havia abandonado um rombo de R$ 7 bilhões na prefeitura, mentira que ecoaria até o discurso de Bruno Covas nas eleições municipais de 2020, das quais, não por acaso, o PT participou apenas tangencialmente. Como a saúde financeira da administração não tem qualquer materialidade automática na vida da população, toda a questão acaba por se resumir a uma guerra de narrativas moralistas em torno da "responsabilidade" e da "capacidade administrativa".

Se a pecha de irresponsável era serventia da casa, melhor teria sido aplicar o caixa superavitário na economia real, que traria benefícios concretos à população e, por consequência, aumentaria as chances de reforçar a imagem política do ex-prefeito progressista. "Mas teriam nos chamado de populistas!" Preocupação insossa: com ou sem responsabilidade fiscal, a esquerda será xingada de populista. E não usamos a palavra "xingar" de graça. "Populismo" é um conceito sem valor explicativo; talvez caiba melhor em um dicionário de ofensas do que em um de Ciência Política. Mas seria injusto dizer que a incursão no buraco do coelho da moralização da economia seja característica exclusiva da franja petista da esquerda nacional. Este tipo de encruzilhada retórica retorna a cada vez que candidatos do campo progressista se aproximam de efetivamente conquistar um cargo executivo de peso. No ano de 2020, o padrão se observou, por exemplo, nas campanhas de Guilherme Boulos (Psol) e Manuela d'Ávila (PCdoB) às prefeituras de São Paulo e Porto Alegre, respectivamente.

Em seu programa, Boulos afirmava de maneira pouco concreta que seu governo buscaria uma "[...] reforma tributária, baseada na proporcionalidade e na progressividade da cobrança de impostos", visando principalmente o ISS (Imposto Sobre Serviços) para instituições financeiras e o aumento de Imposto Predial e Territorial Urbano (IPTU) para mansões. Uma medida mais palpável e com um destaque maior foi a proposta de usar a dívida ativa do município em programas sociais.[16] Não que a proposta seja totalmente descartável. Mas, mais uma vez, o horizonte de uma política fiscal da esquerda é condicionado aos ditames da moralização da economia: o financiamento das políticas sociais não adviria de um incremento da tributação sobre os ricos, mas da cobrança de dívidas já existentes e pelos excedentes gerados pelo fim da corrupção e da ineficiência.[17] A dívida ativa do município é social, ainda que não necessariamente tenha sido gerada em nosso benefício. Ao utilizá-la como fonte de receita, ela se converte em um mecanismo de oferecer avanços imediatos à população necessitada, driblando a questão da desigualdade social. É uma política de "ganha-ganha". O problema é que o ganho do andar de cima é profunda e historicamente desproporcional ao ganho do andar de baixo. Logo, uma política que atenue a sensação de precariedade dos mais pobres sem impactar o faturamento abusivo dos mais ricos sempre acabará por beneficiá-los no longo prazo; mesmo que gere uma sensação instantânea de distribuição.

Contudo, o episódio mais representativo dessa falta de horizonte foi o "deslize" cometido pelo candidato durante a sabatina do jornal *O Estado de S.*

---

[16] *Disponível em:* Tribunal Superior Eleitoral. *Hora de Virar o jogo em São Paulo*, p. 18.

[17] Em um debate histórico-filosófico mais amplo, David Graeber defende em *Debt, the first 5,000 years* que o próprio conceito de dívida habita muito mais o campo da moral do que da economia. Principalmente quando falamos de dívida pública – e mais ainda, no caso das dívidas entre Estados. Em um mundo como o nosso, em que o dinheiro não tem lastro, é evidente que o perdão ou mesmo o calote de uma dívida pública causa pouco ou nenhum prejuízo ao credor. Mas mesmo antes do fim do padrão ouro ou de outras modalidades de lastro monetário, a acumulação de juros sempre criou um cenário de parasitismo dos credores sobre a economia real. Como Graeber prova em mais de 500 páginas de exemplos, o perdão e o calote são historicamente muito mais frequentes do que a quitação de dívidas. E o não--pagamento sempre serviu para relançar a atividade econômica das partes devedoras – o que, no fim das contas, acaba sendo benéfico para o conjunto da economia. Então, o que sustenta a afirmação quase auto-evidente ao senso comum de que uma dívida *precisa obrigatoriamente ser paga*, por mais injusta que tenha sido sua aquisição e seu desenvolvimento? Graeber conclui que a insidiosidade dessa afirmação reside no fato de que, por uma série de razões ideológicas e políticas históricas – que incluem, mas não só, o fato de a economia liberal ser fortemente ancorada na cosmologia judaico-cristã -, pagar o que se deve é uma questão moral, que foge à racionalidade econômica (Graeber, 2011, p. 4).

Paulo em 18 de novembro de 2020. Ao ser perguntado sobre o *deficit* previdenciário do município, Boulos disse que sua solução passaria pela expansão do funcionalismo público, medida que ampliaria a base de arrecadação da previdência municipal (Eleições, 2020 Estadão). Foi o momento – e talvez o único – de maior tensão entre o candidato e a mídia corporativa (ver Soprana, 2020; Mendonça, 2020). No final daquele mesmo dia, Boulos divulgou um vídeo em suas redes sociais negando a afirmação feita durante a sabatina (ver Boulos, 2020). Uma pena: aquela talvez fosse uma das mais sensatas propostas de desmoralização e repolitização do debate sobre o orçamento público.

Já o PCdoB entrou no processo eleitoral de 2020 em meio a discussões internas sobre a possibilidade de eliminar a foice e o martelo do logo, além de retirar a palavra "comunista" do nome. De acordo com o governador do Maranhão, Flavio Dino, o comunismo e seus símbolos foram "infelizmente satanizados", o que obrigaria a adoção de uma nova identidade, "que leve em conta a tática política, marcas etc., porém, sem alterar o conteúdo" (ver Poder360, 2020). Mas nem com lupa era possível encontrar a inspiração marxista da campanha de Manuela d'Ávila. Desde o programa de governo, sua candidatura adotou terminologia cuidadosamente concebida para vendê-la como "moderna" e antenada às "novas tendências"; não do pensamento de esquerda, mas do neoliberalismo. A única vez que o eixo econômico – o primeiro do programa, aliás – cita um direito da classe trabalhadora é ao anunciar um "auxílio de vale-transporte" (de "caráter transitório", o texto frisa) para pessoas à procura de emprego. Pelo plano, o relançamento da economia se ancoraria, basicamente, na promoção de espaços de *coworking*, incubadoras tecnológicas e aceleradoras de empresas, além da concessão de crédito individual e microempresarial a partir de um fundo constituído por meio do empenho de ativos não especificados da prefeitura (A Porto Alegre que queremos..., s/d). Ou seja, colocaria bens públicos reais sob risco de privatização compulsória como garantia para captação de recursos financeiros de origem também não especificada (mas presumível), que terminariam por endividar a população e o microempresariado, fazendo provavelmente do grande capital financeiro o principal credor não apenas da prefeitura mas, por efeito cascata, da base da pirâmide social. No fim das contas, o plano de governo vende a candidata como uma facilitadora das iniciativas de financeirização, desregulação, sequestro e pilhagem do bem público que o grande capital, já há décadas, promove ao redor do mundo por conta própria. Essa modalidade de distribuição de renda – em que a inversão de médio e longo prazos é escamoteada sob uma benesse imediata – é exatamente o que a ideologia neoliberal chama de "responsabilidade". Ser responsável significa garantir que o rico ganhe no fim.

Há uma profunda desonestidade intelectual nos próprios significantes e nos meios psicossociais de propagação da retórica neoliberal, que será posteriormente empregada pela Lava Jato sob o estandarte etéreo do "combate à corrupção". Ainda que não debata o que quer dizer efetivamente "combater a corrupção" de um ponto de vista estrutural, a Lava Jato aspira que qualquer oposição a ela implique, por eliminação, "estar a favor da corrupção". É um argumento pueril, maniqueísta; e é preciso compreendê-lo como tal. Ele não tem qualquer sofisticação, tal qual a classe dominante que historicamente produz o neoliberalismo brasileiro ou a Lava Jato, como expressão dessa tradição ideológica. Não se pode conceder qualquer pompa indevida ao lavajatismo; ele é o bolsonarismo de toga. Mas não louvar nenhum de seus aspectos implica reconhecer também que a democracia brasileira era fragilíssima, um prato equilibrado em um palito. E que as principais forças da esquerda nacional perderam a capacidade argumentativa – e a solidez ideológica – para rebater o mais pobre dos discursos reacionários.

E isso deve estar relacionado com o trauma mal resolvido da queda do muro de Berlim. Setores hegemônicos, institucionalistas, da esquerda brasileira incorporaram com exagerada facilidade a noção conservadora que assimilava o fim da União Soviética ao fracasso de uma perspectiva socialista. Ver os exemplos de Haddad, Boulos e d'Ávila que listamos (caberiam outras dezenas, quiçá centenas) nos leva a pensar que grande parte do nosso campo aceitou se restringir a disputar a gestão do capitalismo, como se ele fosse uma ordem "natural". E, com isso, não estamos dizendo que a disputa de eleições deva ser desprezada. Mas que nossa radicalidade não apenas é inegociável, como eleitoralmente viável. Afinal, o Brasil deu um salto radical no escuro, por uma chave reacionária, ao alçar um Jair Bolsonaro à presidência, um candidato cuja única proposta era a anti-institucionalidade. À exceção da minoritária fatia abertamente fascista da população, a maioria das pessoas que o elegeram o fez para tentar "mudar tudo". Só que nosso campo estava preocupado na conservação da normalidade; a mesma normalidade desmoralizada que a população se dispôs a destruir.

Se em 2018, Bolsonaro adotou uma utopia regressiva, ao prometer o resgate dos valores da família, do poder patriarcal, do uso da violência física como forma de resolução de conflitos, a campanha petista também adotou uma utopia regressiva, ao tentar resgatar um paraíso lulista idílico. Nenhum dos dois apelos emocionais tinha concretude, mas o bolsonarista, ainda que completamente reacionário, era mais radical. Em meio à ruína institucional provocada pelo golpe de 2016 e pela Lava Jato, a esquerda e a centro-direita tucana encamparam a promessa da normalidade, facilitando o discurso apolítico de que "são todos iguais". As bases ideológicas haviam sido plantadas pela operação e potencializadas pela mídia corporativa: por mais seletivas que tenham sido as condenações, em termos narrativos, a operação seguiu à risca a tradição gudinolacerdista de assimilar "estatismo" e, por consequência, a classe política, à ineficiência e corrupção. Desclassificou-se a política e um deputado cuja única competência comprovada havia sido encabidar a própria família no Estado conseguiu vender-se, por meio da violência discursiva, como *outsider*.

Frente à desmoralização da classe política, não resta outro caminho a não ser desmoralizar a política, preenchendo-a com um programa concreto, fortemente ancorado em um horizonte utópico de superação democrática e popular do capitalismo; tanto de sua faceta neoliberal quanto desenvolvimentista. Enquanto a esquerda buscar se vender como o melhor porteiro do edifício em ruínas do capital, o fascismo – seja em sua expressão judiciário-midiática, como no caso da Lava Jato, em sua aplicação econômica neoliberal, ou em sua consequência político-social, materializada no bolsonarismo – se aproveitará da ausência de crítica sistêmica e ocupará o espaço da anti-institucionalidade, subvertendo, como de praxe, os anseios legítimos da classe trabalhadora precarizada e da classe média ameaçada pela exclusão sistemática, decorrente das crises estruturais do capital. Não é papel da esquerda buscar a solidariedade de classe com o topo da pirâmide para exibir-se "responsável", mas com o precariado, o proletariado e mesmo a camada média da sociedade que, "dentro das atuais condições de reprodução social, está mais próxima aos debaixo que aos de cima" (Ferreira, 2020).

Não é possível que, ainda hoje, o campo popular democrático seja engolfado pela armadilha do discurso moralista da anticorrupção. Moralizar a corrupção no capitalismo contemporâneo, em que há mais capital parado em paraísos fiscais do que aplicado na economia real e a desigualdade literalmente supera patamares faraônicos, é uma quimera. Combater a corrupção estrutural *é* combater o capitalismo – e, principalmente sua vertente fundamentalista, neoliberal. Neste mundo nosso, a esquerda precisa entender que ser bilionário é um crime contra a humanidade. Em outras palavras, precisamos saber escolher o inimigo antes que ele nos escolha. Se você não percebeu, o andar de cima declarou guerra. E nós?

Referências

Livros

ANDERSON, Perry. "Balanço do neoliberalismo" *In:* SADER, E. & GENTILI, P. (orgs.) *Pós-neoliberalismo: as políticas sociais e o Estado democrático*. Rio de Janeiro: Paz e Terra, 1995, p. 23.

BASTOS, Pedro Paulo Zahluth. "Ascensão e crise do projeto nacional-desenvolvimentista de Getúlio Vargas". *A Era Vargas: desenvolvimentismo, economia e sociedade*. Pedro Paulo Zahluth Bastos, Pedro Cezar Dutra Fonseca (orgs.). São Paulo: Editora Unesp, 2012, p. 361-454.

CARONE, Edgard. *A República Liberal – I (Instituições e Classes Sociais)*. São Paulo: Difel, 1985.

CARONE, Edgard. *A República Liberal – II (Evolução Política)*. São Paulo: Difel, 1985.

GRAMSCI, Antonio. *Maquiavel, a Política e o Estado Moderno*. Rio de Janeiro: Civilização Brasileira, 1976.

GRAEBER, David. *Debt, the first 5000 years*. Nova York: Mevillehouse, 2011.

MELLO, João Manuel Cardoso de; NOVAIS, Fernando. *Capitalismo tardio e sociabilidade moderna*. São Paulo: Editora Unesp, 2009 (1997).

VAROUFAKIS, Yanis. *Adults in the Room, My Battle with Europe's Deep Establishment*. The Bodley Head, Londres, 2017 (ebook).

Teses e Artigos Acadêmicos

BASTOS, Pedro Paulo Zahluth. "Qual era o projeto econômico varguista?". Texto para Discussão. IE/UNICAMP. Campinas, n. 161, maio de 2009.

CAMPOS, Pedro Henrique Pereira. "A indústria da construção pesada do Rio de Janeiro no século XX: protagonismo, tensões políticas e decadência", in: *Espaço e economia: Revista brasileira de geografia econômica*, Ano VI, Número 12. Rio de Janeiro: Editora NuPEE (UERJ), 2018.

CAMPOS, Pedro Henrique "Os efeitos da crise econômica e da Operação Lava Jato sobre a indústria da construção pesada no Brasil: falências, desnacionalização e desestruturação produtiva", in: *Mediações – Revista de Ciências Sociais*, 24, n.1, jan-abr 2019, p. 127–153, Londrina: UEL, 2019.

GUDIN, Eugênio. "Salário mínimo". *Revista Digesto Econômico*, ano X, 118: 5-11, São Paulo, 1960, p. 5 apud BORGES, M. A. Eugênio Gudin: capitalismo e neoliberalismo. São Paulo: EDUC, 1996, p. 151

GUDIN, Eugênio. "A rendição da guarda". *Revista Digesto Econômico*, ano IV, 62: 60-68, São Paulo, 1960, p. 64 apud BORGES, M. A. "Gudin: neoliberalismo versus inserção internacional do Brasil". Lutas Sociais, n. 3, São Paulo, jul/dez de 1997, p. 42.

GUDIN, Eugênio. "Rumos de Política Econômica – Relatório apresentado à Comissão de Planejamento Econômico sobre a Planificação da Economia Brasileira (1945)" in: *A controvérsia do planejamento na economia brasileira; coletânea da polêmica Simonsen x Gudin, desencadeada com as primeiras propostas formais de planejamento da economia brasileira ao final do Estado Novo*. Carlos von Doellinger (org.). Rio de Janeiro, IPEA/INPES, 1975.

JESUS, C.; DA SILVA, R. Trabalhadores a ver navios: reflexões sobre o mercado de trabalho na indústria naval na Região Metropolitana do Rio de Janeiro. Cadernos Metrópole., 19(38), 2017, p. 225-248. Disponível em: https://revistas.pucsp.br/index.php/metropole/article/view/2236-9996.2017-3809

MORO, Sergio. "Considerações sobre a Operação Mani Pulite". In: *Revista CEJ*, Brasília, v. 8, n. 26, p. 56-62, jul./set. 2004, p. 56-62

VENTURINI, Fabio Cesar. "Democracia, Estado e combate à corrupção no pensamento político e judiciário de Sérgio Fernando Moro". *Revice – Revista de Ciências do Estado*, Belo Horizonte, V. 2, n. 2, 2017. Disponível em: https://periodicos.ufmg.br/index.php/revice/article/view/5046

Discursos, sabatinas, debates e pronunciamentos

CARDOSO, Fernando Henrique. *Discurso de despedida do Senado Federal: Filosofia e diretrizes de governo*. Brasília: Presidência da República, Secretaria de Comunicação Social, 1995. Disponível em: http://www.biblioteca.presidencia.gov.br/publicacoes-oficiais/catalogo/fhc/discurso-de-despedida-do-senado-federal-1994

VARGAS, Getúlio. "Rio de Janeiro, 5 de janeiro de 1952". *Getúlio Vargas*. Maria Celina D'Araujo (org.). Brasília: Câmara dos Deputados, Edições Câmara, 2011, p.699.

VARGAS, Getúlio. "Mensagem ao Congresso Nacional do presidente Getúlio Vargas em 1951-03-15", Disponível em: http://funag.gov.br/chdd/images/Mensagens_Presidenciais/Getulio_Vargas2.pdf

VARGAS, Getúlio. "Rio de Janeiro, 31 de dezembro de 1951". Getúlio Vargas. Maria Celina D'Araujo (org.). Brasília : Câmara dos Deputados, Edições Câmara, 2011, p. 684-693.

Artigos de jornal

ABDALA, Vitor. "Petrobras vende ativos na Nigéria e encerra atividades na África". Agência Brasil, Brasília, 15/01/2020. Disponível em: https://agenciabrasil.ebc.com.br/economia/noticia/2020-01/petrobras-vende-ativos-na-nigeria-e-encerra-atividades-na-africa

"Altos e baixos", *O Globo*, Rio de Janeiro, 05/01/2015, Editorial.

ALVES, Aluisio. "Credores aprovam venda de 4 sondas da Sete Brasil para britânica Magni Partners, dizem fontes", UOL, São Paulo, 04/10/2019. Disponível em: https://economia.uol.com.br/noticias/reuters/2019/10/04/credores-aprovam-venda-de-4-sondas-da-sete-brasil-para-britanica-magni-partners-dizem-fontes.htm

AUDI, Amanda. Especialistas em delação fecham acordos antes de cliente ser investigado, *El País*, São Paulo, 12/05/2018. Disponível em: https://brasil.elpais.com/brasil/2018/05/11/politica/1525994998_754473.html. Acesso em: 22 abr. 2021.

BALZA, Guilherme. "Ao anunciar que tarifa volta a R$ 3, Alckmin e Haddad falam em 'sacrifício' e corte de investimentos", UOL, São Paulo, 19/06/2013. Disponível em: https://noticias.uol.com.br/cotidiano/ultimas-noticias/2013/06/19/sao-paulo-reduz-tarifa-apos-pressao-popular.htm

BECKER, Clara; DAL PIVA, Juliana; RESENDE, Leandro. "Quanto o ex-prefeito Fernando Haddad deixou em caixa na prefeitura de SP?", Piauí, Rio de Janeiro, 21/07/2017. Disponível em: https://piaui.folha.uol.com.br/lupa/2017/07/21/quanto-fernando-haddad-deixou-em-caixa/

BERGAMO, Monica. Dallagnol e procuradores vão ser investigados por fundo bilionários, *Folha de S.Paulo*, São Paulo, 14/03/2019. Disponível em: https://www1.folha.uol.com.br/colunas/monicabergamo/2019/03/dallagnol-e-procuradores-vao-ser-investigados-por-fundo-bilionario.shtml. Acesso em: 22 abr. 2021.

BERTÃO, Naiara; CAMPOS, Álvaro. "Lucro do BTG Pactual salta 42%, para R$ 1 bilhão no 4º trimestre", *Valor Investe*, São Paulo, 14/02/2020. Disponível em: https://valorinveste.globo.com/mercados/renda-variavel/empresas/noticia/2020/02/14/lucro-do-btg-pactual-salta-42percent-para-r-1-bilhao-no-4o-trimestre.ghtml

BRONZATI, Aline. "Bradesco fecha 2016 com lucro de R$ 15 bi, queda de 12,25% ante 2015", *O Estado de S.Paulo*, São Paulo, 02/02/2017. Disponível em: https://economia.estadao.com.br/noticias/geral,bradesco-fecha-2016-com-lucro-de-r-15-084-bi-queda-de-12-25-ante-2015,70001650176

BRONZATI, Aline. "Lucro do Bradesco sobe 20%, bate recorde e vai a R$ 25,9 bilhões em 2019", *UOL*, São Paulo, 05/02/2020. Disponível em: https://economia.uol.com.br/noticias/estadao-conteudo/2020/02/05/bradesco-lucro-liquido-recorrente-e-de-r-6645-bi-no-4-tri-14-ante-um-ano.htm

CABRAL, Marcelo. "BTG Pactual enfrenta seu maior desafio", *Época Negócios*, São Paulo, 25/11/2015. Disponível em: https://epocanegocios.globo.com/Empresa/noticia/2015/11/btg-pactual-enfrenta-seu-maior-desafio.html

COSTA, Machado da; MENDES, Felipe. "O ataque do mercado contra a XP Investimentos", *Veja*, São Paulo, 20/07/2020. Disponível em: https://veja.abril.com.br/economia/o-ataque-do-mercado-contra-a-xp-investimentos/

"Covas fala sobre falso 'rombo' de R$ 7 bi no orçamento", *O Estado de S.Paulo*, São Paulo, 01/10/2020. Disponível em: https://politica.estadao.com.br/ao-vivo/debate-band-prefeitura-sp-eleicoes-2020/726592

"Em diálogos gravados, Jucá fala em pacto para deter avanço da Lava Jato", *Folha de S.Paulo*, São Paulo, 23/05/2016. Disponível em: https://www1.folha.uol.com.br/poder/2016/05/1774018-em-dialogos-gravados-juca-fala-em-pacto-para-deter-avanco-da-Lava Jato.shtml

DIONÍSIO, B. et al. Eduardo Cunha é preso em Brasília por decisão de Sergio Moro, *G1*, Curitiba, 19/10/2016. Disponível em: http://g1.globo.com/pr/parana/noticia/2016/10/juiz-federal-sergio-moro-determina-prisao-de-eduardo-cunha.html. Acesso em: 22 abr. 2021.

FERREIRA, Fernando Sarti. "O bolsonarismo como fascismo", *A terra é redonda*, São Paulo, 22/05/2020. https://aterraeredonda.com.br/o-bolsonarismo-como-fascismo/

"Foice e martelo são do século 19, diz Flávio Dino do PC do B", Poder 360, 02/03/2020. Disponível em: https://www.poder360.com.br/poder-em-foco/foice-e-martelo-sao-do-seculo-19-diz-flavio-dino-do-pc-do-b/

GOMES, Lucas; ZANLORENSSI, Gabriel. "Os números e o perfil do investidor na bolsa no Brasil", *Nexo*, São Paulo, 11/06/2020. Disponível em: https://www.nexojornal.com.br/grafico/2020/06/11/Os-n%C3%BAmeros-e-o-perfil-do-investidor-na-bolsa-no-Brasil

GOULART, Josette. "Participantes do fundo Petros questionam acordo sobre Sete Brasil", *Veja*, São Paulo, 09/11/2020. Disponível em: https://veja.abril.com.br/economia/participantes-do-fundo-petros-questionam-acordo-sobre-sete-brasil/

GUDIN, Eugênio. "Fora do trabalho inútil qualquer solução". *O Globo*, Rio de Janeiro, 23/10/1953, p. 6.

GUEDES, Paulo. "Ímpios papas e a Reforma", *O Globo*, Rio de Janeiro, 15/12/2014, p. 15.

"Guilherme Benchimol: o economista que partiu para cima dos bancos e revolucionou o mercado financeiro com a XP", *InfoMoney*, 2020. Disponível em: https://www.infomoney.com.br/perfil/guilherme-benchimol/

GUIMARÃES, Fernanda; LEOPOLDO, Ricardo. "XP estreia na Bolsa americana com ação mais cara que o previsto", *O Estado de S.Paulo*, São Paulo, 11/12/2019. Disponível em: https://economia.estadao.com.br/noticias/geral,xp-estreia-na-bolsa-americana-com-acao-mais-cara-que-o-previsto,70003121895

HIRATA, Taís; VALENTI, Graziela. e "Construtoras encolhem 85% em 3 anos", *Valor*, São Paulo, 01/07/2019. Disponível em: https://valor.globo.com/empresas/noticia/2019/07/01/construtoras-encolhem-85-em-3-anos.ghtml

KONCHINSKI, Vinicius. "BTG e Petrobras travam disputa de R$ 3,5 bi e buscam "munição" na Lava Jato", *UOL*, Curitiba, 29/10/2019. Disponível em: https://noticias.uol.com.br/politica/ultimas-noticias/2019/10/29/btg-petrobras-Lava Jato-disputa-de-r-35-bilhoes.htm

JORNAL DE BRASÍLIA. "Gilmar anula buscas da Lava Jato contra André Esteves que foram decretadas com base na delação de Palocci", Brasília, 21/08/2020. Disponível em: https://jornaldebrasilia.com.br/politica-e-poder/gilmar-anula-buscas-da-Lava Jato-contra-andre-esteves-que-foram-decretadas-com-base-na-delacao-de-palocci/

JORNAL DO COMÉRCIO. "Juiz decreta falência da Brasil Pharma e determina venda de marcas", Porto Alegre, 11/06/2019. Disponível em: https://www.jornaldocomercio.com/_conteudo/economia/2019/06/688423-juiz-decreta-falencia-da-brasil-pharma-e-determina-venda-de-marcas.html

LACERDA, Carlos. "As prioridades e a traição". *Tribuna da Imprensa*, Rio de Janeiro, 07/01/1952, p. 4.

LACERDA, Carlos."Reforma do Banco do Brasil em vez de mexida na lata do lixo". *Tribuna da Imprensa*, Rio de Janeiro, 07/08/1952, p. 4.

LACERDA, Carlos."CONFISCO do capital". *Tribuna da Imprensa*, Rio de Janeiro, 08/01/1953, p. 4.

"Leia a íntegra das falas de Bolsonaro e ministros em reunião ministerial gravada", *Folha de S.Paulo*, 22/05/2020. Disponível em: https://www1.folha.uol.com.br/poder/2020/05/leia-a-integra-das-falas-de-bolsonaro-e-ministros-em-reuniao-ministerial-gravada.shtml

LIMA, Daniela; MONTEIRO, André. "Sem ajuda federal, Haddad recua e sofre derrota política", *Folha de S.Paulo*, São Paulo, 20/06/2013, C4. Disponível em: https://m.folha.uol.com.br/cotidiano/2013/06/1298135-sem-ajuda-federal-haddad-recua-e-sofre-derrota-politica.shtml

MARETTI, Eduardo. "Para Haddad, 'Casa Grande' impede justiça tributária em São Paulo", *Rede Brasil Atual*, São Paulo, 20/12/2013. Disponível em: https://www.redebrasilatual.com.br/politica/2013/12/para-haddad-casa-grande-impede-justica-tributaria-em-sao-paulo-949/

MENDONÇA, Heloísa. "Ingênuo ou corajoso? Como Boulos pretende financiar seus planos para a prefeitura de São Paulo?", *El País*, São Paulo, 27/11/2020. Disponível em: https://brasil.elpais.com/brasil/2020-11-27/ingenuo-ou-corajoso-como-boulos-pretende-financiar-seus-planos-para-a-prefeitura-de-sao-paulo.html

MONNERAT, Alessandra; SARTORI, Caio. "Falso boato sobre 'rombo' deixado por Haddad ressurge na internet", *O Estado de S.Paulo*, São Paulo, 11/04/2019. Disponível em: https://politica.estadao.com.br/blogs/estadao-verifica/falso-boato-sobre-rombo-deixado-por-haddad-ressurge-na-internet/

NERY, Carmen. "Rio perde 30 mil postos de trabalho em 4 anos", *Valor*, São Paulo, 30/08/2018. Disponível em: https://valor.globo.com/empresas/noticia/2018/08/30/rio-perde-30-mil-postos-de-trabalho-em-4-anos.ghtml

NETO, João Sorima. "Para Transparência Internacional, Petrobras macula a imagem do país", *O Globo*, Rio de Janeiro, 30/11/2014, p. 40. Disponível em: https://oglobo.globo.com/economia/para-transparencia-internacional-petrobras-macula-imagem-do-pais-14701181

NOVAES, Rubem. "Privatize já!", 03/02/2015, *O Globo*, Rio de Janeiro, p. 13.

PIRES, Adriano. "Ideologia, política e populismo", *O Globo*, Rio de Janeiro, 21/05/2012, p. 7.

PIRES, Adriano. "É preciso reformar a Petrobras", *O Globo*, Rio de Janeiro, 15/12/2014. p. 15.

PIRES, Adriano. "A crise força mudanças", *O Globo*, Rio de Janeiro, 18/06/2012a, p.7

PIRES, Adriano. "A melhor alternativa", *O Globo*, Rio de Janeiro, 18/09/2012b, p. 21

ROCHA, Ariovaldo. "O papel da indústria naval na economia e na geração de empregos", *SINAVAL*, Rio de Janeiro, 13/12/2019. Disponível em: http://sinaval.org.br/2019/12/o-papel-da-industria-naval-na-economia-e-na-geracao-de-empregos/

ROSSI, Marina et al. "Como os grandes bancos escaparam da Lava Jato", *El País*, São Paulo, Rio de Janeiro, 22/08/2019. Disponível em: https://brasil.elpais.com/brasil/2019/08/16/politica/1565978687_974717.html

SARDINHA, Edson. Dos 48 deputados réus, 40 apoiaram o *impeachment*, *Congresso em foco*, Brasília, 18/04/2016. Disponível em: https://congressoemfoco.uol.com.br/especial/noticias/reus-e-investigados-na-Lava Jato-apoiaram-impeachment/. Acesso em: 22 abr. 2021.

SOPRANA, Paula. "Economistas, incluindo aliada, criticam Boulos por ideia para sanar *deficit* na Previdência", *Folha de S.Paulo*, São Paulo, 19/11/2020. Disponível em: https://www1.folha.uol.com.br/poder/2020/11/economistas-incluindo-aliada--criticam-boulos-por-ideia-para-sanar-deficit-na-previdencia.shtml

"Voltando ao passado no modelo do pré-sal", *O Globo*, Rio de Janeiro, 13/04/2010, Editorial.

VALENTE, R. Em diálogos gravado Jucá fala em pacto para deter o avanço da Lava Jato. Folha de S. Paulo, 23/05/2016. Disponível em: https://www1.folha.uol.com.br/paywall/login.shtml?https://www1.folha.uol.com.br/poder/2016/05/1774018--em-dialogos-gravados-juca-fala-em-pacto-para-deter-avanco-da-lava-jato.shtml. Acesso em: 22 abr. 2016.

WERNECK, Rogério Furquim. "A mão direita do PT", *O Globo*, Rio de Janeiro, 19/06/2015. Disponível em: https://oglobo.globo.com/opiniao/a-mao-direita--do-pt-16489253.

Outros

BOULOS, Guilherme. "Esclarecimentos a respeito da contratação de servidores públicos e a previdência municipal", 18/11/2020. Disponível em: https://twitter.com/i/status/1329206997724651525

Eleições 2020 Estadão – 2º Turno: Sabatina Guilherme Boulos. Disponível em: https://www.youtube.com/watch?v=mO530YwdvUQ.

Hora de Virar o jogo em São Paulo: Programa de governo Boulos e Erundina. Disponível em: https://consultaunificadapje.tse.jus.br/consulta-publica-unificada/documento?extensaoArquivo=application/pdf&path=PJE-ZONA/2020/9/24/13/21/18/f10b1691bf9a19a0d983e8ca4da636acd977b1adce4fdfa193dcb362a50a2bc0

A Porto Alegre que queremos: plano de governo de Manuela d'Ávila. Disponível em: https://manuela.poa.br/proposta/aportoalegrequeremos/